U0925220

浙江大學文科高水平學術著作出版基金
中央高校基本科研業務費專項資金 資助

浙江學者絲路敦煌學術書系

敦煌文獻整理論集

郭在貽 著
張涌泉 郭 昊 編

ZHEJIANG UNIVERSITY PRESS
浙江大學出版社

圖書在版編目(CIP)數據

敦煌文獻整理論集 / 郭在貽著. —杭州：浙江大學出版社，2018.10
(浙江學者絲路敦煌學術書系/柴劍虹，張涌泉，劉進寶主編)
ISBN 978-7-308-17782-5

Ⅰ.①敦… Ⅱ.①郭… Ⅲ.①敦煌學—文獻—研究 Ⅳ.①K870.64

中國版本圖書館 CIP 數據核字(2018)第 003211 號

敦煌文獻整理論集

郭在貽 著　張涌泉　郭　昊　編

責任編輯　宋旭華　蔡　帆
責任校對　王榮鑫
封面設計　項夢怡
出版發行　浙江大學出版社
(杭州市天目山路 148 號　郵政編碼 310007)
(網址：http://www.zjupress.com)
排　　版　浙江時代出版服務有限公司
印　　刷　浙江新華數碼印務有限公司
開　　本　880mm×1230mm　1/32
印　　張　11.75
字　　數　285 千
版 印 次　2018 年 10 月第 1 版　2018 年 10 月第 1 次印刷
書　　號　ISBN 978-7-308-17782-5
定　　價　39.00 圓

總　　序

浙江，我國"自古繁華"的"東南形勝"之區，名聞遐邇的中國絲綢故鄉；敦煌，從漢武帝時張騫鑿空西域之後，便成爲絲綢之路的"咽喉之地"，世界四大文明交融的"大都會"。自唐代始，浙江又因絲綢經海上運輸日本，成爲海上絲路的起點之一。浙江與敦煌、浙江與絲綢之路因絲綢結緣，更由於近代一大批浙江學人對敦煌文化與絲綢之路的研究、傳播、弘揚而令學界矚目。

近代浙江，文化繁榮昌盛，學術底蘊深厚，在時代進步的大潮流中，涌現出衆多追求舊學新知、西學中用的"弄潮兒"。20世紀初因敦煌莫高窟藏經洞文獻流散而興起的"敦煌學"，成爲"世界學術之新潮流"；中國學者首先"預流"者，即是浙江的羅振玉與王國維。兩位國學大師"導夫先路"，幾代浙江學人(包括浙江籍及在浙工作生活者)奮隨其後，薪火相傳，從趙萬里、姜亮夫、夏鼐、張其昀、常書鴻等前輩大家，到王仲犖、潘絜兹、蔣禮鴻、王伯敏、常沙娜、樊錦詩、郭在貽、項楚、黄時鑒、施萍婷、齊陳駿、黄永武、朱雷等著名專家，再到徐文堪、柴劍虹、盧向前、吴麗娱、張涌泉、王勇、黄征、劉進寶、趙豐、王惠民、許建平以及馮培紅、余欣、竇懷永等一批更年輕的研究者，既有共同的學術追求，也有各自的學術傳承與治學品格，在不同的分支學科園地辛勤耕耘，爲國際"顯學"敦煌學的發展與絲路文化的發揚光大作出了巨大貢獻。浙江的絲綢之路、敦煌學研究者，成爲國際敦煌學與絲路文化研究領域舉世矚目的富有生命力的學術群體。這在近代中國的學術史上，也是一個值得關注的現象。

始創於 1897 年的浙江大學，不僅是浙江百年人文之淵藪，也是近代中國社會科學與自然科學英才輩出的名校。其百年一貫的求是精神，培育了一代又一代脚踏實地而又敢於創新的學者專家。即以上述研治敦煌學與絲路文化的浙江學人而言，不僅相當一部分人的學習、工作與浙江大學關係緊密，而且每每成爲浙江大學和全國乃至國外其他高校、研究機構連結之紐帶、橋梁。如姜亮夫教授創辦的浙江大學古籍研究所(原杭州大學古籍研究所)，1983 年受教育部委託，即在全國率先舉辦敦煌學講習班，培養了一批敦煌學研究骨幹；本校三代學者對敦煌寫本語言文字的研究及敦煌文獻的分類整理，在全世界居於領先地位。浙江大學與敦煌研究院精誠合作，在運用當代信息技術爲敦煌石窟藝術的鑒賞、保護、修復、研究及再創造上，不斷攻堅克難，取得了舉世矚目的成就，拓展了敦煌學的研究領域。在中國敦煌吐魯番學會原語言文學分會基礎上成立的浙江省敦煌學研究會，也已經成爲與甘肅敦煌學學會、新疆吐魯番學會鼎足而立的重要學術平臺。由浙大學者參與主編，同浙江圖書館、浙江教育出版社合作編撰的《浙藏敦煌文獻》於 21 世紀伊始出版，則在國内散藏敦煌寫本的整理出版中起到了領跑與促進的作用。浙江學者倡導的中日韓"書籍之路"研究，大大豐富了海上絲路的文化内涵，也拓展了絲路文化研究的視野。位於西子湖畔的中國絲綢博物館,則因其獨特的絲綢文物考析及工藝史、交流史等方面的研究優勢,并以它與國内外衆多高校及收藏、研究機構進行實質性合作取得的豐碩成果而享譽學界。

現在,我國正處於實施"一帶一路"偉大倡議的起步階段,加大研究、傳播絲綢之路、敦煌文化的力度是其中的應有之義。這對於今天的浙江學人和浙江大學而言,是在原有深厚的學術積累基礎上如何進一步傳承、發揚學術優勢的問題,也是以更開闊的胸懷與長遠的眼光承擔的系統工程,而决非"應景"、"趕時髦"之舉。近期,浙江大學創建"一帶一路"合作與發展協同創新中心,舉辦"絲路文明傳承與發展國際學術研討會",都是在新的歷史條件下邁出的堅實步伐。現在,浙江大學組織出版這一套學術書系,正是爲了珍惜與把握歷史機遇,更好地回顧浙江學人的絲綢之路、敦煌學研究歷程,奉獻資料,追本溯源,檢閲成果,總結經驗,推進交流,加强互鑒,認清歷史使命,展現燦爛前景。

浙江學者絲路敦煌學術書系編委會

2015 年 9 月 3 日

出版説明

本書系所選輯的論著寫作時間跨度較長，涉及學科範圍較廣，引述歷史典籍版本較複雜，作者行文風格各异，部分著作人亦已去世，依照尊重歷史、尊敬作者、遵循學術規範、倡導文化多元化的原則，經與浙江大學出版社協商，書系編委會對本書系的文字編輯加工處理特做以下説明：

一、因内容需要，書系中若干卷采用繁體字排印；簡體字各卷中某些引文爲避免産生歧義或詮釋之必需，保留個别繁體字、异體字。

二、編輯在審讀加工中，只對原著中明確的訛誤錯漏做改動補正，對具有時代風貌、作者遣詞造句習慣等特徵的文句，一律不改，包括原有一些歷史地名、族名等稱呼，只要不存在原則性錯誤，一般不予改動。

三、對著作中引述的歷史典籍或他人著作原文，只要所注版本出處明確，核對無誤，原則上不比照其他版本做文字改動。原著没有注明版本出處的，根據學術規範要求請作者或選編者盡量予以補注。

四、對著作中涉及的敦煌、吐魯番所出古寫本，一般均改用通行的規範簡體字或繁體字，如因論述需要，也適當保留了一些原寫本中的通假字、俗寫字、异體字、借字等。

五、對著作中涉及的書名、地名、敦煌吐魯番寫本編號、石窟名稱與序次、研究機構名稱及人名，原則上要求全卷統一，因撰著年代不同或需要體現時代特色或學術變遷的，可括注説明；無法做到全卷統一的則要求做到全篇一致。

書系編委會

目　録

郭在貽先生與敦煌學

張涌泉

郭在貽先生1939年1月11日出生於山東省鄒平縣碑樓村的一個農民家庭,幼年喪父,家境貧寒。先後就讀於當地小學和張店市初級中學、濟南市第三中學,訥言敏行,沉静好學,成績優秀,而尤以語文爲最。1957年至1961年就讀於浙江師範學院(1958年改名爲杭州大學)中文系。因成績優異,畢業後留校,分配在語言文學研究室,給姜亮夫先生當助手,至1965年秋季"四清"運動止。"文革"後調中文系任教。1979年被評爲講師,1980年破格晉升爲副教授,1985年晉升爲教授。1986年被國務院學位委員會評定爲博士生導師。他是當時人文社會科學領域最年輕的博士生導師。1988年,被國家人事部核准爲國家有突出貢獻的中青年專家。他是浙江省第六届政協委員、九三學社社員,生前兼任中國語言學會理事、中國敦煌吐魯番學會理事、中國訓詁學研究會副會長、中國敦煌吐魯番學會語言文學委員會副會長、浙江省語言學會副會長。1989年1月10日因病逝世,年僅50歲。

先生畢生致力於漢語言文學的教學和研究工作,在文字學、訓詁學、楚辭學、敦煌學諸領域都取得了卓越的成就。大學畢業後,首先引起他興趣的是文字訓詁學,特别是段玉裁的《説文解字注》是他專攻的對象。他的處女作是1978年發表於《社會科學戰綫》上的《〈説文段注〉與漢語詞彙研究》等五篇系列研究論文。這些論文，從不同角度對《説文段注》進行了全面深入的探討，在學術界引起了較大的反響。"文革"中，先生是"逍遥派"，他鑽進了歷代《楚辭》文獻中以躲避外界的紛擾。在研讀了數以百計的《楚辭》論著的基礎上，他憑着扎實的古漢語和古文獻方面的功底，精思博辨，寫成了《楚辭解詁》一文，對《楚辭》中的一些聚訟紛紜、向無定論的疑難詞語進行了類似破譯密碼的考釋工作，在學術界産生了很大的影響。他還寫了《近七十年來的楚辭研究》《楚辭要籍述評》等論文，對《楚辭》研究的歷史和現狀作了宏觀的評述，文章論述全面、評議得當，反映出一位深有造詣的研究者的真知灼見。

"文革"以後，在蔣禮鴻先生的影響熏陶下，他的學術研究從傳統的訓詁學領域轉向了漢魏六朝以來方俗語詞的研究，從此開始與敦煌學結緣。敦煌遺書的發現，改變了整個中國學術史的面貌，也爲方俗語詞的研究注入了强大的生命力。敦煌遺書中的變文、曲子詞、白話詩、券契等文書，保存着大量的口語資料，它們對於考察宋元白話之沿溯，對於近代漢語詞彙、語法的研究，都有很高的參考價值。1959 年，蔣禮鴻先生出版了他的名著《敦煌變文字義通釋》，考釋了一大批變文中的方俗語詞。但由於種種原因，没有解決的問題仍復不少，而且蔣書只限於變文，考釋的範圍有進一步擴大的可能和必要。所以在從傳統的文字訓詁學領域轉向俗語詞研究的同時，先生注意到了敦煌文獻中的俗文學作品，先後發表了《唐代白話詩釋詞》《王梵志詩校釋拾補》《敦煌變文校勘拾遺》《王梵志詩匯校》等一系列論文。在敦煌文獻方俗語詞考釋的過程中，先生注意到了這樣一個事實：即敦煌俗文學作品的作者或抄寫者，多數水平不高，寫本中字形訛誤很多，這些作品中豐富的方俗語詞往往是通過俗字别體的形式表現出來的；但一些前輩學者在整理敦煌遺書的時候，還没來得及對俗字、俗語詞給予足够的注意,整理工作中難免發生這樣那樣的疏漏,從而也對方俗語詞考釋工作的準確性帶來嚴重的影響;敦煌文獻中的俗語詞研究要取得長足的進展,必須從俗字研究和文書校理入手。所以在俗語詞研究中,先生既汲取了前輩學者經常使用的歸納類比的訓釋方法,又善於把俗語詞研究和俗字辨識、文字校勘結合起來進行考察。如他考釋王梵志詩中的“蛆姡”一詞,便是從文字校勘入手,指出“蛆”即“怚”的假借字,而“姡”則即“妒”的俗體字,破除了字形的迷障,“蛆姡”的意義也就豁然開解了。

也正是基於上述認識,從1987年開始,先生和他的學生張涌泉、黄征合作,開始了“敦煌學三書”(即《敦煌變文集校議》、《敦煌變文匯校》[後改名《敦煌變文校注》]、《敦煌吐魯番俗字典》)的撰著工作。“三書”的設想和寫作步驟大致是這樣的:在前人校勘的基礎上,通過核對敦煌寫本原卷,對《敦煌變文集》的失誤逐篇寫出補校論文,在刊物上公開發表,廣泛徵求意見,然後加以修改并系統化,形成《敦煌變文集校議》一書;在《敦煌變文集》的基礎上,增補其所未備,匯輯各家校説,并以己意加以按斷,形成集大成的《敦煌變文匯校》一書;廣泛調查搜集敦煌、吐魯番寫本中的俗字,并與傳世字書、碑刻等文獻中的俗字材料相印證,上討其源,下窮其變,勾勒出每個俗字的淵源流變,形成《敦煌吐魯番俗字典》一書。1989年底,“三書”的第一種《敦煌變文集校議》大致定稿。該書依據敦煌寫本原卷,校正了《敦煌變文集》的大量校録錯誤。以俗治俗,注重俗字、俗語詞之考釋,是該書的一個顯著特點。先生在給友人的信中寫道:“此稿專談我們自己的看法,自信不無發明,其中俗字和俗語詞的考釋方面,尤多獨得之秘。”確非自誇之語。可惜的是,“三書”的另二種尚未來得及進行,先生便齎志以殁了。

先生生前著有《訓詁叢稿》《訓詁學》等書。先生去世後,遵從他的遺囑，我們完成并出版了《敦煌變文集校議》《敦煌變文校注》《敦煌俗字典》等書，并把他的遺稿整理結集爲《郭在貽語言文學論稿》《郭在貽敦煌學論集》《郭在貽文集》《新編訓詁叢稿》等，其中四卷本的《郭在貽文集》(中華書局2002年版)集其大成。除了這些付諸文字的論著之外，先生還培養了一批敦煌學、語言學人才。正如許嘉璐先生在《郭在貽文集》序中所説："在姜亮夫、蔣禮鴻兩位先輩導夫先路之後，經在貽傳遞薪火，杭大——也就是今天的浙江大學——在敦煌學、近代俗語詞和俗文字研究領域已成海内外重鎮。"先生開創的學術事業，正在他的弟子和再傳弟子們的手上不斷發揚光大！

唐代白話詩釋詞

這裏所説的唐代白話詩，包括收在《全唐詩》中的寒山詩、拾得詩以及收在《敦煌掇瑣》和《全唐詩外編》中的王梵志詩及不明作者的五言白話詩(按《外編》係節抄自《掇瑣》。又:這兩書中的五言白話詩，據考證實即王梵志詩)。這些詩中保存了數量不少的唐代口語詞彙，是研究漢語詞彙史的極可寶貴的材料。但是要對這些俗語詞作出解釋，是極不容易的，因爲這些詞既不見於高文典册，又未收進字典辭書，它們就像千古啞謎，等着我們去猜。"猜測"的辦法不外乎兩條:一是審辨字形。這些白話詩中使用了大量的俗别字和音近替代字，單從字面上看，往往莫名其妙，但是在找出它們所代表的本字和正字之後，便能涣然冰釋。二是比類綜合。即是把同一類型的語言材料搜集排列在一起，然後加以比較和推勘，這樣也往往能够有所發現。下面所要解釋的十個詞，便是筆者對這一工作的初步而粗淺的嘗試。疏謬之處，敬請指正。

蛆姡

《全唐詩外編・五言白話詩》:"家中漸漸貧。良由慵懶婦。長頭愛床坐。飽喫没娑肚。頻年懃生兒。不肯收家具。飲酒五夫敵。不解縫衫袴。事當好衣裳。得便走出去。不要男爲伴。心裏恒攀慕。東家能涅舌。西家好合□。兩家既不和。角眼相

蛆姡。别覓好時對。趁却莫交住[①]。”（頁 354—355）

按：“蛆姡”一詞不見於各種字典辭書，其義亦殊費解。考郭朋《壇經對勘》[②]，惠昕本：“自歸依者，除却自性中不善心：疽妒心，憍慢心，吾我心，誑妄心，輕人心，慢他心，邪見心，貢高心，及一切時中不善之行。”同是這一段話，契嵩本作：“自歸依者，除却自性中不善心：嫉妒心，憍慢心，吾我心，誑妄心，輕人心，慢人心，邪見心，貢高心，及一切時中不善之行。”（《壇經對勘》頁 46）又《壇經對勘》頁 49 惠昕本云“疽妒心，惡毒心”，頁 50 契嵩本作“嫉妒心，惡毒心”。兩本對勘，可證“疽妒心”即是“嫉妒心”，“疽妒”即是“嫉妒”。

再來看“疽妒”和“蛆姡”的關係：疽，蛆並從且得聲，例得通用（《廣韻》平聲魚韻“七余切”小韻内，收有疽和蛆，可見二字聲、韻全同）。姡是妒的俗别字，《增訂碑别字》卷四去聲七遇韻内：“姡，妒也。”姡的右偏旁舌，《康熙字典》引《正字通》之説，謂爲昏字之訛；而昏字，《康熙字典》引《廣韻》，謂“亦書作舌”。由此可證，舌即是舌，姡即是姡，姡是妒的俗寫，則姡也即是妒的俗寫。

根據上述論證，可以得出如下公式：蛆姡＝疽妒＝嫉妒。

回頭再來看上引唐人白話詩：“兩家既不和，角眼相蛆姡。”此蛆姡正可以解作嫉妒。[③]再從叶韻看：釋姡爲妒，正好與上下文的肚、具、袴、去、慕、住等字相叶，均爲遇攝字。

又：《敦煌掇瑣》三〇《五言白話詩》：“惣在糞屎中，不解相蛆姡。”此蛆姡也分明是嫉妒之意，意謂：“大家同處在穢濁的環境之中，還談得上誰嫉妒誰？”按：趙和平、鄧文寬兩同志在《敦煌寫本王梵志詩校注》中注云：“覰，《掇瑣》作蛆，意同。姡，音括，面醜也。”此注非是。第一，照這樣解釋，原詩無法講通。第二，音姡爲括，則原詩失韻，原詩以數、瘀、户、住、語、姡、具、處、去、土、墓等字相叶，姡字以外的字均屬遇攝，則姡字也應該屬遇攝，趙、鄧兩同志讀姡爲括，則屬山攝，顯與遇攝不叶。

又考《集韻》平聲魚韻"千余切"小韻内："怚，妬也。"(同一小韻内又收有疽和蛆)《廣雅・釋言》："妬，嫭也。"(按妬是妒的俗體)怚或嫭當即疽妒、蛆姡之疽、蛆的本字，疽妒、蛆姡均爲同義連文，疽和蛆如果讀以本字，都是妒義。

蛆儜

《全唐詩外編・王梵志詩》："尋常懃念善。晝夜受書經。心裏無蛆儜。何愁仏(佛)不成。"又："相交莫嫉妒。相勸莫蛆儜。一日無常去。王前罷手行。"(頁75)

按："蛆儜"一詞費解。考玄應《一切經音義》卷一："狙佞：千余反，謂狙妬也。下奴定反，諂媚也。"(慧琳《一切經音義》卷一七《大集月藏分經》第二卷内亦收有"狙佞"一詞，所釋略同。)意思是説：狙有嫉妬義，佞有諂媚義。今謂蛆儜即是狙佞(蛆是狙的俗字，見《廣韻》平聲魚韻狙字注語，儜、佞雙聲，且同屬梗攝)，其義謂嫉妬和諂媚(作嫉妬解的蛆字，其本字當爲怚或嫭，説見上文"蛆姡"條)。蓋嫉妒和諂媚，在佛家看來乃是妨礙人們修煉成佛的一種惡習邪念，如《壇經》云："世人心邪，遇迷造罪，口善心惡，貪嗔嫉妬，讒佞侵害，自開衆生見。"(《壇經對勘》頁108)但是如能破除這種惡習邪念，則成佛也就不難，故梵志詩云："心裏無蛆儜，何愁佛不成。"又"相交莫嫉妬，相勸莫蛆儜"的蛆儜，似應視爲偏義複詞——意思偏在儜(佞)字上，意謂相交莫要嫉妬，相勸莫要諂佞。

涳涳

《敦煌掇瑣》三一《五言白話詩》："愚人癡涳涳，錐刺(刺)不轉動。身着好衣裳，有錢不解用。"趙和平、鄧文寬《敦煌寫本王梵志詩校注》注云："涳：按字意，謂水直流也。疑此處用來形容其癡難改，不易回轉。"按：此注未爲愜當，以"水直流"形容人之愚癡，殊覺不類。今謂涳涳當讀爲悾悾，乃愨實貌，而愨實之義與愚癡之義是相通的，用今天的話説，猶言"死心眼兒"。《廣雅·釋訓》："悾悾，誠也。"王念孫疏證："《論語·泰伯篇》'悾悾而不信'，包咸注云：'悾悾，愨也。'《大戴禮·王言篇》云'大夫忠而士信，民敦工璞商愨女憧婦空空'，空與悾通。《論語·子罕篇》：'有鄙夫問於我，空空如也。'亦謂鄙夫以誠心來問也。故《釋文》云：'空空，鄭或作悾悾。'"又《莊子·人間世》："且德厚信矼，未達人氣；名聞不争，未達人心。"《釋文》引梁簡文帝注："矼，愨實皃。"按矼亦當讀爲悾。今謂涳作愨實解，亦猶空、矼、悾之比，考其語源，均得義於空聲。

時對

《全唐詩外編·五言白話詩》："家中漸漸貧。良由慵懶婦。長頭愛床坐。飽喫没娑肚。頻年懃生兒。不肯收家具。飲酒五夫敵。不解縫衫袴。事當好衣裳。得便走出去。不要男爲伴。心裏恒攀慕。東家能涅舌。西家好合□。兩家既不和。角眼相蛆姑。别覓好時對。趁却莫交往。"(頁354—355)

按："時對"一詞費解。今謂時字當讀爲特，唐代時、特二字通用，如元稹《連昌宫詞》："須臾覓得又連催，特敕街頭許燃燭。"日本享和三年江户昌平坂學問所官版本的韋莊《又玄集》，特字作時。[④]又杜甫《奉贈李八丈判官曛》："我丈時英特，宗枝神堯後。"時字一本作特。[⑤]此均時、特通用之證。（按：時屬禪母三等之韻，特屬定母德韻，按照古音章系歸端之例，時、特實係雙聲，從韻部看，之、德是陰入對轉。）而特有配偶之義，《詩·鄘風·柏舟》："汎彼柏舟，在彼河側。髧彼兩髦，實維我特。"毛傳："特，匹也。"匹就是配偶。對字亦有匹對義（此乃常訓），"特對"同義連文，意思就是配偶。"别覓好特對，趁却莫交往"，上句是説另找一個好對象，下句是説趕走原來的慵懶婦。"趁"是趕、逐義，見《敦煌變文字義通釋》四版頁112"趁"字條。

波吒

拾得詩："死後受波吒，更莫稱冤屈。"（《全唐詩》頁9104，中華書局1960年版）

按："波吒"一詞，單就其字面是無法看出它的意思的，任二北先生在《敦煌曲初探》中謂波吒"有危害意"（見該書頁364），未爲的解。今考"波吒"本爲地獄之名，《法苑珠林》卷一一引《三法度論經》云："……三名阿吒吒地獄，由唇動不得，唯舌得動，故作此聲。四名阿波波地獄，由舌不得動，唯唇得動，故作此聲。""波吒"當即"波波吒吒"之略語（臺灣編《中文大辭典》亦主此説），又因地獄必與苦痛、灾難、折磨相關聯，故"波吒"引申之又有苦痛、灾難、折磨之義。試看下列例句：

不須目下騁僂儸，波吒總在無常後。（敦煌曲校録，頁155）

爲他男女受波吒，争似隨時謀嫁遣。（同上，頁152）

波吒一一自家當。（无常經講經文，敦煌變文集，頁

660）

放捨阿孃生净土，莫交業道受波吒。（目連緣起，同上，頁 709）

如來遣我看慈母，阿鼻地獄救波吒。（大目乾連冥間救母變文并圖一卷并序，同上，頁 730）

何時出離波吒苦，豈敢承聖（望）重作人。（同上，頁 736）

那堪聞此詖（波）吒苦，其心楚痛鎮懸懸。（同上，頁 736）。

用苦痛、灾難、折磨之義解釋上引例句中的“波吒”，文從字順，略無凝滯。

解墒

王梵志詩：“負債早還却，門前無喧竟（引者按：“竟”當作“競”）。怨怨來相讎，何時解墒竟。”趙和平、鄧文寬《敦煌寫本王梵志詩校注》云：“墒，斯六〇三二同，似應釋爲‘擿’字。”項楚云：“‘解墒’應作‘解釋’，《後漢書·章帝紀》：‘朕惟巡狩之制，以宣聲教，考同遐邇，解釋怨結也。’用法與此處相同。《敦煌變文集》頁761《地獄變文》‘受苦恨無解樀路’，‘解樀’也應作‘解釋’。”⑥

按：項楚同志謂解墒應作解釋，缺乏校勘上的依據，又引《後漢書·章帝紀》之文以助證，不免牽合比傅之病。趙、鄧兩同志釋墒爲擿，視項説爲優。玄應《一切經音義》卷一四：“擿解：他狄反，謂除也。”按“擿解”即“解擿”之倒文。但“解擿”又是什麽意思？仍有待分説。今謂“解擿”即是“解摘”，《康熙字典》摘字下云“或作擿”，《集韻》入聲廿一麥韻内，摘字或從適作擿，是摘、擿爲異體字。“解摘”唐宋俗語詞，有脱離、解脱、擺脱、投棄諸義，如《敦煌變文集・地獄變文》"受苦恨無解樀路"(樀是摘的俗寫,變文中扌、木兩偏旁多混用不别),此"解樀(摘)"即有解脱、擺脱之義,上引王梵志詩"何時解嫡(擿、摘)竟"之"解摘",亦應作解脱、擺脱講。意謂何時纔能從怨讎的包圍之中解脱出來。又考中華書局版《太平廣記》頁 3651"狨"條(出《玉堂閒話》):"獵人求嘉者不獲,則便射其雌,雌若中箭,則解摘其子,擿去復來,抱其母身,去離不獲,乃母子俱斃。"文中的"解摘"與擿字相呼應,擿有投棄義,《莊子・胠篋》"擿玉毁珠",崔譔注云:"猶投棄之也。"又《玉篇》手部:"擿,投也,棄也。"則"解摘"可訓爲投棄,今語猶言趕開。這段文章意思是説:雌狨中箭之後,則將其子從身邊趕開,以免同罹於難,而其子不肯,"擿去復來",於是"去離不獲,乃母子俱斃"。

膊擔

《全唐詩外編・五言白話詩》:"世間日月明,皎皎照衆生。貴者乘車馬。賤者膊擔行。"(頁 356)

按:擔字難識,"膊擔"亦費解。今考《敦煌掇瑣》七六《開蒙要訓》有云:"谷澗溪壑。崖崩岸倒。燒燃柴薪。擔携負抱。搆架椽柱。伏檁檽梁。榑扉蚩吻。雀梠簷廊。"其中簷字注音爲閻,據此可知簷即是簷,詹是詹的俗寫無疑,由此又可知擔携即是擔携,意謂肩擔手提。回頭再來看膊擔的擔,毫無疑義正是擔字。至於膊字,考《廣雅・釋親》云:"髈、胠、胉,脅也。"王念孫疏證:"胉字或作膊,……膊之言輔也,兩肩謂之膊。"總上論證,可知膊就是肩膀,擔就是擔,膊擔就是用肩膀擔(《法苑珠林》卷二九引《如出生菩提心經》云"若頭若膊常擔戴",可資參證)。"貴者乘車馬,賤者膊擔行",意謂賤者以肩擔物而行,適與貴者之乘車馬形成鮮明對照。

慚賀

《敦煌掇瑣》三〇《五言白話詩》："努力勤心種，多留與後人。新人食甘果，慚賀種芲人。"趙和平、鄧文寬《敦煌寫本王梵志詩校注》云："芲：即花。伯三七二四、斯六〇三二皆作花。"按：趙、鄧兩同志校芲作花，是矣，但於"慚賀"二字無説。今謂"慚賀"即"慚荷"（賀、荷通用，習見於敦煌文書），乃感謝之意，在唐宋俗語詞中，慚愧、慚謝、慚荷、媿荷、媿戴、慚、愧，這些詞都有感謝之意，[7]"慚賀種花人"，即是感謝種花人。

椅　掎

《全唐詩外編·王梵志詩》："親家會賓客。在席有尊卑。諸人未下筯（引者按：《敦煌掇瑣》亦作筯，當爲筯字形近之訛），不得在前椅。""椅"一本作"掎"（頁 71）。

按：詩中椅字并非桌椅之椅。考《敦煌掇瑣》一〇三《字寶碎金》"筯掎夾，音飢，又剞"，筯就是今北方話之所謂筷子，"掎夾"指以筯取物的動作，"音飢"則是掎字的注音。掎、剞可能都是後起字，本應作攲。《説文》三下支部："攲，持去也，从支，奇聲。"《敦煌掇瑣》一〇四《俗務要名林》："攲，以筋（引者按：當爲筯）取物也。"《廣韻》平聲五支韻"居宜切"小韻内收攲（攲）字，云："箸（引者按：箸、筯異體字）取物也。"回頭來看"諸人未下筯，不得在前椅"的椅字，正應看作攲的音近借字，二句意謂在酒席之上，别人還没有動筷子，自己不好先去夾菜喫。

佉

《全唐詩外編・五言詩》:"夫婦生五男。并有一雙女。兒大須娶妻。女大須嫁處。户役差耕來。棄抛我夫婦。妻即無裙袯。夫體無褌袴。父母俱八十。兒年五十五。當頭憂妻兒。不勤養父母。渾家少糧食。尋常空餓肚。男女一處生。却似餓狼虎。粗飯衆厨飡。美味當房佉。努眼看尊親。只覓乳食處。少年生平又。老頭自受苦。"(頁 358)

按:詩中"佉"字,趙和平、鄧文寬《敦煌寫本王梵志詩校注》注云:"伯三七二四作'弃',二者意同。"所謂"二者意同",這個"意"指的什麽?考"弃"本是"棄"的古文(見《説文》四下棄字説解語,今則作爲棄的簡化字),棄乃捐除義,但捐除義放在"美味當房佉"這句詩中却扞格難通。再從叶韻來看,這首詩叶的是遇攝韻,而棄字屬止攝,與整首詩不諧。今謂"弃"乃"弆"的形近訛字,"佉"則是"弆"的音近借字。弆是遇攝字,與上下文正好叶韻,弆的意思是藏(《廣韻》上聲八語韻:"弆,藏也。")。這個意思放在原詩中順適無礙:"粗飯衆厨飡,美味當房佉(弆)",意謂粗飯讓給大伙兒喫,美味則藏在自己的房子裏。"當"有本、自之義,《敦煌變文字義通釋》釋"當家"一詞云"本家,自己家裏的",然則"當房"也可以釋爲"自己房裏的"。

①"住"原作"仨",今據《北京大學學報》1980 年第 5 期趙和平、鄧文寬《敦煌寫本王梵志詩校注》一文改。

②齊魯書社 1981 年版,下同。

③"角眼"是斜視的意思,參看張永言先生《詞義瑣記》一文,載《中國語文》1982 年第 1 期。

④參看《敦煌變文字義通釋》頁 337,上海古籍出版社 1981 年增訂本。

⑤見《全唐詩》頁 2382，中華書局 1960 年版。

⑥見《〈敦煌寫本王梵志詩校注〉補正》，載《中華文史論叢》1981 年第 4 輯。

⑦詳參《敦煌變文字義通釋》頁 122。

（原載《中國語文》1983 年第 6 期）

王梵志詩校釋拾補

張錫厚同志所撰《王梵志詩校輯》一書（中華書局，1983年，以下簡稱《校輯》），對敦煌寫本王梵志詩作了全面的輯録、校勘和注釋，篳路藍縷，厥功甚著。但由於王梵志詩中使用了當時的許多俗字俗語，今天閱讀起來障礙甚大，需要學術界的集體努力方能陸續有所通解。在《校輯》之前，趙和平、鄧文寬以及項楚同志都有專文對王梵志詩的校注問題提出了很好的意見，[①]項文的很多見解尤爲精卓。在《校輯》之後，周一良先生、蔣紹愚、劉瑞明、吕朋林等同志又陸續發表文章，對《校輯》一書進行了匡補，[②]其中蔣文從校勘、釋義、音韻、標點等四個方面，凡發正一百二十餘事，蔚爲大觀。但王梵志詩中的疑難之點仍然遠未掃清。筆者近來取《校輯》一書反復尋味，又發現一些可以商酌之處，爰爲小文，以就教於上述各位專家及廣大讀者。

土角觸

《校輯》第〇一二首："平生歌舞處，無由更習曲。琵琶絶巧聲，琴弦斷不續。花帳後人眠，前人自薄福。生坐七寶堂，死入土角觸。喪車相勾牽，鬼朴還相哭。日理幾千般，光影急迅速。"注云："土角觸：俗稱墳坑、墓穴。王梵志《生坐四合舍》詩：'生坐四合舍，死入土角觸。'"按：訓"土角觸"爲墳坑、墓穴，未知何據，且觸字在此殊爲費解。考《敦煌掇瑣》《全唐詩外編》，"土角觸"均作

"土角觸",今謂作觸(或寫做觕,與觸形近)爲是。《廣韻》入聲四覺:"觸,屋角。"《世説新語·輕詆》:"輕在角觸中,爲人作議論。"段玉裁云:"角觸,方俗語言也。"(見《説文解字注》四篇下觸字注語)近人李詳云:"今人謂屋隅爲角觸,當作此字。"余嘉錫云:"今俗作角落。"(《世説新語箋疏》第837頁,中華書局1983)可見"角觸"是六朝以來的一個俗語詞,土角觸猶言土角落,若作土角觸,則不辭矣。

又:這首詩的韻脚字是曲、續、福、觸、哭、速,除觸字屬入聲覺韻外,其餘均屬入聲屋、燭韻。據今人周大璞先生研究,敦煌變文中屋燭覺鐸可以通押,[3]王梵志詩以觸字與曲、續等字相押,當亦合於這條通例。

䮴驊

《校輯》第一六七首:"尊人嗔約束,共語莫䮴驊。縱有些些理,無煩説短長。"注云:"䮴驊,……疑當作'獇狢',《集韻·江韻》:'犬不服牽也。'……首兩句言尊人之約束必須服從,不得倔强不服。"按:此注迂曲。䮴驊實即胮肛,《廣韻》平聲四江:"胮肛,脹大。"胮肛本義爲脹大,在王梵志詩中,則形容説話時噘起嘴唇,顯得不高興、無禮貌的樣子。敦煌變文《維摩詰經講經文》:"修羅展臂楨雙眼,龍神降顒努兩眉。"《敦煌變文字義通釋》云:"降顒應作胮顒。……《廣韻》上平聲四江韻:'肛,胮肛,脹大。'……胮顒應是鼓起兩顒的意思。"(新版58頁)蓋胮肛既有脹大義,則鼓顒、噘嘴均可用它來形容。

兀雷

《校輯》第〇二三首:"道人頭兀雷,例頭肥特肚。本是俗家人,出身勝地主。飲食哺盂中,衣裳架上取。每日趁齋家,即禮七拜佛。飽喫更索錢,低頭着門出。手把數珠行,愚肚元無物。生平未必識,獨養肥没忽。蟲蛇能報恩,人子何處出?"注云:"兀雷:疑指道冠突兀貌。"按:此注誤。首先,道人是和尚,而非道士(參看錢大昕《十駕齋養新録》卷一九"道人道士之别"條)。下文"即禮七拜佛""手把數珠行",均足證明道人即是和尚。所以注解中的"道冠"云云,顯屬誤解。其次來看"兀雷",這個詞不見於任何字典辭書,蓋爲當時民間習用的俗語詞,大凡這類詞,其義當求之於聲,而未可拘泥於形。今謂兀雷殆即兀硉之聲轉,兀硉有突兀義。考《校輯》第一一四首:"菩薩常梳髮,如來不剃頭。何須禿兀硉,怨始學薰修。"注云:"兀硉,同'硉矹',突兀貌。……禿兀硉:形容和尚光頭。"其説是矣。然則"頭兀雷""禿兀硉"其義蓋近,兀雷、兀硉均用以形容和尚光頭之貌。(雷、硉並隸來紐,爲正紐雙聲,兀硉、兀雷當爲同一聯綿詞的不同變體。)

例頭

同上詩:"道人頭兀雷,例頭肥特肚。"其中"例頭"一詞殊爲費解。《校輯》亦無注。今考本書第二七二首云:"到大耶没忽,直似飽糠牲。"(按:耶字當爲肥,《校輯》誤改。)注云:"到大,戊二本作'例頭'。"這條材料很重要,它使我們知道"到大""例頭"可以構成異文。由此可以推測:"例頭肥特肚"的"例頭"也可以換成"到大"。到大亦作倒大,是習見於唐宋元明時代的俗語詞,有"絶大、十分、非常、多麽”之義（參看張相《詩詞曲語辭匯釋》卷四“倒大”條，顧學頡、王學奇《元曲釋詞》第一册“倒大來”條）。然則“到大肥特肚”，猶言絶大肥特肚也。上句“頭兀雷”，是形容和尚光秃秃的頭，下句“到大肥特肚”是形容和尚大肚子，細味全詩，此義甚顯。

又：“例頭”何以會與“到大”構成異文？頗疑“例”乃“到（倒）”字之訛，頭、大乃一聲之轉，所以例頭實際上就是到大。

聞

《校輯》第一八〇首：“巡來莫多飲，性少自須監。勿使聞狼狽，教他諸客嫌。”注云：“聞狼狽：謂聞到嘔吐物的氣味出現的窘態。”按：這個注解先是望文生訓，但又講不通，於是乎又增文以成義（增加“嘔吐物的氣味”），犯了訓詁學的兩條大忌。今謂“聞”是唐代俗語詞，有“模樣”的意思（參《敦煌變文字義通釋》新版第46頁）。“聞狼狽”猶言“樣子狼狽”或“一副狼狽相”，“勿使聞狼狽，教他諸客嫌”，意思是説不要鬧出一副狼狽相，以致惹得衆客人嫌憎討厭。

料

《校輯》第一〇三首：“向命取人鬼，屠兒殺羊客。鬼識人難料，客辨羊肉厄。”注云：“難料，原作‘與料’，據文義改。”按：《校輯》於講不通處，往往“據文義改”，這是一種很危險的辦法。因爲我們講不通，不等於原文真的不通。由於俗字俗言在作怪，當時來説是很通的，我們今天却覺得不通了，此處“人與料”便是一例。蔣紹愚云：“‘鬼識人難料’義不可通。原作‘人與料’不誤。‘鬼識’與‘客辨’對文，兩句意謂鬼精明則人多與料，客精明則羊肉遭厄。”其説良是。但“人與料”又是什麽意思呢？則仍有待分説。今謂料即料理，乃唐代俗語詞，有虐侮、傷害之義（參看拙著《訓詁叢稿》第78、198頁，錢鍾書《管錐編》册二，頁822）。“鬼識人與料”，意謂鬼精明則人多爲其虐侮和傷害（“與”字可訓爲表被動的“爲”，説見王引之《經傳釋詞》）。料和料理的虐侮、傷害之義，不難從唐詩中找到例證，如孟郊《看花》詩：“三年此村落，春色入心悲。料得一孀婦，經時獨淚垂。”[④]詩中“料得”，猶言惹得或害得也。白居易《對鏡偶吟贈張道士抱元》：“眼昏久被書料理，肺渴多因酒損傷。”[⑤]“料理”與“損傷”對文，亦猶傷害之義也。[⑥]

又“料理”一詞，見於《校輯》第〇七三首、二八七首，均應訓爲虐侮、傷害之意，《校輯》注爲“處置擺布”，雖於義可通，但未能探本。

較些子

《校輯》第三一五首：“他人騎大馬，我獨跨驢子，回顧擔柴漢，心下較些子。”注云：“較些子：猶謂較好些。”劉瑞明《王梵志詩校注辨正》云：“此注實錯，較爲差義，即不如、少。‘較些子’應是差一點。……王梵志這首詩是説他還有驢騎，比起擔柴漢來，他的辛苦勞碌總要差一些，有自慚自責之意。講成較好些，就成詩人自安自負有驢騎了，這與詩意全背。”按：劉説未確。較（又寫作“校”）字固有差、少之義，但也有多、頗、更、甚之義，與差、少之義正好相反。如白居易《重到江州感舊遊題郡樓十一韻》：“青山滿眼在，白髮半頭生，又校三年老，何曾一事成。”此“校”字有增多義，若訓爲差，便不可通。雍陶《送蜀客》：“劍南風景臘前春，山鳥江風得雨新。莫怪送君行較遠，自緣身是憶歸人。”此較字有“頗”

“甚”之義，此外例證尚多，參看拙作《唐詩中的反訓詞》一文（《訓詁叢稿》頁130，上海古籍出版社，1985年）。由多、頗、甚之義引申之，“較”字又有超過、勝過之義，王梵志詩中的“較”字，正是這個意思。（較字原義爲比較，比較的結果有兩種可能：或爲不及，或爲超過。所以較字乃有差少與多頗兩種截然相反的意思。）“他人騎大馬”四句是説：他人騎馬，我騎驢子。我當然比不上人家，但是我比起那些擔柴漢來，却又勝過了他們，因爲我總還有驢子騎哩！全詩旨趣在於表達一種知足常樂的思想（這種思想是王梵志詩的主調之一），而不是像劉同志所説的那樣“有自慚自責之意”。且劉文釋“心下較些子”爲“他的辛苦勞碌總要差一些”，暗中增添了“辛苦勞碌”幾個字，實屬增字爲釋，不足取。又：張錫厚同志訓“較些子”爲較好些，雖於文義無大礙，但在“較”後添一“好”字，實亦增文成義；同時把較字看作比較之義，亦屬誤解。

角眼

《校輯》第〇三九首：“兩家既不和，角眼相蛆蛄。”注云：“角眼：唐代俗語，猶謂瞪眼、怒目。”又第〇四四首：“養大長成人，角睛難共語。”注云：“角睛：唐代俗語，義同‘角眼’，怒目而視。”按：訓角眼爲瞪眼、怒目、怒目而視，殆據文義而猜測，羌無證據。今謂角有斜義，張永言先生《詞義瑣記》論之已詳，[⑦]角眼就是斜視。而以目斜視，正可以表示有所紛争或鄙夷不屑之狀。

蛆蛄

《校輯》第〇三九首：“兩家既不和，角眼相蛆蛄。”注云：“蛆蛄：喻紛擾鬧亂，滋事生非。”又第二五五首：“總在糞尿中，不解相蛆蛅。”注同。按:“蛆蛅”二字,何以便能“喻紛擾鬧亂,滋事生非”,殊不可解。注者大概從一個蛆字上,聯想到“紛擾鬧亂”,但蛅字又當作何解? 可見此注之不確。考《敦煌掇瑣》《全唐詩外編》,“蛆蛅”均作“蛆姡”,按作“姡”爲是。蛆姡就是嫉妒,拙作《唐代白話詩釋詞》論之已詳,[8]不復贅述。用嫉妒義解釋上引兩首詩,順適無礙。“角眼相蛆姡”,就是斜眼相嫉妒,“不解相蛆姡”就是不解相嫉妒。

蛆嚀

《校輯》第二三四首:“相交莫嫉妒,相勸莫蛆嚀。一日無常去,王前罷手行。”注云:“蛆嚀:俗語,以蛆蟲喻人心之獰惡。又見王梵志《尋常勤念佛》詩:‘心裏無蛆嚀,何愁佛不成。’”按:訓蛆爲蛆蟲,嚀爲獰惡,均屬望文生訓,未爲確解。今謂蛆嚀就是狙佞(蛆是狙的俗字,見《廣韻》平聲魚韻狙字注語;嚀、佞雙聲,且同屬梗攝。《集韻》去聲徑韻:“譐,《博雅》:譐,諛諂也。通作佞、詓。”此佞、嚀通用之證)。狙佞的意思是嫉妒和諂媚,(玄應《一切經音義》卷一:“狙佞:千余反,謂狙妒也。下奴定反,諂媚也。”按狙作妒解,應是怚的假借,《集韻》平聲魚韻“千余切”小韻内:“怚,妒也。”)在佛家看來,嫉妒和諂媚乃是妨礙人們成佛的惡習和邪念,(如《壇經》云:“世人心邪,愚迷造罪,口善心惡,貪嗔嫉妒,讒佞侵害,自開衆生知見。”)故梵志詩力戒人們“勿狙佞”,而一旦戒除了這種惡習和邪念,則成佛也就不難,所以又説“心裏無狙佞,何愁佛不成”(參拙作《唐代白話詩釋詞》)。

光常空

《校輯》第二九二首："金玉不成寶，戒身實可惜。白髮隨年生，美貌别今夕。貧富光常空，恣意多着喫。活時吝不用，塞墓慎何益？"注云："常空，原作'常定'，據文義改。"按：不知何以要這樣改，這樣改了之後，愈發不可通（蔣紹愚云"光常空不知何意"，説的是）。今謂原作"定"字不誤，光則是无的形近之訛（无并不是現在纔有的簡化字，《説文》十二下亡部："无，奇字無也。"《集韻》平聲虞韻：無，奇字作"无"）。這樣，"光常空"實際應是"无常定"。"無常"有死亡義（蔣紹愚文論證甚悉），"貧富無常定"以下四句詩意是説：無論是貧還是富，反正都注定了要死的，應該趁活着的時候好生享用，否則，死了後拿錢去填棺材又有啥意思？

又："塞墓慎何益"的"慎"疑當讀爲"實"，王梵志詩中有多處實字可訓爲慎（説見蔣紹愚文），這裏則是慎字訓爲實。

①見趙和平、鄧文寬《敦煌寫本王梵志詩校注》，《北京大學學報》哲學社會科學版1980年第5、6期。項楚《〈敦煌寫本王梵志詩校注〉補正》，《中華文史論叢》1981年第4輯。

②見周一良《王梵志詩的幾條補注》，《北京大學學報》1984年第4期。蔣紹愚《〈王梵志詩校輯〉商榷》，《北京大學學報》1985年第5期。劉瑞明《王梵志詩校注辨正》，《中國語文》1985年第6期。吕朋林《王梵志詩點校拾遺》，《古籍整理研究叢刊》1985年第4期。

③見《武漢大學學報》1979年第5期《敦煌變文用韻考（續）》。

④見《全唐詩》第六册，頁4217，中華書局1960年版。

⑤見《全唐詩》第七册，頁5201。

⑥參看《文史》第25輯，拙作《唐詩與俗語詞》。

⑦見《中國語文》1982年第1期。又周一良《讀〈唐代俗講考〉》亦論及角有斜義，見《魏晋南北朝史論集》，中華書局1963年版。

⑧見《中國語文》1983 年第 6 期。

（原載《中國語文》1987 年第 1 期，後收入《郭在貽語言文學論稿》）

《王梵志詩校輯》誤校示例

張錫厚同志所撰《王梵志詩校輯》一書[①]自問世以來，國内外專家咸有商榷、匡補之作，舉其要者，如項楚《〈王梵志詩校輯〉匡補》、[②]蔣紹愚《〈王梵志詩校輯〉商榷》、[③]周一良《王梵志詩的幾條補注》、[④]袁賓《〈王梵志詩校輯〉校釋補正》、[⑤]〔日〕松尾良樹《張錫厚校輯〈王梵志詩校輯〉》[⑥]等。總計各家所糾擿張書之錯誤，無慮數百條，内容大抵包括注釋和校勘兩方面。本文擬從校勘方面，仿清人俞樾《古書疑義舉例》之例，將張書錯誤檃括爲十七例，每例各舉若干具體的例證加以説明。意在供張書再版修訂時之所參酌；同時，對於古代俗文學作品的校勘整理工作，當亦不無一定的鑒戒作用。至於文中所䙰縷之具體例證，則多採擷各家之説，不盡是筆者個人的發明，先此説明，以示不敢掠美。

一、因不明詞義而誤改例　《王梵志詩校輯》(以下簡稱《校輯》)第〇〇七首："司命門前唤，不容别鄰里。"校記："司命，原作伺命，據文義改。"按：項楚謂原文伺字不誤。伺命與司命執掌有不同，司命主宰人世生死壽命，地位較伺命爲高，伺命則是冥司中奉命勾取人命的鬼卒。王梵志詩中若干伺命，本來非常正確，《校輯》一律誤改爲司命，如二八七首"閻老忽嗔遲，即棒伺命使"，《校輯》即誤改伺爲司。〇二二首："觀内有婦人，號名是女冠。"校記："冠，諸本作官，據文義改。"按：原本不誤，女官即女道士也，《南史・梁武帝紀下》"時海中浮鵠山，……有女官道士四五百人"，即其證。〇七一首："説錢心即喜，見死無不愁。"校記："無，原作元，據文義改。"按:元字不誤,原詩正是刻畫了一個廣貪財色、不怕報應的形象。〇八一首:"一身無本利,四大聚會同。"校記:"無,原作元,據文義改。利,原作㓞,據文義改。"按:元字不誤。二句謂四大(地、水、火、風)元本各别,聚會而成人體。(㓞,蔣紹愚校作别,項楚校作利,認爲離之音訛。二説均可通。)〇八五首:"能知寂滅樂,自然無色生。"校記:"色生,原作色聲,據文義改。"按:聲字不煩改,"色聲"蓋指色聲香味觸等感覺。一〇三首:"鬼識人難料,客辨羊肉厄。"校記:"難料,原作與料,據文義改。"按:不煩改。"料"有虐侮、傷害之義,乃唐代俗語詞,"與"訓被,"鬼識人與料",意謂鬼精明則人多被其虐侮和傷害(參看拙作《王梵志詩校釋拾補》,《中國語文》1987年第1期)。一〇九首:"爲人何必樂,爲鬼竟何悲?"校記:"何必樂,原作可必樂,據文義改。"按:不必改,可有豈義,可必樂即豈必樂,亦即何必樂。一一七首:"思量小家婦,貧奇惡形迹。"校記:"形迹,原作行迹,據文義改。"按:不煩改。行迹爲行爲之義,《漢書・鄒陽傳》:"竊聞長君弟得幸後宫,天下無有,而長君行迹多不循道理者。"是其證。"惡行迹"指行爲惡劣,下文"酒肉獨自抽,糟糠遣他喫"云云,即其具體表現也。若改爲"形迹",反爲不辭矣。(《敦煌變文字義通釋》云:"形迹,猶如現在説'世故',就是客氣、婉曲的意思。")二七八首"天下浮逃人"校記:"浮逃,原作浮游,據戊三本改。浮逃,意即逃亡,躲避賦役。"按:原本浮游不誤,浮游、浮逃、浮浪爲同義語,都指脱離户籍而逃亡。二七九首:"父母是冤家,生一忤逆子。"校記:"忤逆,原作五逆,據文義改。俗稱不孝順父母爲忤逆。"按:"五逆"不誤,此乃佛經習用語。⑦二八七首:"天配作次第,留去不由你。"校記:"留去,原作合去,據文義改。謂生死。"按:"合去"不誤,"合去"猶言應該死。二八八首有"合去正身行"句,可爲旁證。二九三首:"入户圖衣食,不肯知家事。"校記:"圖,原作徒,據文義改。"按:徒字不誤,不當改。此二句言後母只管自己衣食，而不主管家事也。

二、因不識俗别字而誤改例　《校輯》第○五六首：“奴(按：項楚謂當作好)人賜酒食，恩言出義氣。”校記：“義，原作姜，據文義改。”按：不當改。姜爲唐代美字的俗寫。[⑧]出美氣指詞氣温和。○八八首：“人人總巴活，注著上頭天。”校記：“巴活，原作邑活，據文義改。巴活，即巴望着活下去。”按：不當改。原文邑乃色的俗寫，在此通索，有求義。《校輯》誤改邑爲巴，又訓“巴活”爲巴望着活下去，增文釋義，殊不可取。

三、因不識草書而誤改例　《校輯》第○五六首：“何爲抛宅走，良由不得已。”校記：“已，原作心，據文義改。”按：原卷實作乙，即止字草書，張氏不識，遂誤讀爲心，但又講不通，復誤改爲已。

四、因不明重文符號而誤改例　《校輯》第一一四首：“榮官赤赫赫，滅族黄髮囚。”校記：“囚，原作人，出韻，據文義改。”按：此二句爲對偶句，“赤赫赫”與“黄□□”爲對，“□□”爲一叠字詞無疑，原文“人”當是一個重文符號(敦煌文書中重文符號與人相似)，《校輯》改爲囚，大謬。

五、因誤認原文而誤改例　○九五首：“妻兒啼哭送，鬼朴唱歌迎。”校記：“鬼朴，原作鬼不，據文義改。”按：原本實作鬼子，即鬼也(子是後綴成分，不爲義)，張氏誤看作“鬼不”，覺得講不通，遂改爲“鬼朴”。(《校輯》第○一二首、○七二首、○九五首均出現“鬼朴”一詞。)

六、因不明詩意而誤改例　《校輯》第一三四首：“行年五十餘，始學悟道理。”校記：“悟，原作無，據文義改。”按：項楚謂無字不誤，無道理指無理之事，梵志詩稱“始學無道理”者，乃由於清白半生，而仍不免於窮餓，遂發出此憤世嫉俗之論也。

七、因不明通假而誤改例　《校輯》第○七九首：“東西無濟着，到處即安居。”校記：“安居，原作女居，據文義改。”按：女即汝字通假,不必改。一二七首:"寄語天公道,寧能奈我何?"校記:"奈,原作'郍',據鄭本改。"按:郍即那的俗别字,在此通作奈,不必改。一九二首:"損失酬高價,求嗔得也摩?"校記:"也摩,原作也磨,丁九本作夜摩,據丁三、丁六、丁一一本改。摩,同麽。"按:不必改。摩、磨均爲疑問語氣詞。敦煌唐人詩集殘卷《晚秋》詩:"不知君意裏,還解仇人摩?"此作摩者。《敦煌變文集·不知名變文》:"逢妻妻布施,得罪磨?"此作磨者。二二二首:"一餐何所直,感荷百千金。"校記:"感荷,原作感賀,據文義改。"按:不必改。賀、荷通用,"感荷"在唐人文字中又寫作"感賀"。

八、因不諳韻例而誤改例 《校輯》第三一一首:"不論有益事,且得耳根熱。"校記:"熱,原作熟,據陶本改。"按:熱字失韻,原作熟不誤。熟(屋韻)與上下文"獄"(燭韻)、"讀"(屋韻)、"肉"(屋韻)相叶。

九、因不明原文係形訛而誤改例 《校輯》第〇一一首:"永離臺上鏡,無心開衣幞。"校記:"衣幞,原作'衣眠','眠'出韻,據文義改。"按:原文眠乃服之形訛,《校輯》不明原文係形訛而改爲幞,誤甚。〇二四首:"衆厨空安竈,粗飯當房安。"校記:"安,原本殘,乙二本作'吠',據文義改。"按:乙二本"吠"爲吹之形訛,而吹又炊之音訛,此句當爲"粗飯當房炊",《校輯》改爲"當房安",臆説無據,且韻亦不叶。〇七〇首:"折破五戒身,却入三惡道。"校記:"折,原作圻,據文義改。"按:原文圻是坼的形訛,《法苑珠林》卷一一引《起世經》:"因冷風觸,其身坼破。"是"坼破"爲詞,習見於佛經。考《説文》:"坼,裂也。从土,㡿聲。"杜甫《登岳陽樓》:"吴楚東南坼,乾坤日夜浮。"即用此字。〇七五首:"唯須家中足,時時對孟嘗。"校記:"孟嘗,原作孟常,據文義改。"按:項楚謂常爲光字之誤,蓋由起筆相同所致,事見《後漢書·梁鴻傳》。後世因以爲代表安貧樂道的賢妻。《校輯》改爲孟嘗,誤矣。二七九首:"身役不肯料，逃走離家裏。”校記：“離，原作皆，據文義改。”按：原文皆乃背字形訛，《校輯》改爲離，誤矣。二八三首：“營營自免身。”校記：“營營，原作元元，據文義改。”按：元元是兀兀的形訛，《校輯》改爲營營，亦誤。

十、原文不誤而妄改例　《校輯》第二七六首：“新人食甘果，愧荷種花人。”校記：“愧荷，原作慚賀，戊二本作愧賀，據文義改。”按：不煩改。愧荷、慚賀、愧賀（另有慚、愧、慚愧），均爲感謝義，習見於唐人文字，賀、荷音近通用。《校輯》改“慚賀”爲“愧荷”，可謂多此一舉。

十一、因不諳古人用字習慣而誤改例　《校輯》第〇三七首：“草舍原無床，無氈復無被。”按：原，原卷當作元，《校輯》誤改爲原。唐代表示原來的意義一律寫元，不寫原。（參顧炎武《日知録》三二“元”。陳垣《元典章校補釋例》“元代用字與今不同例”云：“自明以來始以原爲元。”劉堅《近代漢語讀本》録此詩，即作“草舍元無床”，極是。）

十二、選用底本不當例　《校輯》第二六二首：“千年换百主，各自想還改。”校記：“想還改，戊二本作‘將回改’。”按：作“將回改”爲是。“回改”爲改换義，與上句“千年换百主”互相呼應。“回改”一詞，早已見於六朝典籍，如《宋書》卷六十一《武三王傳》：“性之所滯，其欲必行，意所不在，從物回改。”卷六十三《殷景仁傳》：“若惠澤廣流，蘭艾同潤，回改前旨，賜以降階，雖賓不敏，敢忘循命。”均其例也。

十三、因多種因素而誤改例　《校輯》第一一四首：“女聘待好俅。”校記：“待好俅，原作‘帋好仇’，據文義改。”按：此改誤。原文帋是希的形訛，仇是仇的俗别字，[9]通“逑”（段玉裁謂“仇與逑古通用”），有配偶義。“希好仇”即希冀得到好的配偶。《校輯》此條之誤，涉及不辨形訛、不識俗體、不明通假等多種因素。

十四、因不識避諱字而誤録原文例 《校輯》第〇八七首:“不憶當時果,寧知過去因。”按:果字原卷實作業,即葉字,爲避太宗諱,改字中世爲云耳,葉借作業。《校輯》不明此,誤録作果。

十五、因不識重文符號而誤録原文例 《校輯》第二五一首:“生促死路長,久住何益當。”按:原文當爲“生促死路長,長住何益當”,下句長字作重文符號“〻”,《校輯》誤録爲“久”。

十六、因不明詞義而誤録原文例 《校輯》第〇四五首:“兒回見母面,顔色耶没忽。”校記:“耶没忽,唐代俗語,猶云怎麽樣。”按:“耶没忽”不成詞,原卷“耶”作“肥”,即“肥”字;“没忽”爲唐代俗語詞,蔣禮鴻先生釋爲“身體胖,行動遲緩”(《敦煌變文字義通釋》新一版 54 頁),錢鍾書先生釋爲“飽滿之意”(《管錐編》册二,頁 731),並是。張氏不明“没忽”之意,自然也就想不到原文“肥”應是肥字了。〇六八首:“生坐四合舍,死入土角觸。”按:觸,原卷實作觶,角觶即角落之意,[⑩]張氏不明角觶之意,遂誤録作角觸。〇九四首:“東家卜葬地,西家看産圖。”按:項楚謂卜原本作比,比葬地謂選擇、測量葬地也。〇三九首“角眼相蛆蛄”,〇七八首“外姓能蛆蛄”,二五五首“不解相蛆蛄”,其中“蛆蛄”,原本並作“䖲姡”,䖲通怚,妒也,姡是妒的俗别字,䖲姡乃同義複詞,嫉妒之意。[⑪]張氏不明此義,遂誤録作“蛆蛄”。

十七、因粗疏而誤録原文例 《校輯》第〇一三首:“送着空冢昝。”校記:“昝,出韻,俟校。”按:原本、甲四本實作各,張氏認各爲昝,殆由於粗疏所致。〇四六首“不及自分擘”,原卷實作“不久自分擘”。〇八〇首“何處看衆生”,原卷作“何處有衆生”。〇八三首“觀身一是空”,原卷“一”作“亦”。〇八九首“死竟土裹眠”,校記:“土裹,蘇二八七一作土底。”按原本亦作土底,《校輯》誤録作土裹耳。〇九一首“前果作因緣”,原卷“果”作“業”。〇九五首“果到即須行”,原卷“果”作葉,在此通作業。一三五首“年年愁工番”，原卷“工”作“上”。二六九首“多酒勸且醉”，原本、戊二本“且”皆作“遣”。二七〇首“醜婦來怒罵”，原本、戊二本皆作“惡罵”。凡此，蓋皆因粗疏而致誤録也。

①中華書局 1983 年版。

②載《中華文史論叢》1985 年第 1 輯、《敦煌研究》總第 4 期。

③載《北京大學學報》1985 年第 5 期。

④載《北京大學學報》1984 年第 4 期。

⑤載《社會科學》（甘肅）1985 年第 6 期。

⑥載《中國文學報》第 36 册。

⑦參看《佛學大辭典》頁 170。

⑧見《碑别字新編》頁 101，文物出版社 1985 年版。

⑨見《碑别字新編》頁 4。

⑩詳見拙作《王梵志詩校釋拾補》。

⑪詳見拙作《唐代白話詩釋詞》。

（原載《古籍整理出版情況簡報》184 期，後收入《郭在貽語言文學論稿》）

敦煌寫本王梵志詩匯校

張錫厚同志所撰《王梵志詩校輯》(中華書局,1983年,以下簡稱《校輯》),對敦煌寫本王梵志詩作了全面的輯録、校勘和注釋,我們今天得窺梵志詩的全貌,端賴此書,其功實不可泯没。唯此書在校勘、注釋兩方面,殊未能盡饜人意。創業維艱,固未便於苟求;補苴罅漏,是所望於來者。今天,有必要對此書所收三百多首詩作一番認真的校理。《校輯》問世前後,國内外學者如趙和平、鄧文寬、項楚、周一良、蔣紹愚、袁賓、吕朋林、劉瑞明、黄征諸家以及法國的戴密微、日本的松尾良樹等,均對王梵志詩的校釋問題提出了一些很好的意見,其中項楚、蔣紹愚二家所校釋爲最博且精。倘能將各家之説加以匯總,泐爲一編,則對於讀者閲讀和研究王梵志詩,至少可以提供若干方便。筆者不揣顓蒙,乃以兩閲月時間完成了這項工作,兹顔其端曰《王梵志詩匯校》。文中引及《校輯》之説,均注以"校記"字樣,引他家之説,均標明某某曰或某某謂。又:爲避繁瑣,均直書其名,不冠以先生或同志字樣。所引王梵志原詩,悉依《校輯》一書的編號次序排列。本文所引各家論著爲:

項楚:《〈敦煌寫本王梵志詩校注〉補正》(《中華文史論叢》1981年4輯)、《〈王梵志詩校輯〉匡補》(《中華文史論叢》1985年1輯)、《〈王梵志詩校輯〉匡補》(《敦煌研究》總第4期)、《王梵志詩釋詞》(《中國語文》1986年4期)、《王梵志詩十一首辨僞》(《中華文史論叢》1986年2輯)

蔣紹愚：《〈王梵志詩校輯〉商榷》(《北京大學學報》1985 年 5 期)

周一良：《王梵志詩的幾條補注》(《北京大學學報》1984 年 4 期)

吕朋林：《王梵志詩點校拾遺》(《古籍整理研究學刊》1985 年 4 期)

劉瑞明：《王梵志詩校注辨正》(《中國語文》1985 年 6 期)

袁賓：《〈王梵志詩校輯〉校釋補正》(蘭州《社會科學》1985 年 6 期)、《王梵志詩詞語札記》(《鎮江師專學報》1985 年 4 期)

趙和平、鄧文寬：《敦煌寫本王梵志詩校注》(《北京大學學報》1980 年 5、6 期)

黄征：《〈王梵志詩校輯〉商補》(稿本)

〔日〕松尾良樹：《張錫厚校輯〈王梵志詩校輯〉》(《中國文學報》第 36 册)

〔法〕戴密微：《王梵志詩附太公家教》(高等中國研究所叢書第 26 卷，1982 年巴黎法文原版，簡稱《王梵志詩》)

敦煌寫本王梵志詩集原序

撰修勸善，誡罪非違。

按："撰修"費解。黄征謂撰通譔，教也。修即修道、修福、修善之修。其説近是。

非但智士回意，實易愚夫改容。

按：易字，項楚校爲乃，黄征校爲亦。黄説近是。

一遍略尋三思,無忘縱使大德。講說不及,讀此善文。

按:此四句標點有誤,蔣紹愚改爲:"一遍略尋,三思無忘,縱使大德講說,不及讀此善文。"

查郎孽子生慚愧,諸州遊客憶家鄉。

校記:孽,原作躃,據甲二本改。查郎,唐代俗語,指行爲不端的人。

按:查郎一詞,項楚有詳考,謂"指放浪子弟",其說信而有徵。孽,項謂檢甲二本(斯 5796 號)實爲"躃"字,并無作"孽"字者,躃音蕩(據重刊詳校《篇海》),借作蕩字,躃子即是蕩子。

懶婦徹明對絹筐。

絹筐,項楚校爲緝筐,緝乃緝字别構。此處之緝筐又同績筐。

按:項說是。緝筐又謂之緝籠。《獨異志》卷中:"淄川有女曰顏文姜,事姑孝謹,樵薪之外,歸後復汲山泉以供姑飲。一旦,緝籠之下,忽涌一泉,清泠可愛。時人謂之'顏娘泉',至今利物。"

悉皆咸臻知罪福。

校記:咸臻,與悉皆義同,猶全部。敦煌寫本《破魔變文》:"千灾不降於門庭,萬善咸臻於貴户。"

蔣紹愚云臻是至義,不能説咸臻與悉皆義同。按:蔣說是。即如《校輯》所引《破魔變文》二句,臻與降對文,亦是至義。

勤耕苦墾足餱糧。

校記:墾,原作懇,據甲二本改。

黄征謂原卷實作“勤耕懇苦足餱糧”，懇苦習見於敦煌文書，與勤勞義同。以上句“悉皆咸臻知罪福”比勘，下句當作“懇苦勤耕足餱糧”，悉皆咸修飾臻，懇苦勤修飾耕。按：黄説甚有思致。

頑愚暗蠢悉賢良。

校記：蠢，原作惷，據甲二本改。

按：黄征謂原卷作惷亦可通，惷，《説文》作惷，愚也。《集韻》改作惷。

卷　一

遥看世間人(001)

張口哭他屍，不知身去急。

按：此處身字爲第一人稱代詞，與上句他字相對。身作第一人稱代詞，漢代或更早已有此用法，魏晋六朝比較普遍，隋唐以後，這種用法逐漸消失。參看吕叔湘、江藍生《近代漢語指代詞》頁10、11。

吾富有錢時(002)

邂逅暫時貧，看吾即貌哨。

按：邂逅一詞，今之義爲不期而會，在古代則有偶然、一時、倘或之義。如《三國志》卷十一《王烈傳》裴注引《先賢行狀》：“時國中有盗牛者，牛主得之。盗者曰：‘我邂逅迷惑，從今已後將爲改過，子既已赦宥，幸無使王烈聞之。’”(册2，頁355)

又同卷《管寧傳》裴注引《魏略》:“又出於道中,邂逅與人相遇,輒下道藏匿。”(册 2,頁 364)又卷二三《杜襲傳》裴注引《先賢行狀》:“周旋人間,非絶迹之處。邂逅發露,禍及親知,故不爲也。”(册 3,頁 665)梵志詩之邂逅,正可訓作偶然。又“貌哨”殊費解,法國戴密微校作藐誚,意謂藐視和譏誚,可備一説。

人有七貧時,七富還相報。

校記:七貧,佛家謂人貧窮已極之時。

按:松尾良樹謂這是無視下句七富一詞而作出的誤解。七貧七富無疑是喻人世沉浮不定,變化多端的意思,應引元曲馬致遠《半夜雷轟薦福碑》第一折混江龍“常言道七貧七富,我便似阮籍般哭途窮”等例爲證。

從財不顧人,且看來時道。

校記:從,原作徒,據大正藏本改。

按:原本徒不誤。項楚、袁賓、松尾良樹並謂徒即圖之借字,極是。

家口總死盡(003)

家口總死盡,吾死無親衰。

校記:衰,原作表,不叶,據文義改。

按:改爲衰仍不叶韻(衰屬止攝,而下文的韻脚字齋、埋、差均屬蟹攝)。今謂此字當爲哀,因形近而訛爲表。哀屬蟹攝,與齋、埋、差正好叶韻,義亦通。此字戴密微亦校作哀。

託生得好處，身死雇人埋。

校記：埋，原作理，據甲二本改。

按：松尾良樹謂原即作埋，不作理，因埋字俗寫近理，《校輯》作者遂誤認爲理。

身如圈裏羊(004)

脱衣赤體立，則役不如羊。

校記：則役，甲三本作"刑役"。這句謂赤體從役不如羊，因羊身有皮毛。

按：項楚謂甲三本刑爲形的音訛，原本則又刑的形訛，兩本役字爲段的形訛。形段爲形狀之義。梵志詩謂人着好衣裳，勝過羊之披毛走，倘若脱衣赤體，則形狀反不如羊之披毛也。項説極確。

可笑世間人(005)

貪着苦煩惱。

按：貪着同義連文，着(亦作著)亦貪也。參《敦煌變文字義通釋》新一版頁203。

忽起相羅拽。

按：羅拽未見辭書收列，其義費解。袁賓謂拽字係槐字形誤，羅槐即羅皂、吵鬧之意，後代多寫作羅唣、囉唣。

啾唧索租調。

校記：啾唧，形容衆多細小的聲音，猶言嘰嘰喳喳。

按:項楚謂唐代啾唧亦指大聲,用來形容相罵。

他家笑吾貧(006)

他家笑吾貧,吾貧極快樂。

按:他家猶言他人也。家字爲語尾助詞,見《詩詞曲語辭匯釋》卷三。

你富户役高,差科並用却。吾無呼唤處,飽喫長展脚。

按:呼唤,項楚釋爲役使,甚是。

你富披錦袍,尋常被纏縛。

按:尋常在唐代有二義:一爲平常,一爲時常。此處爲第二義。本書中多次出現尋常一詞,均爲第二義。

大有愚痴君(007)

司命門前唤,不容别鄰里。

校記:司命,原作伺命,據文義改。
按:項楚謂伺命不誤,伺命與司命執掌不同,此處不當改。

錢財奴婢用,任將别經紀。

校記:經,原作絰,據文義改。
按:絰當是經的俗别字。《碑别字新編·魏河間王元定墓誌》經作絰,正與絰字形近。

有錢不解用,空手入都市。

校記:都市,指酆都,傳説爲冥司所在地。范成大《吴船録》卷下："道家以冥獄爲酆都宫。"

按：項楚謂都市爲交易市場，此乃比喻性説法，人死之後，有錢不能用，亦如"手中無錢之市"，畢竟一場空也。

沉淪三惡道之一（008）

相逐次第去，却活知有誰？

校記：却活，猶言還活着。

按：《校輯》釋却活未確，却活猶言活轉來。

沉淪三惡道之二（009）

沉淪三惡道，負時愚癡鬼。

校記：時，原作持，據甲四本改。

按：松尾良樹謂甲四本作特，《校輯》誤讀爲時，負特乃唐人常語，在《敦煌變文集》中出現二例，《李陵變文》："豈謂將軍失利，將士徒然，負特壯心，乖違本願。"（《變文集》頁 89 行 9）又："丈夫失利輸狂虜，負特皇天孤傅（負）土。"（《變文集》90 頁 9 行）又《遊仙窟》："衹可倡佯一生意，何須負持百年身？"負持當爲負特（汪辟疆校録《唐人小説》頁 21 行 3）。

荒忙身猝死，即追司命使。

校記：追，原作遍，據文義改。

按：追字，戴密微、項楚均校作屬，極是。

倒拽至廳前，枷棒遍身起。

校記：遍，原作這，據文義改。

按：原作這不誤。《廣韻》去聲線韻："這，迎也。"身有頭義。

“枷棒這身起”即“枷棒迎頭起”,猶言枷棒迎頭打來。又項楚謂這爲遮的借字,身起即身體,“枷棒這身起”即枷棒遮身體。其説亦通。

牛頭鐵叉杈,□□把刀搨。

校記:□□,諸本俱殘。

按:項楚謂檢甲一本作□卆,卆即卒之形訛(按卆是卒的俗别字,非形訛),甲四本尚有獄字上半,則所缺之字當爲獄卒。戴密微、松尾良樹所校亦同。又,搨,戴密微校作掇,黄征則讀爲剟,刺也。

碓擣磑磨身。

校記:擣,原作檮,據大正藏本改。

按:松尾良樹謂在敦煌寫本中,扌與木基本上不加區别而混用,所以只要指出這點就够了,不必在校記裏改檮作擣。

覆生還覆死。

按:項楚校覆爲復,是。

撩亂失精神(010)

撩亂失精神,無由見家裏。

按:家裏即妻子之義,今北方俗語猶謂妻曰家裏。

角弓無主張。

校記:無主張,原作元主張,元爲无之誤。

按:松尾良樹謂這是毫無意義的校改,元、无在寫本中是没有區别的。

寶劍抛着地。

校記：抛，原作拋，據文義改。

按：蔣紹愚云，拋即抛，不必改。其説是。又，着，在也。本書中着字出現多次，大都作介詞用。

設却百日齋，渾家忘却你。

校記：渾家，錢大昕《恒言録》卷三："稱妻曰渾家。"

按：項楚、袁賓均謂此渾家應釋爲全家，是。

前人多貯積，後人無慚愧。

按：此處慚愧當訓爲感謝。參《敦煌變文字義通釋》。

此是守財奴，不免貧窮死。

校記：免，原作兑，據文義改。

按：兑乃免的俗别字，不必改。（松尾説同。）

夫婦相對坐(011)

正報到頭來，徒費將錢贖。

校記：贖，原作上，出韻。據文義改。

按：松尾良樹謂原卷實作卜，張氏誤看作上。徒費將錢卜，意謂即使出錢祈禱也是枉然。

永離臺上鏡，無心開衣幞。

校記：衣幞，原作衣眠，眠，出韻，據文義改。

按：戴密微、松尾良樹均校作服，是。眠乃服之形訛。

鏡裏塵滿中,剪刀生衣醭。

按:鏡裏,戴密微、項楚並校作鏡匣,是。鏡匣與剪刀爲對。

平生歌舞處(012)

生坐七寶堂,死入土角觸。

校記:土角觸,俗稱墳坑、墓穴。

按:土角觸不詞。觸當爲觹(或體作觽,與觸形近)字之誤。第068首:"生坐四合舍,死入土角觹。"正作觹。(《校輯》擅改爲觸,又不出校記,殊乖著述體例。)角觹猶言角落。《世説新語・輕詆》:"輕在角觹中,爲人作議論。"段玉裁云:"角觹,方俗語言也。"(見《説文解字注》四篇下觹字注語)余嘉錫云:"今俗作角落。"(見《世説新語箋疏》頁837)

喪車相勾牽,鬼朴還相哭。

校記:鬼朴,指鬼使、鬼魅。

按:"鬼朴",朴字殊爲費解。項楚謂鬼朴指行將化爲鬼物之人,或云候補鬼物,又引《國策・秦策三》"鄭人謂玉未理者爲璞,周人謂鼠未腊者爲朴",以之譬喻行將化爲鬼物之行屍走肉,亦猶未腊之朴,不久即將晾乾也。蔣紹愚謂:"木未斫爲朴,故人未死稱爲鬼朴,猶言做鬼的材料。"二説似均出於臆測,恐未爲確。

日理幾千般,光影急迅速。

校記:理,原本難辨,據甲四本補。

按:理,項楚、松尾良樹均校爲埋,是。項云:"日埋幾千般謂喪車終日不斷也。"

富者辦棺木(013)

富者辦棺木，貧窮席裹角。

校記：裹，原作裏，據甲四本改。

按：原作裏亦通。角有裹束義(見《敦煌變文字義通釋》)，席裏角即席裏裹也，意謂裹束於席中。(蔣紹愚説同。)

相共唱奈河。

按：周一良謂奈河應爲奈何，是唐人報喪或吊喪時的套語。

送着空塚咎。

校記：咎，出韻，俟校。

按：咎字戴密微校作谷。項楚則謂原本甲四本實作各，各乃閣的同音借字，閣亦作擱，放置之義。項説爲確。

掇頭入苦海，冥冥不省覺。

按：掇，項楚謂應作綴，綴頭猶云一連串。黄征則謂掇爲綴之訛，而綴又爲墜之借，頭有身義，墜頭即墜身也。黄説較長。

擎頭鄉里行，事當逞靴襖。

按：蔣紹愚謂事當爲應當之義。

有錢但着用，莫作千年調。

校記：但，原作伹，據文義改。

按：伹乃但之俗字，不必改。

百歲有一人(014)

百歲有一人，得七十者稀。

校記：百歲有一人，原作“百歲乃有一人”，“乃”爲衍文，已删。
按：項楚校爲“百歲乃有人”，乃訓爲豈。蔣紹愚謂應删有字。黄征校爲“百歲萬有一，人得七十稀”。

獨自心中騄(015)

向前十道税，背後鐵錘錘。

校記：税，原作挩，據文義改。
按：“向前十道税”不辭。戴密微、蔣紹愚均校作挽，黄征校作棁，《説文》收此字，段注謂“棁，殺也，棁殺謂杖殺之”。字又從手作挩。諸説恐皆未確。

使者門前唤，忙怕不容遲。

校記：忙怕，猶謂害怕。《搜神記》卷一四：“馬皮蹶然而起，卷女以行，鄰女忙怕，不敢救之，走告其父。”敦煌寫本《韓朋賦》：“左攬右攬，隨手而無。百官忙怕，皆悉捶胸。”
按：蔣紹愚云：“忙怕應是驚慌之義。”又戴密微校作“忙迫”。

錢財不關己，莊收永長離。

按：莊收應爲藏收。藏字草書作[illegible]，因訛爲莊。

福至生西方(016)

只得暫時勞。

按：項楚謂勞當作牢。

曠身入苦海。

按：苦海，項楚謂檢原本作苦毒，苦毒爲痛楚之義。戴密微亦校作苦毒。

傍看數箇大(017)

傍看數箇大。

校記：數箇大，數箇人的俗稱。
按：此説無據。項楚謂大是人的俗書誤字。

亦有初生期却半。

校記：期却，期望。却，語助詞。
按：蔣紹愚謂此處"却半"爲一個詞，即一半之義，期却半指中途夭折。

卷　二

吾家多有田(019)

吾家多有田，不善廣平王。

校記：王，出韻，俟校。
按：戴密微校作玉，然玉字亦出韻。（本首韻脚字均爲梗攝，玉字則爲通攝。）又：善字，戴校作若，是。蓋善字草書作，與若字草書相似，因以致訛。

有錢怕不用，身死留何益？

按：項楚謂怕爲惜字形訛，054 首"有錢惜不喫"，258 首"生平惜不用”，均可證。

配罪别受苦，隔命絶相覓。

校記：别，原本殘佚，乙二本作剔，據文義改。
按：袁賓謂剔不誤，剔與太、忒爲一聲之轉。

借貸不交通（020）

借貸不交通，有酒深藏窖。

校記：窖，原作善，出韻，據文義改。
按：項楚謂善應是着的形訛。善俗體或作着，着與着形近，因誤爲着，再誤爲善。又謂着爲藏義，藏着同義連文。其説極確。

身入黄泉下，他喫他人着。

按：身爲第一人稱代詞，與下句他字爲對。

破除不由你。

按：周一良謂破除爲唐人習語，義爲花費、支付。

用盡遮他莫。

校記：遮他莫，猶言莫管他。遮莫，唐代俗語，猶儘管、儘教。
按：此注支離不可通。項楚謂遮爲阻攔之義，遮他莫即莫遮他的倒裝。其説良是。

道士頭側方（021）

一被霑賢聖，無弱亦無强。

按：項楚謂“被”當作“種”，一種猶同樣也。

莫爲分別相，師僧自設長。

校記：師僧，俗尊僧徒爲師，故稱師僧。

按：蔣紹愚云師僧對徒僧而言，指上座、座主、教授等，後來也用作對一般僧人的通稱。

同尊佛道教，凡格送衣裳。

校記：凡格，佛教徒稱世人爲凡夫，唐人俗語稱凡格。

按：此説無據。項楚、戴密微均校作凡俗，極是。凡俗爲僧道對在家俗人的稱呼。

觀内有婦人(022)

觀内有婦人，號名是女冠。

校記：冠，諸本作官，據文義改。

按：項楚謂原本不誤，女官即女道士也。

各各服梳䯼，悉帶芙蓉冠。

校記：䯼，原本殘佚，據文義改。

按：項楚謂檢乙二本作能梳畋。畋蓋略之訛，通作掠，梳掠本義爲梳理，引申爲梳妝之義，其説極確。

常住無貯積，鐺釜當房安。

按：周一良謂佛教稱屬於寺院所有的房舍、田園、樹木、牲畜等爲常住物，道教亦沿此稱。意即僧寺道觀所擁有的財産。日本禪宗典籍亦沿襲中國用法稱寺院厨房爲常住。

乞就生緣活。

按:蔣紹愚謂生緣有家鄉、故鄉之意,又指家裏之人、鄉親。

交即免飢寒。

校記:交即,猶云即教。

按:蔣紹愚謂詞語不可倒,此句意謂“使之即能免於飢寒”。

道人頭兀雷(023)

道人頭兀雷。

校記:兀雷,疑指道冠突兀貌。

按:觀校記“道冠”云云,似將道人理解爲道士,殊誤。此“道人”指和尚。六朝以迄隋唐,和尚亦稱道人,參看錢大昕《十駕齋養新録》卷一九“道人道士之别”條、《廿二史考異》卷二二、趙翼《陔餘叢考》卷三八“僧稱”條。兀雷,即兀硉,突兀貌。本書 114 首“何須禿兀硉”,兀雷即兀硉,均形容和尚光頭之貌。參看拙作《王梵志詩校釋拾補》(《中國語文》1987 年 1 期)。

例頭肥特肚。

按:考本書 272 首“到大耶(當作肥)没忽”,校記云:“到大,戊二本作倒頭。”則到大、例頭爲異文,可證例頭猶到大也。到大(亦作倒大)猶言絶大、十分、非常,見張相《詩詞曲語辭匯釋》。然則“例頭肥特肚”,亦即“到大肥特肚”,猶言絶大肥特肚也。又:特,何承玖謂當讀爲凸,近是。

本是俗家人，出身勝地主。

校記：主，原作立，據文義改。

按：項楚謂"出身者，謂出家也，勝地指優越的地位"。依項説，則原本立字不誤。

每日趁齋家，即禮七拜佛。

按：項楚謂舊時人死後每隔七日，要延僧追薦，稱爲齋七，禮七當指齋七時的宗教儀式。

手把數行珠，愚肚元無物。

校記：愚，原本殘闕，乙二本作腢，據文義改。

按：戴密微校作開，恐亦未必是。

寺内數個尼（024）

徒衆數十箇，詮擇補綱維。

校記：綱維，指綱領法規。

按：周一良謂佛教寺院中管理衆僧有三個職位，即寺主、上座、維那，稱爲三綱。綱維是這三個僧職的總稱或泛稱。項楚謂綱維爲寺院主事僧尼的稱謂。又：周謂補字意爲任命。

一一依佛教，此事總合知。

校記：此事，乙二本作"萬事"。

按：項楚謂"此"字原本缺，乙二本實作"五"，五事本指古人修身五件事：貌、言、視、聽、思。此處則用以指尼戒也。

莫看他破戒，身自牢住持。

按：身，己也，與上句他字爲對。住持，校記謂“寺廟主事，這裏指地位”。項楚則謂此處住持當别是一義，堅持佛法，不生退轉，稱爲住持。這裏指堅持戒律。

衆厨空安竈，粗飯當房安。

校記：安，原本殘，乙二本作“吷”，據文義改。安，讀如依，失鼻音。
按：蔣紹愚謂當房安不知何意，安的讀音又不知何據。項楚謂乙二本吷爲吹之形訛，而吹又炊之音訛。其説極是。又此字戴密微亦校作炊。

今多捐却寶，我生更若爲？

按：項楚謂捐字兩本實作損。

生即巧風吹(025)

生即巧風吹，死須業道過。

校記：巧風，佛教認爲人生是由地水火風等四大組成，人得無病而生，是因爲好風相吹。
按：此注未確。項楚謂巧風爲佛經中賦予衆生以生命的生命之風，與地水火風無涉，其説是。

佐使非臺補(026)

佐使非臺補，任官州縣上。

校記：佐使非，原作“□史作”，據乙二本改。

按：周一良謂應爲佐史，佐史指州縣官的屬吏。項楚謂史字不錯，佐史即胥吏也。又周一良謂“非臺補”即不是由中央政府任命，“州縣上”之上猶言裏。

食即衆厨餐，童兒更讙當。

按：當爲語尾助詞，無義。見《敦煌變文字義通釋》新版頁390。

火急捉將來，險語唯須䚁。

校記：䚁，原作胱，乙二本作就，胱、就皆不可解，且與上句“出帖付里正”之正字不叶韻，疑爲䚁字之訛。《集韻·勁韻》：“䚁，丑正切，廉視也。”言險惡言語必須追查也。“正”、“䚁”爲陽耕合韻，通首叶韻。

按：此解迂曲。項楚謂原文胱爲發怒之義，險語唯須胱者，謂大耍威風，以險語加以怒斥也。

前人心裏怯(027)

前人心裏怯，乾喚愧曹長。

校記：前人，疑是罪人。

按：此解誤。項楚謂前人本爲文牘用語，猶言對方。

解須除却名。

校記：解須，原作“解□”，據乙二本補。除却，猶云除名。

按：解須，劉瑞明校作合須，意謂可能，必然。未確。項楚校爲解寫（戴密微同），謂解寫即解卸，句意謂解職除名也。極是。

楷赤將頭放。

按:劉瑞明謂楷赤應視爲象聲詞喀哧的誤字,句意謂少行賄必然喀哧一聲把頭砍掉。此解未確。項楚謂當作揩赤,揩有塗抹之義,揩赤者,謂以朱筆抹去簿書中的名字,將頭放猶云將身放,謂放令歸家,并非把頭砍掉。項説極是。

得錢自喫用(028)

賣者好思量,爲他受枷棒。

校記:賣者,原作動者。乙二本作買者,據文義改。

按:項楚謂此字應作智,004 首有"智者好思量"之語,是其證也。

當鄉何物貴(029)

縣扃南衙點,食並衆厨飡。

校記:扃,原作肩,據文義改。

按:項楚謂原作肩,爲局字别體,局爲宴席之義。梵志詩縣局與衆厨對比,示貴賤有别也。如五里官者,只配就食於衆厨耳。

文簿鄉頭執,餘者配雜看。差科取高户,賦役數千般。
……管户無五百,雷同一概看。

校記:文簿,文書。鄉頭,小吏。唐代縣衙内吏職有:鄉頭、配雜、差科、管户、五百等。

按:項楚謂此説似是從詩句附會而來,實屬誤解,鄉頭即是上文五里官,乃一鄉之長。雜看爲詞,猶云雜役,不應配雜連讀。差科猶勞役也,亦非吏職。"管户無五百"者,指鄉頭的管轄範圍。

處分須平等，併檑出時難。

按："併檑"未詳。戴密微校作"併當"，恐亦未確。

愚者守直坐，黠者駁駁看。

校記：守，原作宿，據乙二本改。
按：蔣紹愚云："守直意不可通。宿爲冥之俗寫，直爲宿之誤，守直即冥冥。"

村頭語户生(030)

在縣用錢多，從吾相便貸。

按：吕朋林云：貸去聲代韻，出韻，應爲貣。《廣韻》入聲德韻："貣，從人求物也。"松尾良樹云："《集韻》：'貸，音特，借也。本作貣。'"

候衙空手去，定是搦你勒。

校記：搦你勒，民間口語，謂捕捉你去。勒，語助詞。
按：項楚謂勒字同勒措、勒索之勒，逼取之意，并非語助詞。

人生一代間之一(031)

人生一代間，貧富不覺老。

校記：一代，原作一伐，據文義改。
按：松尾良樹謂伐即代之俗寫，不必改。

王役逼驅驅，走多换行少。

校記：换行少，乙二本作"緣行少"。

按:蔣紹愚謂换通緩,緣是緩形近之訛。

他家馬上坐,我且步擎草。

按:他家猶言他也,與下句我字爲對。家是語尾助詞,無義。

愚人癡涳涳之一(033)

愚人癡涳涳,錐刺不轉動。

校記:涳涳,同空空,佛教認爲一切事物都無實體,名爲空,而空是假名,假名亦空,因稱空空。這裏謂迷茫無知。

按:此説誤,項楚謂涳涳爲昏憒無知貌,字亦寫作嗊嗊,見寒山詩。筆者則謂涳從空得聲,凡從空聲之字,多有慤實之貌,猶今言死心眼兒也。詳拙作《唐代白話詩釋詞》(《中國語文》1983年第6期)。

愚人癡涳涳之二(034)

昏昏消好日,頑皮不轉動。

校記:頑皮,人的俗稱。

按:袁賓謂頑皮指佛家所認爲的世俗者的愚頑魯鈍之性。蔣紹愚謂頑皮應指人的皮囊。項楚謂頑皮本指厚皮,其比喻義訓爲不知羞耻,或冥頑不化,此處爲冥頑不化之義。

廣貪世間樂,故故招枷棒。

按:蔣紹愚謂故故爲常常義。杜甫《月三首》:"時時開暗室,故故滿青天。"(故故有常常之義,詳見張相《詩詞曲語辭匯釋》。)

世間何物貴之一(036)

放頑鄰里行，元來不怕死。

校記：元，同原。

按：蔣紹愚云："元來，唐代絶不作原來。"其説是。明朝以前都寫作元來，明朝推翻元朝以後，遂改寫作原來。

世間慵懶人(037)

草舍原無床。

按：原，原卷作元，張氏誤改爲原。松尾良樹謂至少在唐代，不用原來表示現代漢語中原來的意義。

朝庭數十人(038)

項楚謂此首應併入上首。續言慵懶人的表現。

朝庭數十人，平章共博戲。

校記：平章，議論、謀劃。

按：吕朋林謂平章係"同平章事"之簡稱，即唐宋之宰相。恐未確。

菜粥喫一椀。

校記：椀，乙二本作盌。

按：項楚謂椀字不見於字書，疑爲盌的别體。《玉篇》："盌，鉢也。"

街頭闊立地。

按：項楚謂闊應是閑的形訛。蔣紹愚謂地猶著。松尾良樹謂在敦煌資料中，立地、卧地、坐地是帶有詞尾地而形成的一組口語詞彙。黄征謂敦煌寫本《啓顔録》"論難"條,有"動箭即於高座前褰衣闊立"一語,是"闊立"乃唐人習語。

逢人若共語,謊説天下事。

按:項楚、蔣紹愚並謂原卷作荒説,即胡亂説之意。

一群病懶賊,却搦父母恥。

校記:懶,原作賴,乙二本作來,據文義改。
按:項楚謂當作癩,病癩是駡人的話。

家中漸漸貧(039)

兩家既不和,角眼相蛆姑。

校記:角眼,唐代俗語,猶謂瞪眼、怒目。
按:周一良謂這個解釋切合,但缺佐證。《廣韻》入聲屋韻有矚字,注云"動目",角眼、角睛當即此意。又:蛆姑,校記云:"喻紛擾鬧亂,滋事生非。"按:驗原卷實作䶥姡,《校輯》擅改作蛆姑。䶥即蛆,通怚,妒也,姡是妒的俗别字。䶥姑即嫉妒,二字同義連文。詳拙作《唐代白話詩釋詞》。

别覓好時對。

按:"時對"時字,在唐代與特字通用(見《敦煌變文字義通釋》),則時對即特對,特有匹偶義,特對同義連文,猶言配偶、對象。説詳拙作《唐代白話詩釋詞》。又項楚亦釋時對爲配偶、對象,唯讀時爲室,室乃室家之義,與拙説可謂殊途而同歸。

趁却莫教住。

校記：趁却，猶言趁着。

按：此解誤。此處趁乃趕、逐之義，趁却猶言趕走。

父母生男女(044)

父母生男女，没娑可憐許。

校記：可憐許，猶云這樣可愛。

按：蔣紹愚云："許放在形容詞前面是如此之意，放在形容詞副詞後面是語助詞。"可憐許的許是語助詞，不作"這樣"解。張説誤。

逢着好飲食，紙裹將來與。

校記：將來，猶云拿來。將，語助詞。

按：此解誤。蔣紹愚云："將是動詞，持也。若是語助詞，將來就不會有拿來之意。"項楚説略同。

心恒意不忘，入家覓男女。

校記：意，原作憶，據乙三本改。

按：戴密微、項楚均認爲原作憶是。

養大長成人，角睛難共語。

校記：角睛，唐代口語，義同"角眼"，怒目而視。

按：項楚謂應作角眼，角眼是反目之義。

五逆前後事，我死即到汝。

校記：五逆，原作"五逆"，據乙三本改。

按:蔣紹愚云逹即逆,不必改。

孝是前身緣(045)

兒行母亦征,項膇連腦急。

校記:項膇,頸部腫起。

按:項楚謂膇應作胉,項胉指頸瘦。急訓緊。“項胉連腦急”是説頸瘦緊緊地依附着腦袋,比喻“兒行母亦征”。

兒回見母面,顔色耶没忽。

校記:耶没忽,唐代俗語,猶云怎麽樣。

蔣紹愚、項楚並謂原卷耶作肥,敦煌文書中肥常寫作肥。

按:没忽是形容肥的樣子,《敦煌變文字義通釋》“豊趨、頳顣、没忽”條,釋云“身體胖,行動遲緩”,正引梵志詩“兒回見母面,顔色肥没忽”爲例,《校輯》訓爲怎麽樣,可商。

聞道須鬼兵(046)

老少總皆去,共同衆死厄。

校記:總皆,乙三本作皆總。

按:總皆同義連文,乙三本作皆總亦通。

暫住主人家,不及自分擘。

按:項楚、蔣紹愚並謂原卷作“不久自分擘”。

喻若行路人,前後踏光陌。

按:光陌,戴密微校作巷陌。

天下惡官職之一(048)

生住無常界，……

項楚云此下當移入下一首。

從頭捉將去(049)

向前黑如漆，直掇入深坑。

按：掇應讀爲綴，綴又墜之借，可與013首"掇頭入苦海"句互看。又：袁賓謂掇當讀爲墮，墮深坑爲佛家常語。

興生市郭兒(051)

意盡端坐取，得利過一倍。

按：松尾良樹謂此首的韻字是坐、箇、貨、和、過、倍，倍字失韻，校者却未注意。吕朋林謂當爲"得利一倍過"，乃不致失韻。

分毫擘眼諍(052)

□□□□兒，分毫擘眼諍。

按：項楚補以"興生市郭"四字，松尾良樹謂殘缺的是051首的第十二句，即"得利過一倍"五字。

他買抑遣賤，自賣即高擎。

按：項楚、蔣紹愚均謂買當作賣。

名霑是百姓，不肯遠征行。

按：項楚謂名霑當爲名帖，即名刺、名片，此句意謂身份是百姓。

有錢惜不喫(054)

有錢惜不喫,身死由妻兒。

校記:由,乙三本作留。
按:項楚謂作留是。

奴人賜酒食(056)

奴人賜酒食。

按:項楚謂奴當爲好,好人與下文無賴成對。

恩言出義氣。

校記:義,原作姜,據文義改。
按:蔣紹愚謂姜爲唐代美字的俗寫,出美氣指詞氣温和。

無賴不與錢,蛆心打脊使。

按:打脊乃唐人習語,如圓仁《入唐求法巡禮行記》卷四:"天子怒,打脊二十棒。"

貧窮實可憐,飢寒肚露地。

校記:肚露地,民間俗語,形容衣不蔽體,露出肚皮來。
按:地猶着也,肚露地即露着肚皮。

何爲抛宅走,良由不得已。

校記:已,原作心,據文義改。
按:蔣紹愚謂原卷作乚,乚即止字,原不誤,戴密微、松尾良樹所校亦同。

身卧空堂内(060)

身卧空堂内，獨坐令人怕。我今避頭去，抛却空閑舍。

按：項楚謂以上四句當自爲一首，以下换韻，另是一首。

我今避頭去，抛却空閑舍。

校記：避頭，民間俗語，猶謂逃避、躲避。頭，語助詞。
按：項楚謂避頭應爲避身之義，猶抽頭即抽身也。

死即長夜眠，生即緣長道。

校記：緣，循着，沿着。敦煌寫本《葉净能詩》："緣酒瓮子恰滿便醉。"又云："來日匆匆，不及辭陛下。兼緣在路，不及修表。"
按：蔣紹愚謂釋義不誤，但所引兩例中的緣却不是循着、沿着之義，而是因爲之義。

世間何物平(062)

世間何物平，不過死一色。

按：蔣紹愚謂色爲種義。

身如内架堂(063)

身如内架堂，命似堂中燭。

按：項楚謂内應是肉字誤書，肉架堂比喻軀體。

家貧無好衣(064)

清貧常使樂,不用濁富貴。

按:項楚先謂使爲時,常時乃習見語,後又謂使乃快字形訛。後説較確。

生時同飯瓮(065)

四海交遊絶,籍帳便除名。

按:項楚謂籍帳指户籍簿,花名册。

見有愚痴君(066)

有時急造福,實莫相疑誤。

校記:疑誤,同眙誤。
按:項楚謂疑誤并非眙誤,而是懷疑之義。

生坐四合舍(068)

生坐四合舍,死入土角觸。

按:觸,原卷作觸,《校輯》誤録作觸。土角觸即土角落。

虚霑一百年之二(070)

抱拳入地獄,天堂無人到。

校記:抱拳,原作"根拳",劉本作報拳,據文義改。
按:項楚謂應作把拳,即握拳之義。

折破五戒身,却入三惡道。

校記:折,原作圻,據文義改。

按：項楚謂原文圻是坼的形訛。《法苑珠林》卷一一引《起世經》："因冷風觸，其身坼破，譬如熱瓜，如竹葦林，被大火燒，爆聲吡吡。"項説是。考《説文》："坼，裂也。从土，㡿聲。"杜甫《登岳陽樓》："吴楚東南坼，乾坤日夜浮。"即用此字。

説錢心即喜(071)

説錢心即喜，見死無不愁。

校記：無，原作元，據文義改。

按：項楚謂元字不誤，原詩正是刻畫了一個廣貪財色、不怕報應的形象。

好住四合舍(073)

向前任料理，難見却回來。

校記：料理，猶謂處置擺布。……《晋書·王徽之傳》："卿在府日久，比當相料理。"

按：所引《晋書·王徽之傳》一例，其中料理乃安排照顧之意，非謂處置擺布也。

地下須夫急(074)

地下須夫急，逢頭取次捉。

按：取次爲倉卒、造次之義，應注。

一家抽一箇，勘數申未足。

按：項楚謂申爲由的形訛，由通猶。

科出排門夫,不許私遮却。

按:却,戴密微校作曲,是。又:遮的意思是用賄賂去請託,見《敦煌變文字義通釋》。

奉使親監鑄(075)

開通萬里達,元寶出青黄。

校記:青黄,青黄不接,青秧未長成,舊穀已完,喻匱乏。該句謂鑄錢是爲了國用不足。
按:此乃郢書燕説。項楚、蔣紹愚並謂青黄指鎔冶金時不同階段的不同氣色,極是。

唯須家中足,時時對孟嘗。

校記:孟嘗,原作孟常,據文義改。孟嘗,字伯周,東漢人。曾任廣東合浦太守,爲官清廉,德行高潔,政績卓著。《後漢書》卷七六有傳。對孟嘗,喻但求够用,并不貪財。
按:項楚謂常爲光字之誤,蓋由起筆相同所致,事見《後漢書·梁鴻傳》。後世因以爲代表安貧樂道的賢妻。

冤家殺人賊(076)

債主暫過來,徵我夫妻淚。

校記:徵,求,即逼得。
按:蔣紹愚謂徵有求義,但無逼得義,此處債主指夭折的子女。

來如塵暫起(077)

來如塵暫起，去如一墜風。

按：項楚謂墜當作隊，一隊風即是一陣風。隊訓爲陣，是敦煌變文中的特殊用法。

何處有真實，還凑入杳冥。

按：項楚謂凑是走的借字。

兄弟義居活(078)

兄弟義居活，一種有男女。

校記：義居，同異居，猶言分家。

按：此注大誤。項楚謂義居指親屬聚族而居，如《宋史·孝義·洪文撫傳》："子弟衆多，以孝悌著稱，六世義居，室無異爨。"原詩是説兄弟没有分家。項説極是。考《獨異志》卷中："隋劉君良累代義居，兄弟四人同氣，大業末，天下饑饉，其妻欲勸分居，……"此文前云義居，後云因天下饑饉而欲分居，足見義居與分居是反義詞。其實，《辭源》即收有義居一詞，釋義爲"舊時數代同居"(册3，頁2497)，張氏竟未之檢也。又：袁賓亦謂義居和異居雖讀音相近，而意義適反，《校輯》原注殊誤。

兒大與娶妻，女大須嫁去。

按：以266首"兒大須娶妻，女大須嫁去"相較，上句與字當是須字。

外姓能蛆蛅，啾唧由女婦。

按：蛆蛅，原卷作蛆姑，即是嫉妒。《校輯》擅改作蛆蛅。

近逢窮業至(079)

近逢窮業至,緣身一物無。

校記:緣,因也。

按:項楚、蔣紹愚、袁賓均謂緣身即沿身,亦即全身、渾身之義。

到處即安居。

校記:安居,原作"女君",據文義改。

按:項楚、戴密微均校作"汝居",是。

卷　三

人去像還去(080)

鏡像俱磨滅,何處看衆生。

按:項楚謂原本看作有,當據改,戴密微校同。

一身無本利(081)

一身無本利,四大聚會同。

校記:無,原作元,據文義改。利,原作刢,據文義改。

按:蔣紹愚謂元字不誤。刢當作別。"一身元本別,四大聚會同",意謂四大(地水火風)元本各別,聚會而成人體。利,戴密微亦校之作別。又項楚謂原文元字不誤,校刢爲利,可從,此處利爲離之音訛。

風强火熾疾，風疾火愈烘。

校記：風强，原作火强，據文義改。

按：項楚謂火强不誤，火熾疾當作風熾疾。

觀影元非有(083)

觀影元非有，觀身一是空。

按：項楚謂原本一作亦，是，此字爲《校輯》誤録。戴密微校同。

雷發南山上(084)

雷發南山上，雨落北澤中。

校記：北澤原作北浮，據文義改。

按：戴密微校作北海，項楚認爲據字形當是溪字之誤。

倏忽威靈歇，須臾勢乃窮。

校記：威靈，指神靈。

按：蔣紹愚云威靈應是聲威義，項楚云應是威風、聲勢之義，非謂神靈。

非相非非相(085)

能知寂滅樂，自然無色生。

校記：色生，原作色聲，據文義改。色，主要指感官(根)和靈感對象(塵)的聯結。根和塵由四大合成。無色生：謂一切感覺都没有了。

按：項楚謂原文聲字不煩改。色聲香味觸等感覺，倘以一字概括之,可稱爲色。倘以兩字概括之,亦可稱爲色聲。

但看蛾生卵(086)

但看蛾生卵,不憶蠶生箔。

校記:蠶生箔,指蠶在箔上生繭。

按:蔣紹愚謂蠶生箔就是蠶繭生於箔,不是説蠶生繭。項楚謂蠶生箔者,謂蠶紙於蠶箔中孵化出蠶蟻來。

黄母化爲鼈(087)

牛裹化爲虎,亦是虎爲人。

校記:牛化爲虎:《法苑珠林》卷四三……

按:項楚謂裹當作哀,形之誤也。此事即《獨異志》所記牛哀事。與所引《法苑珠林》事無涉。唯《獨異志》成書於唐武宗之後,梵志詩當另有所本,蓋即出於《淮南子·俶真訓》也。又:蔣紹愚亦謂裹當作哀。

不憶當時果,寧知過去因。

按:項楚謂檢原本,果字實作菓,《校輯》誤録作果。菓即葉,避太宗諱,改字中世爲云耳。此處借作業。

古來服丹石(088)

人人總巴活,注著上頭天。

校記:巴活,原作邑活,據文義改。巴活,即巴望着活下去。

按:巴字不能解作巴望,原作邑不误。邑即色也。此處又通作索,索有求義。此條蔣紹愚、項楚説並同。

死竟土裹眠(089)

死竟土裏眠。

校記：土裏，蘇 2871 作土底。

按：項楚謂檢原本亦作土底，《校輯》誤録作土裏。

生時地上走。

校記：地上，原作土上，據文義改。

按：項楚謂土上自可通，不必改。

行善爲基路(090)

行善爲基路，偷盜五不當。

校記：偷盜五不當，原作“偷盜五不作耶緜當”。“作耶緜”爲衍文，已删。五不當：偷盜屬五賊之一，故曰五不當。

按：此解恐未確。此二句戴密微校作“偷盜吾不作，邪淫吾不當”，似較長。

前果作因緣(091)

前果作因緣，今身都不記。

按：“前果”果字，戴密微、項楚均校作業，《校輯》誤録作果耳。

今也受苦惱，未來當富貴。

按：也爲世字形近之訛，今世與未來對文。此條項楚説同。

只道人祭鬼(093)

項楚謂此首與上首文義相貫，應併做一首。

暫來何須去,知我是誰親?

按:項楚謂何疑當作還。

悲喜相纏繞(094)

東家卜葬地,西家看産圖。

按:項楚謂卜原本作比,比葬地謂選擇、測量葬地也。戴密微亦校作比。

循環何太急,□□相催驅。

校記:催驅,原作"催駈",據文義改。
按:駈是驅的異體字(見中華書局版《龍龕手鏡》頁290),不必改。又所缺之字,戴密微校作"槌鑿"。

無常元不避(095)

無常元不避,果到即須行。

校記:無常,見077首注④。果,指果報。須行,指死亡。
按:蔣紹愚云無常釋義誤,果應爲果真,須行謂必須離開人世。項楚謂果原本作菓。爲葉字别體,這裏通作業。

從作七尺影。

按:項楚謂從爲徒字形訛,徒然之義。

俱墳一丈坑。

按:此墳字應爲充積、盈滿之義。凡從賁聲之字,多有充滿之義。《詩·小雅·苕之華》"牂羊墳首",毛傳:"墳,大也。"大與充義相通。《淮南子·齊俗訓》："哭之發於口，涕之出於目，此皆憤於中而形於外者也。"憤於中即充滿於中。

妻兒啼哭送，鬼朴唱歌迎。

校記：鬼朴，原作鬼不，據文義改。

按：項楚謂檢原本實作鬼子，鬼子即鬼也，子爲後綴成分。

古來皆有死(096)

古來皆有死，何必得如生

按：項楚謂以上連前六句共八句爲一首。松尾良樹説同。如疑爲長。

造化成爲我，如人弄郭郎。

按：松尾良樹謂此二句連同以下六句爲一首，但郎字出韻，郎應校定爲秃，蓋寫本誤寫了同義詞而致失韻。

繩子乍斷去(098)

繩子乍斷去，即是乾柳模。

按：項楚謂以上二句連前六句共爲一首，以下二句連下首六句爲一首。松尾良樹説同。

有生皆有滅(099)

一群泊死漢。

校記：泊死漢，停泊在死地的人。

按：此注大謬。項楚、劉瑞明均校泊爲怕，極是。

何似叫頭蟲。

校記:何似,原作“何以”,據文義改。

按:叫頭蟲,項楚、劉瑞明均校作叩頭蟲,極是。晋傅咸有《叩頭蟲賦》,見《全晋文》。何以,項楚校爲何異。

貪暴無用漢(100)

不知冥道中,車子來相受。

按:項楚謂“車子”爲人名,即張車子,事見干寶《搜神記》卷一〇周擥嘖條。又《文選》卷一五張衡《思玄賦》“或輦賄而違車兮,孕行産而爲對”,舊注亦詳載此事,李善注謂見《鬼神志》及《搜神記》。又《抱朴子内篇·辨問》亦云:“爲人生本有定命,張車子之説是也。”足見張車子故事,自東漢以來即廣泛流傳於世,梵志詩正用此事。“不知冥道中,車子來相受”二句,即死後財富轉爲他人之意。

妄隨長生術(101)

俱傷生死苦,誰究涅槃因。

按:究字,戴密微校作兑,項楚亦謂檢原本實作兑,即免字之形訛。誰免涅槃因者,謂無一人能逃一死也。

釋老由自氣。

按:由自氣,戴密微校作猶自去。

何况迷遇人。

按:蔣紹愚、項楚並謂遇是愚的誤字。

差着即須行(102)

進退不由我,何須滿憂懼。

按:項楚謂滿通漫,此處爲徒然之義。

向命取人鬼(103)

向命取人鬼,屠兒殺羊客。

按:向命當作伺命,向、伺形近致訛。戴密微、項楚、松尾良樹說並同。

鬼識人難料,客辨羊肉厄。

校記:難料,原作與料,據文義改。

按:蔣紹愚云,鬼識人難料不可通,原作人與料不誤。鬼識與客辨對文,兩句意謂鬼精明則人多與料,客精明則羊肉遭厄。其說是矣。然"人與料"三字仍費解。今謂料即料理,乃唐人習語,有虐侮、傷害之義(參拙著《訓詁叢稿》第78頁、198頁),"鬼識人與料"謂鬼精明則人多爲其虐侮和傷害。(與字可訓爲表被動的爲,王引之《經傳釋詞》已有此說。)

運命滿悠悠(104)

運命滿悠悠。

按:滿通作漫,與下句浪對文,乃徒然之義。此條項楚說同。

人生浪聒聒。

校記:浪聒聒,形容塵世紛亂嘈雜的聲音。

按:蔣紹愚云,浪是副詞,徒然之義,不能把"浪聒聒"作爲一個詞解釋。

官職亦須求(105)

天雨麻點孔,三年著一滴。

校記:天雨二句,猶水滴石穿,同下句“逢便宜”相對而言。

按:項楚謂二句似非水滴石穿之意,而是千載難逢之意。

妄想逢便宜,參差著房席。

校記:房,原作扃,據文義改。著房席,俗語,指因生活困迫,無食而卧。

按:注語無據。項楚謂原文扃即局字的别體,局席即宴席之義。又參差,項楚訓爲偶然義,蔣紹愚訓爲幾乎義。

餓你眼赫赤。

校記:眼,原作眠,據文義改。

按:此句戴密微校作“饒你眼赫赫。”

生時不須歌(106)

天地捉秤量,鬼神用斗斛。

校記:斗斛,原作剅斛,據文義改。

按:蔣紹愚云,剅斛即斗斛之俗字,不必改。

運命隨身縛(107)

運命隨身縛,人生不自覺。

校記:縛,原作搏,據文義改。

按:袁賓謂原文不誤,不須改。搏通博,有換易義。又戴密微校作轉。

業厚即福來，業强福不著。

校記：强，强梁，指惡業。

按：項楚謂强疑爲薄字之訛。然觀下文“淳善皆安穩，蠱害總煞却”二句，淳善即指業厚，蠱害即指業强，則《校輯》訓爲强梁、惡業云云，似不誤。

先因崇福德（108）

先因崇福德，今日受耶胎。

校記：耶，原作耙，據文義改。

按：戴密微、項楚、蔣紹愚、袁賓均校作肥，是。

奪我先時樂，將魂死後媒。

校記：將，原作捋，據文義改。

按：原文當作将，爲將的簡體。又項楚謂魂字本作𠫓，應是充的形訛。

兀兀身死後（109）

爲人何必樂，爲鬼竟何悲？

校記：何必樂，原作可必樂，據文義改。

按：不必改。可有豈義，可必樂即豈必樂。

地役張眼争，官慢竪眉竄。裹將長鹿脚，知我是誰友？

校記：竄，出韻，俟校。竪眉，指發怒時眉毛聳起。

按：此四句錯亂殊甚，項楚校正爲：“地□徒張眼，争官慢竪眉。窟裏長展脚,將知我是誰?”近是。

請看漢武帝(110)

百年有一倒,自去遣誰當?

校記:一倒,喻一死。

按:松尾良樹謂一倒即一到,倒是到的習見别字。141 首有“終歸有一到”可證。

饒你王侯職(111)

錦綺嫌不着,猪羊死不飡。

校記:死不,俗語,猶言硬不,决不。死,表示頑固、固執。

按:項楚謂此説非是。死即死亡之義,佛教戒殺生食肉,唯自死之肉屬於所謂净肉,允許僧人食之。此處“猪羊死不飡”者,謂嫌棄自死之猪羊而必欲殺生害命也。又袁賓亦謂死應爲死了義。

衆生眼盼人(113)

衆生眼盼人,心路甚堂堂。

按:人字應是盼的重文符號,此句就是“衆生眼盼盼”,與下句“心路甚堂堂”爲對。此條項楚、戴密微所校亦同。

三種憐男女,一種逐耶孃,一種惜身命,一種憂死亡。

按:“三種”之三字,項楚、蔣紹愚、袁賓均校爲一,是。

何忍他刺殺,曾無阡許惶。

校記:阡許惶,義未詳,俟校。

按：項楚謂阡疑當作纖，纖許謂少許也。袁賓謂阡許應爲懺悔，戴密微則校作何許。諸説似均未確。

兒婚藉嘉偶(114)

兒婚藉嘉偶，女聘待好俅。

校記：待好俅，原作“希好仇”，據文義改。

按：此校誤。希即希的形訛，仇即仇的俗體，有配偶義。希好仇即希望得到好的配偶。戴密微校作“希好仇”，極是。

但今捉如息，何代無王侯。

按：此二句有訛誤，殊費解。戴密微校作“但令足汝息，何憂無公侯”，恐亦未確。

何須秃兀硉，怨始學薰修。

校記：秃兀硉，形容和尚光頭。薰修，佛教謂以德薰身修行。薰爲薰習，修即修行。

按：項楚謂“怨始”費解，怨蓋然字之訛。然始即乃始、然後、方纔之義。梵志詩何須二句，言在俗亦可修行，不必定要剃度也。

榮官赤赫赫，滅族黄髮囚。

校記：囚，原作人，出韻，據文義改。

按：此二句爲對偶句，赤赫赫與黄□□爲對，“□□”應爲叠字詞無疑，原文人當是一個重文符號，《校輯》擅改爲囚，大謬。又此句戴密微校作“黄焌焌”，未知何據。

死王羡活鼠(115)

死王羡活鼠,寧及尋常人。

校記:寧,原作寍,據文義改。
按:寍蓋寧的俗别字,不煩改。

儻來可櫃藏,任去不可留。

校記:任,原本殘闕,據文義改。
按:項楚謂闕字似應爲運。又此二句戴密微校作"儻來不可拒,俄去不可留"。

任來還任去,運命何須愁?

校記:運命,原作"智命",據文義改。
按:戴密微、項楚均校作"知命",是。

索婦得好婦(116)

面似三拳作,心知一代休。

校記:三拳作,俗語,形容人的臉色難看,好像被人打過三拳。
按:"三拳作"不可解,校記所云,臆説無據。

遮莫你成劉。

校記:遮莫你,原作"遮鄭莫你",鄭爲衍文,已删。成劉,原作"城劉",據文義改。連同上句崔盧,皆泛指姓氏。
按:項楚謂鄭字并非衍文,但應乙在你字後,城字爲衍文,當删。崔盧鄭劉皆爲唐代的高門著姓,并非泛指姓氏。

若無主物子,誰家死骨頭。

校記:主物子,俗稱主人。

按：項楚謂應作"若無主子物"。

思量小家婦(117)

思量小家婦，貧奇惡形迹。

校記：形迹，原作行迹，據文義改。

按：項楚謂行迹不誤，行迹爲行爲之義。又袁賓謂貧奇不辭，貧應爲窮，窮奇是凶惡的意思。《燕子賦》"亦是窮奇鳥"可證。窮奇本是古代惡獸名，語出《山海經·西山經》。

酒肉獨自抽，糟糠遺他喫。

校記：獨自抽，謂獨自享用。抽，取也。

按：校記所云，臆説無據。項楚謂抽疑爲袖字形訛，藏也。恐亦未確。

自著紫臭翁，餘人赤羖䍽。

校記：紫臭翁，疑指紫錦袍，俟校。

按：項楚謂翁字俟再校，紫臭則不誤，典出《韓非子·外儲説左上》。

索得屈烏爵。

校記：屈烏爵，酒杯名。爵，古代盛酒的三足器皿。

按：項楚謂爵通雀。屈烏雀見《五苦章句經》，是地獄中食人的惡鳥，梵志以喻惡婦。其説良是。

家風不禁答。

按：項楚謂答字出韻，檢原本實爲益字，不禁益俟再考。

讒臣亂人國(118)

讒臣亂人國,妒婦破人家。

校記:妒婦,原作妬婦,據文義改。
按:妬爲妒的俗别字,不須改。

客到雙眉腫,夫來兩手架。

校記:架,原作挐,據文義改。
按:項楚、戴密微校爲拏,是。拏有攫拏義,即搏鬥、揪打也。

親姻共勸樂,夫婦作榮華。

按:項楚謂勸爲歡字形訛。

前身有何罪(119)

前身有何罪,免得涅槃茶。

校記:涅槃茶,佛教用語,謂死。
按:項楚謂佛教習語只見有涅槃,未聞有涅槃茶之説。此處涅字實應作鳩,鳩槃茶爲佛經中的惡鬼,義譯爲冬瓜鬼,世俗因以爲醜婦之喻。其説極是。又:免字,項楚、戴密微均校作色,通索,極是。

天下惡風俗,臨衰命獨車。

校記:臨衰,猶言臨喪。《廣韻·灰韻》:"縗,倉回切,喪衣。亦作衰。"
按:項楚謂檢原本作臨宔,臨即喪字别體,《校輯》誤録作衰。又獨乃犢的音訛,犢車爲載人的牛車,梵志詩犢車則指迎車。

此句謂臨喪期間行嫁娶之事也。

男婚不施粉，女嫁著釵花。

校記：男婚，原作兒婚，據文義改。施，原脱，據文義補。

按：項楚謂檢原本作䆂，即男之俗字。又粉上爲香字，并無脱文。此句應校作“男婚傅香粉”。

屍櫪陰地卧。

按：項楚謂屍櫪疑當作屍曆，指未下葬的死者。

知諸是誰家？

校記：知諸，原作知堵，據文義改。

按：項楚謂堵當作者，同這。

古人數不畢(120)

古人數不畢，今我少高門。

按：項楚謂今我當作今代，與古人爲對。

各各服父祖，家家賣子孫。

按：項楚謂服爲販字形訛，與下句賣字相對。

自言鬻性鼠，聲盡不可論。

校記：鬻性鼠，其義未詳，俟校。

按：項楚謂鼠原本作朢，即望之形訛。性當作姓，姓望即族望。此句指士族的賣婚現象。

敬他還自敬(121)

觸他父母諱,他觸祖父名。

按:祖父,戴密微、項楚均校爲祖公,是。

欲覓無嗔根,少語最爲精。

按:根,項楚校爲報,是。

逢難儻能忍(122)

逢難儻能忍,能思最爲難。

按:能思,戴密微校作能忍。

伏肉歲不食,病鳥人不彈。

按:歲字,項楚、袁賓均校作虎,極是。《水滸傳》第二回:"自古道,大蟲不食伏肉。"大蟲即虎也。

當時雖碕堵,過後必身安。

校記:碕堵,多阻礙。
按:碕堵未詳,《校輯》所説不可靠,戴密微校作"堵氣",恐亦未確。

負恩必須酬(123)

負恩必須酬,施恩慎勿色。

校記:色,謂喜形於色。
按:此解誤。蔣紹愚謂色通索,是也。

索他一石麪，還他十斗麥。

校記：索他，原作"索得他"，得爲衍文，已删。
按：原文當作"得他一石麪"，索字爲衍文。

敬他保自貴(124)

敬他保自貴，辱他還自受。

校記：還自受，原本殘闕，據文義補。
按：戴密微補作"招自耻"，吕朋林補作"實辱己"。

你若敬算他，他還敬算你。

按：敬算，項楚校爲計算，并謂唐五代西北方音敬、計同音。其説是。

勾他下盞酒，他勾十巡至。

按：下，戴密微、項楚均校爲"一"，是。又蔣紹愚謂勾爲敬酒之義，變文有其例。

不知愁大小(125)

道愁不愛食，面愁偏怕酒。

按：面，戴密微、項楚均校作聞，極是。

本巡連索人(126)

本巡連索人，樽主告平人。

按：本首韻脚字均爲梗攝，人爲臻攝，出韻。人字當爲重文符號，此二句應爲"本巡連索索，樽主告平平"。平爲梗攝，正好叶韻。

我家在河側(127)

我家在河側。

校記:側,原作殘闕,據文義補。
按:戴密微、項楚均校作"我家在何處",是。

結隊守先阿。

校記:隊,原作對,據文義改。
按:此句不可解。戴密微校作"結草(或結茅)守山阿",可備一説。

男即教誦賦,女即學調梭。

校記:男,原作如,據鄭本改。
按:項楚謂原文如通作兒。

寄語天公道,寧能奈我何?

校記:奈,原作"那",據鄭本改。
按:蔣紹愚謂不必改,此乃唐人習慣用法。項楚謂那爲那字異體,通作奈。

第一須景行(128)

心神激前直,懷抱徹沙清。

按:項楚謂前當作箭,激箭即疾馳之箭,此處則以激箭之勁疾比喻心神之正直也。

天子與你官(129)

天子與你官，俸禄由他授。

校記：由他授，原作"生地授"，據文義改。

按：項楚謂應爲坐地受。生爲坐的形訛，受、授通用。坐地猶云坐着，又引申爲無所事事或坐享其成。

飲食不知足。

校記：飲食，原作"飲響"，據文義改。

按：袁賓謂飲響即影響，戴密微、項楚則校作飲饗，後説是。

貪錢得動手。

校記：錢，原本殘闕，據文義補。

按：戴密微、項楚均校作婪，近是。

百姓被欺屈(130)

朝朝團坐入，漸漸曲精新。

校記：曲精新，謂造成的冤案愈來愈新奇。

按：此乃臆説。戴密微、項楚均校作曲情，是。曲情即冤情也。

天理爲百姓(131)

天理爲百姓。

校記：爲，原本殘闕，據文義補。

按：戴密微、項楚均校作"代天理百姓"，近是。

格戒亦須遵。

按：項楚謂戒應爲式的形訛，唐代法律包括律、令、格、式四部分。

一時截却頭,有理若爲申?

校記:頭,原作項,據文義改。
按:項楚謂不必改,項即頭也。

天下惡官職之二(132)

天下惡官職,未過於御史。

校記:於御史,原作"御史臺",臺與下文不叶韻,據文義改。
按:戴密微校作"御史寺"。

好眉張福眼。

校記:原作福張眼,據文義改。
按:戴密微、項楚、袁賓均校作"努眉復張眼",極是。

脱却面頭皮,還共人相似。

校記:面頭皮,俗稱人的面孔。
按:面孔無法脱却,此注不通。項楚謂面頭皮指弄獅子時所披戴的道具假皮,極是。

家僮須飽暖(133)

家僮須飽暖,裝束唯粗疏。

按:蔣紹愚云粗疏爲隨便義。

袂袍實誇錦,衫改高機纑。

按:項楚謂改爲段的形訛,衫段爲製衫的衣料。

他道恒飽食(134)

他道恒飽食，我道餓欲死。

校記：餓，原作我，據文義改。

按：他道，項楚謂應作他肥；我道，戴密微、項楚均校作我瘦。此二句應爲"他肥恒飽食，我瘦我欲死"，後一我字不必改爲餓。

行年五十餘，始學悟道理。

校記：悟，原作無，據文義改。

按：項楚謂無字不誤，無道理指無理之事，梵志詩稱"始學無道理"者，乃由於清白半生，而仍不免於窮餓，遂發此憤世嫉俗之論也。

回頭憶經營，窮困只由你。

校記：回頭憶，原作"回頭義"，據文義改。

按：戴密微校作"回頭議"。

鴻鵠盡飛颺（135）

鴻鵠盡飛颺，蝙蝠夜陵泊。

按：項楚校盡爲晝，極是。晝與夜對文。又謂陵當作紛，紛泊爲鳥類飛翔起落之狀。

幽顯雖不同，志性不相搏。

校記：搏，原作博，據文義改。

按：袁賓謂不當改，博有换易義。

他家求官宦，我專慕客作。

按：他家猶他人，與下句我字爲對。

脱帽安懷中,坐見膝頭著。

按:項楚、戴密微均校見爲兒,是。

隨緣適世間,自得恣情樂。

校記:恣,原作總,據文義改。
按:項楚謂原本正作恣,戴密微本亦作恣。

年年愁工番。

按:戴密微、項楚均校工爲上,是。

獼猴帶斧鑿。

按:項楚謂獼猴帶斧鑿爲戲弄之一種。

父子相憐愛(138)

東家打桃符。

按:項楚謂打疑當作釘,謂釘著桃符於門户也。

西家懸赤索。

校記:赤索,大約同於"葦索"一類的驅鬼避邪之物。
按:項楚引《後漢書·禮儀志中》兩次提到朱索,即赤索也。據佛經,赤字爲鬼所懼,故與桃符並提。

聚頭唱奈河。

按:周一良謂奈河應爲奈何,與水流之名的奈河無關。奈何爲唐人報喪或吊喪的套語。

平生不喫著(139)

一日命終時,拔釜交樛杓。

校記:樛杓,謂木杓。樛,有曲結之木。
按:蔣紹愚謂樛應爲摎之誤字,交摎爲交叉義,(135)首可證。項楚亦謂交摎爲詞,交摎同義連文。

我有一方便(140)

相打常服弱。

校記:常服,原作長取,鄭本作長伏,據文義改。
按:項楚謂伏、服通用,不必改。

至老不入縣。

按:周一良謂此縣不是地理上的縣境,而是縣衙之意。

人生能幾時(141)

死亡今古傳,何須愁此道。

校記:今古,原作今日,據文義改。
按:項楚謂檢原本正作今古。

匆匆信因緣,終歸有一到。

校記:匆匆,原作克克,據文義改。信因緣,謂相信生死機緣。
按:項楚謂原文克克是兀兀的形訛,到當作倒,一倒謂一死。蔣紹愚謂信應爲任從義。

王二羊年少(142)

王二羊年少,梵志亦不惡。

校記:羊年,謂王二屬羊。

按:此解誤。項楚、蔣紹愚均謂羊爲美之訛字,極是。

借問今時人,阿誰肯服弱?

校記:服弱,原作伏弱,據文義改。
按:不必改。

嗔恚滅功德(144)

百年修善業,一念惡能燒。

校記:惡能,猶云全能、最能。惡,程度副詞。
按:蔣紹愚云惡没有作程度副詞的用法,此惡乃善惡之惡,作一念的賓語。《六祖壇經》:"一念惡,報却千年善亡;一念善,報却千年惡滅。"項説同。

六賊俱爲患(147)

嫉妒終難却,慳貪去即來。

校記:嫉妒,原作疾妬,據文義改。
按:不必改。疾是嫉的同音通借字,妬是妒的俗别字。

自非通達者,迷性若爲開?

校記:若爲,猶言怎爲。
按:此解不確,若爲乃怎樣、如何之意。

草屋足風塵(148)

客來且喚入,地鋪藁薦卧。

按:卧,戴密微、項楚均校爲坐,是。

白酒瓦鉢藏。

按：藏，項楚謂檢原本模糊，應是盛字。

石鹽五六課。

按：課，項楚、蔣紹愚均校爲顆，是。

人壽百歲不長命(150)

人壽百歲不長命。

校記：人壽，原作人受，據文義改。

按：項楚謂人受不誤，受即受命之受，謂秉受於天的年壽。

出門拗頭戾跨(152)

出門拗頭戾跨。

校記：拗頭戾跨，形容行走時頭歪身斜、搖晃不穩貌。

按：項楚謂戾跨疑當作捩胯，形容行步時臀部扭動的樣子，與拗頭爲當句對。

司命把棒忽至，遍體白汗如漿。

按：項楚謂原本司作伺。

合村送至曠野，回來只見空床。

校記：至，原作模糊難辨，據文義補。

按：至，戴密微、項楚均校作就，就有至義。

愚夫癡梳梳(154)

愚夫癡梳梳，常守無明窟。

校記：癡梳梳，與癡杌杌、癡兀兀義同，皆謂愚昧呆滯貌。
按：癡梳梳，項楚校作癡杌杌，謂即兀兀之狀也。

二鼠數相侵，四蛇推命疾。

按：項楚謂推爲催字形訛。

更遇炎風吹，彼此更無匹。

校記：遇炎風，原作愚丸風，據文義改。炎風，指火風。
按：炎風，項楚校爲刀風，刀風爲佛經中的死亡之風。其説極是。

卷　四

兄弟相憐愛(157)

爲人欲得别，此則是兵奴。

校記：兵奴句，謂當兵奴乃大不幸，可能一别終身，兄弟不得再聚。本詩提出兵奴，反映作者對唐代兵制的憎惡。
按：項楚謂張注非梵志原意，兵奴乃指下賤粗魯者。

兄弟實難得(161)

兄弟實難得，他人不可嗔。

校記：嗔，丁三、丁七本作親。
按：蔣紹愚謂應從丁三、丁七本。

主人無牀枕(164)

主人無牀枕,坐旦捉狗狐。莫學庸才漢,無事去他門。

校記:狗狐,疑同狗蚤,但與門字不叶韻。

按:項楚謂狐爲親字之訛,此句典出《顔氏家訓·勉學》。

尊人嗔約束(167)

尊人嗔約束,共語莫肛降。

校記:肛降,疑當作獇狫。《廣韻·江韻》:"犬不服牽也。"

按:此解誤。考《廣韻》平聲四江:"肛,胮肛,脹大。"肛降即胮肛。乃噘嘴鼓腮,不高興的樣子。説詳拙作《王梵志詩校釋拾補》(《中國語文》1987年第1期)。

耶孃年七十(169)

耶孃年七十,不得遠東西。

按:周一良謂東西應作動詞用,意爲離去、逃亡,乃唐人習語。其説是。杜甫《無家别》:"我里百餘家,世亂各東西。"即其例也。又袁賓謂東西爲雙音動詞,由兩個方位名詞作詞素構成,是外出的意思。

親還同席坐(175)

忽然人怪責,可不衆中羞。

按:蔣紹愚謂忽然爲假如義,可爲豈義,均是。

尊人立莫坐(176)

蹲坐無方便,席上被人嗔。

校記:蹲坐,原作"存坐"。

按:存是跻的省形存聲字,跻、蹲爲異體字(見《集韻》平聲魂韻)。

尊人與酒喫(178)

性少由方便,圓融莫遣之。

校記:之,原作知,據丁三、丁五本改。

按:戴密微、項楚均校作知。莫遣知即不令尊人知道之意。

尊人同席飲(179)

縱有文章好,留將餘處宣。

按:餘猶别也,見《敦煌變文字義通釋》。餘處即别處。

巡來莫多飲(180)

勿使聞狼狽,教他諸客嫌。

校記:聞狼狽,謂聞到嘔吐物的氣味出現的窘態。

按:此解望文生訓,且又增字爲義,殊不可通。此聞字乃模樣義(見《敦煌變文字義通釋》)。聞狼狽即樣子狼狽,二句意謂不可鬧出一副狼狽相,以致惹得客人們嫌憎討厭。

養兒從小打(185)

長大欺父母,後悔定無疑。

校記:無疑,原作無魚,據丁二、丁五本改。

按:疑屬止攝,魚屬遇攝,敦煌方音止、遇二攝混同。又,魚、疑均爲疑母字,二字爲正紐雙聲。故無疑得訛爲無魚。

有兒欲娶婦(187)

縱使無姿首,終成有禮儀。

按:蔣紹愚云姿首與面首義同,美貌也。

有女欲嫁娶(188)

但得身超後，錢財總莫論。

按：戴密微校超爲紹，項楚校後爲俊。

欲得於身吉(189)

但知牢閉口，禍去阿寧來。

校記：阿寧來，原作阿你來，據丁六、丁七、丁一一本改。
按：項楚謂原本是，阿你即你，你、寧通用。

飲酒妨生計(190)

但看此等色，不久作窮查。

校記：窮查，俗稱窮苦人、窮小子。
按：項楚謂此查通渣，渣滓之義。

見惡須藏掩(191)

見惡須藏掩，知賢唯讚揚。

校記：唯，丁三本作"爲"。
按：項楚謂作"爲"字較優，從去聲讀。

借物莫交索(192)

損失酬高價，求嗔得也摩？

校記：也摩，原作也磨，丁九本作夜摩，據丁三、丁六、丁一一本改。摩，同麽。
按：不必改。摩、磨均爲疑問語氣詞。敦煌唐人詩集殘卷《晚秋》詩："不知君意裏，還解仇人摩？"此作摩者，《敦煌變文集

·不知名變文》:“逢妻妻布施,得罪磨?”此作磨者。

借物索不得(193)

頻來論即鬭,過在阿誰邊?

按:“論即鬭”似當爲“即鬭論”。鬭論一詞見寒山詩:“鬭論多一作争物色,此地勝余家。”在此似有争吵之義。

停客勿叱狗(196)

停客勿叱狗,對客莫頻眉。

按:頻當讀爲顰。

供給千餘日,臨歧請不飢。

校記:臨歧,指遇到困境。

按:蔣紹愚、項楚謂臨歧指臨别、分手之時。

親客無疏伴(197)

食了寧且休,只可待他散。

校記:食了,原作“食食”,據丁五本改。

按:項楚謂了是重文符號,應作“食食”。

逢人須斂手(199)

忽若相衝着,他强必自傷。

校記:忽若,丁七本作“忽然”。

按:此處忽若、忽然,均爲倘或、假如之義,參《敦煌變文字義通釋》新1版頁289。

見貴當須避(201)

高飛能去綱，豈得值低羅？

校記：綱，提網之繩。《書·盤庚上》："若網在綱。"
按：此説誤。戴密微、項楚均校作網，是。網與下句羅字同義對舉。

結交須擇善(202)

結交須擇善，非識莫與心。

校記：識，丁二、丁五、丁六本作諳，丁七本作知。
按：戴密微、項楚均校作諳，是。諳即熟諳，非僅一般相識也。

有德之心下(204)

有德之心下，無才意即高。

校記：之心，丁二、丁五本作"人心"。
按：項楚謂作"人心"是。之字爲人字的形訛。

典吏頻多擾(205)

典吏頻多擾，從饒必莫嗔。

校記：從饒，謂討饒、求饒。
按：蔣紹愚謂此注誤，從饒爲同義連文，任從義。袁賓謂從饒爲"聽憑、忍讓"義。二説略同。

駡妻早是惡(207)

駡妻早是惡，打婦更無知。

按：早是即本是、已是之義，見《詩詞曲語辭匯釋》卷二"早是"條。

貧親須拯濟(209)

貧親須拯濟,富眷不須饒。

校記:須饒,原作"煩饒",據丁五本改。
按:戴密微、項楚均校作煩饒,是。須與上句犯複,不煩即不須也。又:蔣紹愚謂饒爲增添義。

情知蘇蜜味,何用更添膏。

按:情有實義,情知即實知。

在鄉須下意(213)

相見先作拜,膝下投黄金。

校記:投黄金,原作"没黄金",據丁四本改。該句源自俚諺"男兒膝下有黄金"。
按:袁賓謂應作没,項楚謂没字極是。"有黄金"言膝下貴重,不肯輕屈,此首立意相反,主張謙恭下意,故第四句接以"膝下没黄金"也。

逢争不須看(218)

逢争不須看,見打莫前圍。

校記:圍,原作"僞",據文義改。丁五本作"爲"。
按:戴密微校作"爲",項楚謂作"爲"是。爲者幫助之義。

捐即追友勝。

校記:捐,原作"楨",據丁四、丁五本改。
按:項楚謂作損是,損者損傷之義。

證能總不知。

校記：證能，丁三、丁四、丁五、丁六本作“能勝”。

按：項楚云當據各本作能勝。

立身存篤信(219)

立身存篤信，景行勝將金。

校記：景行勝將金，謂好的品行超過黄金的價值。將，語助詞。

按：此解誤。項楚謂將是動詞，携帶之義，是。

有恩須報上(220)

有恩須報上，得濟莫辜恩。

校記：辜恩，原作“孤恩”，據文義改。

按：孤、辜通用，不必改。

但看千里井，誰爲重來尋。

按：項楚謂爲通作謂，料想之義。

先得他恩重(222)

一飡何所直，感荷百千金。

校記：感荷，原作感賀，據文義改。

按：不必改。感荷在唐人文字中又寫作感賀。

蒙人惠一恩(223)

若濟桑下飢，扶輪可惜力。

按：可者豈也。

殺生罪最重(227)

欲得身長命，無過點續明。

校記：續明，原作“續朋”，據丁四本改。疑同續命，猶放生。
按：此乃郢書燕説。項楚謂作續明是，續明即長明燈。

偷盗雖無命(228)

偷盗雖無命，侵欺罪更多。

校記：雖，原作須，據丁四、丁五本改。
按：項楚謂須字不煩改，須即應該、必定之義。

將他物已用，思量得也麽？

校記：也麽，原作“夜魔”，丁四本作“也磨”，丁六本作“也魔”，據文義改。得也麽，得到嗎？即得不到。指偷盗犯罪，毫無所得。
按：袁賓謂也麽、夜魔、也磨、夜莽、熠没，均爲這麽、這樣義。蔣紹愚謂此處得是能够、可以之意，“得也麽”即“行嗎”。項楚謂得即行、可之義，梵志詩“思量得也麽”，即捫心自問，這樣做行嗎？蔣、項説較確。也爲助詞，無義。

喫肉多病報(230)

喫肉多病報，知者不須飡。

按：項楚謂知通作智。

飲酒是癡報(231)

情知有不净。

校記：不净，佛教用語，指罪過而言。

按：情，實也。情知即實知。不净，項楚謂即污穢之物，與下句“岸頭”都不必過求深解。

豈不岸頭行。

校記：豈不，原作豈合，據丁四本改。岸頭，岸邊，佛家指苦海之岸。

按：項楚謂原本豈合不錯，合即應該之義。

見泥須避道（233）

若知己有罪，莫破戒持齋。

校記：戒持齋，佛教用語，謂奉佛戒持齋。

按：項楚謂持爲時之形訛，佛教戒律中有戒非時食一條，即所謂齋法。戒時齋者，即指戒非時食之齋法也。

相交莫嫉妒（234）

相交莫嫉妒。

按：妒，原卷作妬，即妒的俗别字。

相勸莫蛆儜。

校記：蛆儜，俗語。以蛆蟲喻人心之獰惡。

按：此解無據。蛆通怚，妒也。儜通佞，諂媚也。佛經中有蛆佞一詞，謂嫉妒和諂媚也。敦煌變文中亦有此詞，寫作蛆倿，倿蓋佞之俗寫（參拙作《唐代白話詩釋詞》，《中國語文》1983年第6期）。

一日無常去，王前罷手行。

按：罷，項楚校作擺，是。

經紀須平直(236)

些些徵取利,可可苦他家。

校記:可可,猶云恰恰,剛巧。
按:項楚謂此可可乃極甚之詞。

布施生生富(237)

若人苦慳惜。

按:苦爲甚詞。

却却受辛勤。

按:却却,戴密微、項楚均校作劫劫,是。

尋常勤念佛(239)

尋常勤念佛,晝夜愛書經。

按:尋常,時常也。

六時常禮懺(240)

十齋莫使闕,有力煞三長。

校記:三長,指年月日之首。
按:蔣紹愚謂此注誤,三長應指三長齋月,即正月、五月、九月。

逢師須禮拜(242)

莫生離別相,見過不和南。

校記:離別相,原作"多別相",丁五本作"離別想",據文義改。

按：項楚謂原文多字是分字的形訛，分別相指生分、不親近的樣子。其説確。(021)首有"莫爲分別相"之句，可爲旁證。

聞鐘身須側(243)

聞鐘身須側，卧轉莫經眠。

校記：莫經眠，原作"莫前眠"，據丁五本改。

按：項楚謂經乃輕的形訛，輕易之義。

師僧來乞食(244)

師僧來乞食，必莫惜家常。

校記：家常，居家常用之物，指便飯。

按：家常乃布施之義，見《敦煌變文字義通釋》新1版147頁。

惡事總須棄(246)

知意求妙法，必得見如來。

按：知意，戴密微、項楚均校作至意，是。至意乃虔誠之義。

卷　五

貯積千年調(247)

貯積千年調，擬覓□□□。

按：項楚擬補爲"擬覓妻兒樂"。

□鼻斷領牛，杖打過腿膊。

按：詩中闕字，吕朋林謂依文意當爲豁字，項楚謂疑爲決字，項説較確,决鼻與斷領爲當句對。

人間養男女(248)

人間養男女,直成鳥養兒。

按:直,項楚謂當作真,真成乃唐人習語。

女嫁他將去,兒心死不歸。

校記:死不歸,猶言至死不回家。
按:心,戴密微校作征,極是。蓋因征字以音同而寫作正,正又與心的草體相似,因訛爲心。又,死不歸,即死在外面不歸家。

夫妻一箇死。

校記:俗謂一樣死去。
按:項楚謂夫妻中死去一個也。

生在常煩惱(249)

寄語冥路道。

校記:冥,原作寘,據文義改。
按:項楚校爲置,又謂路道當乙爲道路。寄語置道路,指留下遺言。

還我未生時。

按:項楚謂自“人間養男兒”至“還我未生時”爲一首。

人縱百年活(250)

人縱百年活。

校記:人,原脱,據文義補。

按:趙和平、鄧文寬校作"縱得百年活"。

須臾一日死。

校記:死,原作子,據文義改。

按:趙和平、鄧文寬校作"一白子",并謂白似應爲輩的同音假借字。

輪回變動急。

校記:變,原脱,據文義改。

按:趙和平、鄧文寬補爲"轉"。

身帶無常苦,長命何須喜。

按:項楚謂自"生莫不有死"至"長命何須喜"爲一首。

不聞念佛聲。

校記:聞,原作見,據文義改。

按:項楚、袁賓均謂不當改,見亦聞義。

生時同氈被(251)

生時同氈被,死則嫌屍妨。

按:項楚謂妨字應讀仄聲。

臭穢不中停,火急須埋葬。

校記:葬,協平聲讀,方叶韻。

按：項楚謂葬字去聲，不必改讀爲平聲。

行行展脚卧，永絶呼征防。

按：項楚謂防字應讀仄聲。

生促死路長，久住何益當。

按：蔣紹愚謂原卷作"乛住何益當"，乛爲長的重文符號。又益當，戴密微校作蓋當，釋爲該當，不確。

父母生兒身（252）

暫託寄出來，欲似便相貸。

按：貸，《敦煌掇瑣》作賊，趙和平、鄧文寬校作"𧴫"。此句項楚校爲"欲似相便貸"，謂便貸爲借貸之義，亦作貸便。便即借之義。吕朋林謂貸失韻，當爲貣，形近，韻合。《廣韻》："貣，從官借本賈也，從人求物也。"父母養兒，兒大後被官府抓去當兵，恰似從官借本行賈，又被迫還本於官。

兒身面向南，死者頭向北。

按：《孔子家語·問孔》："生者南鄉，死者北首，皆從其初也。"《禮記·禮運》："死者北首，生者南鄉，皆從其初。"

審看世上人（253）

貴賤既有殊，業報前生值。

按：值，戴密微、項楚均校爲植。又項謂以上應爲一首，此首疑有八句，奪去五六二句。

一日厥摩師（254）

按：項楚謂以上二首當合爲一首。

身是五陰城(255)

總在糞尿中,不解相蛆蛄。

按:蛆蛄,原作"蛆姡",即嫉妒義,《校輯》擅改爲"蛆蛄"。

前死萬年餘,尋入微塵數。

按:項楚謂微塵數乃佛家語,以喻極多之數。

以後燒作灰,颺却隨風去。

按:以,趙和平、鄧文寬校作己,項楚謂己應是已之訛。

前死未長別(256)

項楚謂此首爲北周釋亡名《五盛陰》的改作,見《廣弘明集》卷三〇。

前死未長別,後來亦非親。

校記:親,原作"久",出韻,據文義改。

按:項楚謂當據"五盛陰"改作"後來非久親",與上句"前死未長別"對句。

頻開積代骨,爲坑埋我身。

按:項楚謂此首應爲二首,"爲坑"句以上爲一首。

不净膿血袋,四大共爲因。

校記:因,原作目,據戊二本改。

按:戴密微校作身,極是。目爲身之殘缺。

前人敬吾重(257)

前人敬吾重,吾敬前人深。

按:周一良謂前人不是過去的人,前人乃假設之詞,猶言對方,變文中稱前頭。

君看我莫落,還同陌路人。

校記:莫落,一作"落莫"。《資治通鑑》卷二四五載王涯從弟沭詣之,"涯待之殊落莫",注:"落,冷落也,莫,薄也。唐人常語。"

按:落莫乃聯綿詞,不得分訓。其義猶言冷淡,參周一良《魏晋南北朝史札記》頁 354。

一生無舍坐(259)

迥獨一身活,病困遣誰看。

按:趙和平、鄧文寬謂迥有寂寞義,似未確。迥疑爲煢之借字(二字並隸梗攝,迥,匣母;煢,群母,同爲全濁聲母,喉、牙發音相近)。迥獨即煢獨也。

身强避却罪(261)

身强避却罪,修福只心勤。

校記:身强,聞身强健的略稱。猶云趁身體强健時。

按:此解未確。項楚謂身即聞字之訛,聞字誤脱門旁即爲耳,耳、身形近每互訛。

十念得成就,化佛自迎君。

校記:十念,佛教用語,指念佛,念法……等。

按:項楚謂所謂十念者,非如校記所説之繁複,實爲净土宗之生天捷法，十念者，指念誦阿彌陀佛十聲也。

年老造新舍(262)

千年换百主，各自想還改。

校記：想還改，戊二本作“將迴改”。

按：項楚謂“想還”似應作“循環”，想與循形近致訛，還與環音同致訛。

前死後人坐，本主何須在。

按：“何須”須字，原作相。項楚謂相應作廂，猶云哪邊、何處。

吾死不須哭(263)

急手涂埋却，臭穢不中停。

按：涂，項楚、袁賓均校作深，極是。(001)首有“前死深埋却”句，可爲旁證。

時時獨飲樂，□盡更須傾。

校記：□盡，原本模糊難辨，戊二本作“沉盡”。

按：闕字，趙和平、鄧文寬校作沉，注云：“似爲飲字之誤”，不確。戴密微、項楚均校作沉(原卷作瓩)，即瓨字俗書，瓨又㼚之異體，是。《説文》：“㼚，似罌，長頸，受十升。”段注：“字亦作缸。”

你道生勝死(264)

鐵鉢淹乾飯，同伙共分諍。

校記：分諍，戊二本作“紛争”。

按：吕朋林謂作争爲是。本首皆平聲，諍爲去聲，不諧，且義亦不合。

相將歸去來(265)

相將歸去來,閻浮不可停。

校記:歸去來,佛家謂歸西方極樂净土。

按:劉瑞明謂歸去來是在動詞"歸去"後綴上助詞"來",并非佛教的專門用語。

婦人應重役,男子從征行。

校記:應重役,原作因重役,戊二本作"應重□",據文義改。

按:戴密微校作困重役,是。因乃困字形近之訛。

將軍馬上死,兵滅地君營。

校記:地君營,戊二本作"地居營"。

按:戴密微校作"他君營",袁賓校作"敵軍營"。

去馬遊殘迹,空留紙上名。

按:項楚謂遊爲猶字音訛。

生受刀光苦,意裹極惶惶。

校記:惶惶,原作皇皇,據文義改。

按:吕朋林謂惶惶失韻。皇皇當爲星星,即惺惺,清静之義。

夫婦生五男(266)

兒大須娶妻,婦大須嫁處。

按:趙和平、鄧文寬謂處當是出的同音字,不確。項楚、蔣紹愚並謂處應爲去,是。(078)首有"女大須嫁去"句可證。

户役差科來,牽挽我夫婦。

校記:牽挽,原作棄抛,據戊二本改。
按:趙和平、鄧文寬謂作棄抛較好。

妻即無褐裙,夫體無褌袴。

校記:褐裙,原作裙被,戊二本作褐被,據文義改。
按:項楚謂戊二本是。褐即粗布衣,被讀平聲,同披。袁賓謂應爲裙被。《方言》:"裙,陳魏之間謂之帔。"項説較確。

男女一處坐。

校記:坐,原作生,據戊二本改。
按:此句項楚校爲"男女一出生"。

粗飯衆厨湌,美味當房去。

校記:當房去,原作"當房佉",戊二本作"當房棄",據文義改。當房去,即美味歸入各自房去,不與父母。
按:原作"當房佉",佉應讀爲去,去有藏義。戊二本作"當房棄",棄當弆字形訛,弆亦藏也。校記訓去爲來去之去,誤。

少年生夜樂。

校記:夜樂,原作"平叉",戊二本作"夜□",據文義改。
按:夜樂,項楚校爲"夜叉",是。

老頭自受苦。

按:項楚謂老頭是老時之義,與老人之義不同,頭是詞尾,不爲義。又:自"渾家少糧食"以下,項楚校爲"渾家少糧食,尋常空餓肚。粗飯衆厨飡,美味當房弃。男女一出生,恰似餓狼虎。努眼看尊親,只覓乳食處。少年生夜叉,老頭自受苦"。

一歲與百年(267)

項楚謂此首當析爲三首。

廣貪長命財,身當短命鬼。

按:鬼,戴密微、項楚均校作死,是。原本作死,戊二本作鬼,乃死之形訛。

錢兑即獨富,吾貧長省事。

校記:錢兑,原作錢逸,戊二本作錢逆,據文義改。
按:蔣紹愚云原卷作錢逆,逆即遶之俗字,遶通饒。

婢富凌娘子。

按:富,項楚謂當據戊二本作"有"。

鳥飢緣食亡,人能爲財死。

按:項楚謂能當作窮。

身體骨崖崖(268)

腰似斷弦弓。

校記:斷弦弓,戊二本作"就弦弓"。
按:項楚謂"就弦弓"意較佳,就弦弓即上弦之弓,形容老人彎腰曲背之狀。

引氣瘦喘急。

校記：瘦喘急，原作"嗖喘急"，戊二本作"瘦喘嘯"，據文義改。
按：瘦，趙和平、鄧文寬謂應爲嗖，聲急也。項楚謂作嗖是，嗖應是嗽的同音借字。

口裏無牙齒，强嫌寡婦醜。

校記：寡婦，猶謂寡妻，即嫡妻。
按：蔣紹愚謂寡婦不能指寡妻，寡妻見於《詩·大雅·思齊》，毛傳以爲嫡妻，但鄭箋、朱注均不從。即依毛傳，然寡妻只限於君王，此處寡婦即通常之義。項楚云此處寡婦即喪夫之婦，不必另求僻解。

聞好不惜錢，急送一榼酒。

按：聞有模樣義，見《敦煌變文字義通釋》。聞好即模樣好，長得漂亮。

前人許賜婚，判命向前走。

按：前人指對方。

迎得少年妻，褒揚殊面首。

校記：褒揚，原作褒陽，據文義改。
按：不必改。褒、褒爲異體字，揚、陽同音通借。又，周一良謂面首指容貌，引申爲漂亮，此處之殊面首即很漂亮。

舂人收糧將，舐略空唇口。

按：項楚謂略應作掠，同音通用。

忽逢三煞頭，一棒即了手。

校記：三煞頭，俗稱凶狠之人。

按：項楚謂煞頭當指煞鬼，即索命鬼，迷信傳説或云索命鬼三人共取人命，因稱爲三煞頭。

富饒田舍兒(269)

槽上飼肥馬，仍更買奴婢。

按：戴密微校上作人，買作賣。

牛羊共成群，滿圈豢肥子。

校記：豢肥子，原作"養肥牛"，據戊二本改。謂飼養肥壯的小牛、小羊。

按：項楚謂應作養豘子。豘、豚異體字。原本作生，即俗屯字，戊二本作肫，即俗肫字，二字皆應作豘，同豚，謂豬崽也。《太平廣記》卷一三四《宜城民》："其家豬生一豘子。"

里正追役來，坐着南廳裏。

按：着猶在也。

廣設好飲食，多酒勸且醉。

按：項楚云原本、戊二本"且"皆作"遣"，是。《校輯》誤録作"且"。

貧窮田舍漢(270)

兩窮前生種，今世作夫妻。

校記：兩窮，原作兩共，據戊二本改。

按：項楚謂原文兩共并不錯，與戊二本兩窮異文而皆可通。

婦即客舂擣，夫即客扶犁。

校記：客，謂從事。

按：項楚、蔣紹愚、袁賓均謂客即幫工、傭作之義，張説誤。

醜婦來怒駡。

按：怒，戴密微校作惡，是。項楚亦謂原本、戊二本皆作惡，《校輯》誤録。

啾唧搦頭灰。

校記：灰，疑指盔，頭盔似指頭巾而言。

按：項楚謂搦頭盔猶言抓帽子。

如此硬窮漢，村村一兩枚。

校記：枚，原作杍，據戊二本改。

按：劉瑞明謂枚字在唐代用法是比較自由的，可稱動物，可稱樹木。

父母憐男女(271)

死扑哭真鬼。

校記：死扑，原作死朴，戊二本殘，據文義改。

按：蔣紹愚謂原文不誤，死朴義同鬼朴。項楚亦謂原文朴字不誤，死爲鬼之訛，鬼朴指死者的眷屬，而真鬼則指死者。

天明奈河送，埋着棘蒿丘。

按：着猶在也。

寒食墓邊哭,却被鬼邪由。

校記:邪由,原作耶由,據戊二本改,同邪揄,嘲笑侮弄。
按:項楚謂原文耶由并不錯,耶由爲俗語記音之詞,不必定改爲邪由。

富兒少男女(272)

身上無衣挂,長頭草裹蹲。

校記:蹲,原作存,據戊二本改。
按:項楚謂存字文意較長,詩意謂藏在草間,不必定是蹲也。
又:長頭猶長時也,頭爲語助無義。

到大耶没忽。

按:到大猶倒大,即絶大也。詳《詩詞曲語辭匯釋》。耶没忽,李正宇認爲應耶没連讀,即阿没、阿莽、異没、熠没,忽是語氣詞,即乎的假借,耶没忽猶言怎麽様(見《敦煌研究》創刊號,1983 年 12 月《釋耶没忽》文)。李説甚辯而非是。楊公驥又釋作野麻胡,望文生訓,絶不可從。項楚謂當作肥没忽,與(045)首"顔色肥没忽"同例,極是。"没忽"當連讀,義爲肥胖的樣子,詳《敦煌變文字義通釋》頁 54。

直似飽糠牲。

校記:糠牲,原作糖牛,戊二本作糠牡,據文義改。
按:牲字失韻,項楚校作豘,是。

長大充兵仆。

校記:戊二本作"兵夫來"。

按：項楚謂兵夫極確。

未解起家門。

校記：起，原脱，據戊二本補。

按：項楚謂起爲棄字的音訛，(026)首正有"不慮棄家門"之語，棄家門猶云出遠門也。

仕人作官職(273)

仕人作官職，人中第一好。

按：項楚謂仕通作士。

既能强了官，百姓省煩惱。

校記：强了，猶言强過。

按：蔣紹愚謂强了爲聰明能幹之義，此詞亦見(052)首，項楚謂强爲努力之義，了官爲詞，即了官事之省。

一得清白狀，二得三上考。

校記：三上考，同三考，謂通過考績三次，明者升遷，舉薦入京。

按：蔣紹愚謂三上考指三次考績皆爲上等，劉瑞明謂上字指考核得到上等的評定，二説實同。項楚謂三上考戊二本作上三考，與三考是兩回事，唐代官吏考課，分上上、上中、上下、中上、中中、中下、下上、下中、下下，共九等，其上上、上中、上下三等稱爲三上等，梵志詩二得三上考者，謂官吏考課獲得優等成績也。

當官自慵懶(274)

衙日唱稽逋，佐使打脊爛。

校記：稽逋，查點稽考書吏等是否到職。

按：趙和平、鄧文寬謂稽爲稽遲，逋爲逋逃。蔣紹愚云二注均未妥，逋乃逋慢、逋留之逋，與稽同義。

更兼愛取錢。

校記：兼愛，原作兼受，據戊二本改。

按：項楚謂受字不誤，《佛説索經抄》有受取一詞。

差科放却半。

校記：放却，猶言放去。放却半，俗語，猶謂放棄一半。

按：蔣紹愚云此處放是蠲免之義，白居易《杜陵叟》："白麻紙上書德音，京畿盡放今年税。"

童子得出家(275)

飽喫更取錢，此是口客作。

按：袁賓謂客作指傭工，"口客作"意思是以口爲别人作活者，這是唐代民間對僧人的詼諧説法。

憨癡求身肥，每日服石藥。

校記：石藥，戊三本作"食藥"。石藥，指丹藥。

按：項楚謂石藥指礦物類藥物，如魏晉士大夫所服五石散，即石藥之類。

生佛不供養。

按：生，戴密微校作"聖"。

財色偏染着。

按：偏，項楚謂應是徧的形訛，徧染着謂無所不染也。

出家多種果(276)

新人食甘果，愧荷種花人。

校記：愧荷，原作"慚賀"，戊三本作"愧賀"，據文義改。猶謂愧謝。

按：不必改。愧荷、愧賀、慚賀，均爲感謝義，亦均習見於唐人文字。賀、荷同音通用。

今得入新年(277)

人人皆發願，遠離時氣病。

校記：時氣病，這裏指殺生食肉。

按：項楚謂時氣病即時疫，或稱流行性傳染病。

冤冤來相讎，何時解過竟。

校記：過竟，原作逼競，據戊三本改。同了竟，猶云了結。

按：項楚謂不必改。冤即怨家、仇人之義，解過之過原作逼，戊三本作適，即適之形訛，適又釋之音訛。梵志詩之解釋，即消弭怨仇也。《後漢書・章帝紀》有"解釋怨結"之語。

天下浮逃人(278)

天下浮逃人。

校記：浮逃，原作浮游，據戊三本改。浮逃：意即逃亡，躲避賦役。

按:項楚謂原本浮游不誤,浮游、浮逃、浮浪爲同義語,都指脱離户籍而逃亡。

不啻多一半。

校記:原作"帝鄉賈一半",據戊三本改。
按:項楚謂作"不啻多一半"爲好。蔣紹愚謂當作"商多賈一半",戴密微亦校作"商多賈一半"。

南北躑縱横,誑他暫歸貫。

校記:躑,原作"擲",據文義改。縱横,戊三本作蹤横,據文義改。
按:項楚謂原文擲不誤。縱横,戊三本實作蹤藏,猶云行藏,謂行迹也。南北擲蹤藏,即到處流浪。

强處出頭來,不須曹主喚。

校記:强處,指逞强争勝之處,同服弱思想相對而言。
按:項楚謂此强處指好處,即有利可圖之處。袁賓亦謂張説誤,强處即好的地方。

聞苦即深藏,尋常擬於算。

按:項楚謂於當作相,二字草書形近而訛。相算,謂互相計算也。

父母是冤家(279)

父母是冤家,生一忤逆子。

校記:忤逆,原作五逆,據文義改。俗稱不孝順父母爲忤逆。

按：項楚、蔣紹愚均謂五逆不誤，五逆爲佛經習用語。

身役不肯料，逃走離家裏。

校記：離，原作皆，據文義改。

按：項楚、蔣紹愚均謂原文皆乃背字之誤，極是。

有錢不造福(280)

報投受妻兒。

校記：報投，原作保投，據文義改。

按：此句戴密微校作"保持授妻兒"，項楚謂原文保字不誤，投爲授的形訛，授、受二字當互乙，受字則又愛的形訛，此句應作"保愛授妻兒"。

打脊眼不痛，十指不同皮。

校記：脊，原作沓，據文義改。

按：不煩改，沓爲脊的俗别字。

一朝身磨滅，萬事不能究。

校記：究，原作宄，據文義改。

按：項楚謂疑是窺的形訛，吕朋林謂似應是宜字。二説均屬臆測，未爲確詁。

聞强急修福，莫於百年期。

按：項楚謂於當作逾，是。

暫時自來生(281)

項楚謂此首應析爲三首。

陽坡展脚卧,不來世間事。

按:項楚謂來字爲采字形訛,不采亦作不採、不倸、不睬,猶云不理不管。劉瑞明謂不來應是不睬之誤,義爲不理睬。項説較優。

你若不殺我,我還殺却你。

按:殺却,項楚謂原作却殺,《校輯》誤倒。

須入涅槃城,速離五濁地。

校記:速離,原作連離,據文義改。
按:趙和平、鄧文寬謂作遠爲好,項楚謂作速較好。項説確。

世間亂浩浩(282)

賤價得他物,錢亦不還糶。

校記:糶,原作糴,據文義改。
按:此字趙和平、鄧文寬作糴,謂不可解,存疑。項楚校此句爲"還錢亦不糶",詩意一旦賤價買得他人之物,縱使對方原價買回,亦不再脱手,以寫惡俗之人,一旦得利,决不吐出也。

自賣索錢多,他買還錢少。

他買,戴密微、項楚均校作他賣。按:作他買亦通,似不必改。

營營自免身(283)

營營自免身。

校記:營營,原作元元,據文義改。

按：項楚謂元元是兀兀的形訛。又免字，戴密微校作兑，項楚謂應作繞。

報絶還他債，家家總須到。

校記：報絶，指報應。

按：項楚謂報絶指此生所享果報已盡，亦即命終之義。

智者星星行，愚人自纏繞。

按：星星，項楚謂應作惺惺，聰慧之義。寒山詩："鈍物豐財寶，醒醒漢無錢。"醒醒亦應作惺惺。

世間何物重(284)

世間何物重？夫妻取是好。

按：項楚、蔣紹愚均謂取是最(冣)字之誤，是。

熏熏莫恨天。

校記：熏熏，原作懥懥，據文義改。

按：戴密微校作懂懂。

於時未與死(286)

於時未與死。

按：項楚謂於當作逾。

眼看天地間。

校記：天地間，原作"天地官"，據文義改。

按：間，項楚校作窄。於時二句，項楚謂當屬上一首。

閇門無呼唤，耳裏揑星星。

校記：揑星星，形容細微的聲響。《詩經・周頌・良耜》："獲之揑揑。"揑揑，收獲之聲。

按：蔣紹愚云：收獲之聲後面加上星星一詞，何以會成"形容細微的聲音"？是不可解。項楚謂揑應作極，蓋因草書形近致訛，星星是惺惺的同音借字，此處是清静虚寂之義。

生兒宜替公(287)

天配作次第，留去不由你。

校記：留去，原作合去，據文義改。謂生死。

按：項楚、袁賓均謂原作合去不誤，合去猶言應該死。(288)首有"合去正身行"句，可爲旁證。

閻老忽嗔遲。

按：遲，原作遅，趙和平、鄧文寬釋爲庭，項楚則釋爲遲。

即棒司命使。

校記：司命，原作伺命，據文義改。

按：項楚謂不當改。

火急須領兵，文來且取你。

校記：文來，原作走來。據文義改。

按：蔣紹愚謂文與走形音俱不近，不知何故改爲文。戴密微、項楚、袁賓均校作走。

朝使來相過(288)

朝使來相過，設食因杯酌。

校記：朝使，原作朝庭，據文義改。按本詩又云："合去正身行，不容君字錯。"似非朋友所爲，故當作朝使。

按：項楚、蔣紹愚、劉瑞明均謂朝庭不誤，不當改。

四海同追曲。

按：曲，劉瑞明謂是趁字之誤，未確。趙和平、鄧文寬校作由，項楚、蔣紹愚亦認爲應作由，極是。由通遊，追遊乃唐人常語。

五郡相勸樂。

校記：五郡，泛稱，與四海相對。

按：項楚謂五郡爲結義兄弟之代稱，典出稗海本《搜神記》。四海亦異姓兄弟之代稱，出《論語》。又，勸，項校作歡。

合去正身行，不容君字錯。

按：君，戴密微校作名。

雇人即棒脊，急手攝你脚。

校記：雇人，原作"□人"，據文義補。

按：蔣紹愚云：補雇人既無根據，於文義也不可通。

知識相伴侣(289)

知識相伴侣，暫時不覺老。

校記：知識，佛教用語，猶謂知己、朋友。

按：項楚謂知識爲朋友，佛教傳入以前即已流行，此首知識自是朋友之義，并非佛教用語。

冤家烏枯眼，無眠天難曉。

校記：烏枯眼，喻冤恨仇結，怒目相視。猶如烏眼鷄。
按：蔣紹愚云此解未釋枯字，又憑空添出一鷄字，未知何據。

五體一身內(290)

五體一身內，蛆蟲塞破袋。

校記：五體，佛家指右膝、左膝、右手、左手、頭五部分。《資持記》云："四支(肢)及首，名爲五體。"
按：蔣紹愚云據《資持記》，五體當爲兩脚兩手及頭。

平生事人我，何處有公平！

按：袁賓謂人我一詞，在這裏是争鬥義，事人我意即事争鬥。

吾家昔富有(291)

吾今乍無物，還同昔日你。

校記：無物，原作無初，據文義改。
按：項楚謂無初不誤，無謂貧，不必定贅物字。

可惜好靴牙，翻作破襪底。

校記：破襪底，原作破皮底，據文義改。
按：項楚謂原文不誤，皮底即皮製鞋底。

金玉不成寶(292)

金玉不成寶，戒身實可惜。

校記：戒身，佛教用語，戒行之身。

按：戒，項楚校作宍，即肉，極是。

貧富光常空，恣意多着喫。

校記：常空，原作常定，據文義改。
按：蔣紹愚云："光常空不知何意。"劉瑞明云光是先的誤字，原本定字不誤，此句是"貧富先常定"。劉說不確。光乃无字之訛，无即無，《説文》十二下亡部："无，奇字無也。"《集韻》平聲虞韻："無，奇字作无。"此句當作"貧富無常定"，意即不論是貧還是富，均不免於一死（無常有死義），故活着時當恣意享樂也。

活時吝不用，塞墓慎何益？

校記：慎，原作填，據劉本改。
按：戴密微校作真。

夫婦擬百年（293）

衣破無人縫，小者肚露地。

校記：肚露地，俗語，謂衣破露出肚皮。
按：蔣紹愚云地猶着也。

入户圖衣食，不肯知家事。

校記：圖，原作徒，據文義改。
按：蔣紹愚、項楚均謂徒不誤，此二句言後母只管自己衣食，而不主管家事也。

卷 六

不願大大富(299)

此之大大因,彼之大大身。

校記:大大因,佛教用語,指有很深的善因緣。佛教認爲善因得善果,惡因得惡果,輪回報應。大大身,謂由善因緣得到上好之身。

按:項楚謂此處的大大因、大大身并非專指善因緣,而是兼指善惡貧富而言。

貧兒二畝地(301)

貧兒二畝地。

校記:貧兒二畝地,陶本作"買得貧家地"。

按:劉瑞明謂應據陶本改原本。

生時不共作榮華(307)

生時不共作榮華,死後隨車强叫喚。

按:周一良謂叫喚與唱義同。

齊頭送到墓門迴,分你錢財各頭散。

按:周一良謂齊頭聚頭意同,當即大家一齊之意。

衆生頭兀兀(308)

心裏爲欺謾,口中佯念佛。

校記:爲,原作唯,據費本改。

按：原本不誤，不當改。

家有梵志詩(311)

不論有益事。

按：不論猶言不但、不只，與今日所用之不論有別。參《敦煌變文字義通釋》頁341。

且得耳根熱。

校記：熱，原作熟，據陶本改。

按：熱字失韻，原作熟不誤，熟與上下文獄、讀、肉均爲通攝字，正好叶韻。

空飯手捻鹽，亦勝設酒肉。

按：周一良謂空飯即只有主食而無菜肴，此詞見圓仁《入唐求法巡禮行記》。

他人騎大馬(315)

他人騎大馬，我獨跨驢子。回顧擔柴漢，心下較些子。

校記：較些子，猶謂較好些。

按：《校輯》訓較爲比較之較，又增好字，未爲諦當。較字當訓爲超過、勝過(參拙作《王梵志詩校釋拾補》，《中國語文》1987年第1期)。四句意謂：他人騎馬，我騎驢子，我當然比不上人家，但我比起擔柴漢來，却又略勝一籌，因爲我總還有驢子騎哩！全詩旨趣在於表達一種知足常樂的思想。劉瑞明謂較些子應是差一些。恐未確。

梵志翻着襪(317)

乍可刺你眼，不可隱我脚。

校記：隱我脚，謂傷我脚。隱，傷痛也。
按：此解未確。項楚謂隱爲硌義，極是。

兀然無事無改換(319)

直心無散亂，他事不須斷。

校記：直心，謂正直坦蕩。
按：《祖堂集》卷三"懶瓚和尚"下亦載此詩（字句稍有出入），直心作真心。

兀然無一事(320)

糧不蓄一粒，逢飯但知嗎。世間多事人，相趁渾不反。

校記：嗎，任半塘先生按：嗎，疑作啖。此啖字，假定而已，形不近，無他例。僅聲近，讀作毯，上聲，叶"反"，甚合。
劉瑞明謂此字應作嘕，抄録人把右旁誤看成馬。《廣雅》：嘕，樂也。《玉篇》注爲喜也，《廣韻》注爲笑貌。嘕、唤、漢、反諸字也叶韻。
按：任、劉之説均臆測無據。《祖堂集》卷三"懶瓚和尚"條下亦載此詩，唯嗎字作餥，反字作及。蓋嗎與及爲韻，又考《説文》十上：㬎字或作㬎，㬎與嗎形近，㬎與餥形近，於以知嗎字確有來由，任疑作啖，劉校作嘕，均非是。又據項楚云：《景德傳燈録》所載"懶瓚歌"，此字下原注"陟立切"，檢《廣韻》入聲二十六緝，收入粒、及二字，并有陟立切小韻，因知粒、嗎、及恰好爲韻。按陟立切小韻下收有噣字，注云"口噣噣"，與嗎形近，則嗎當是噣的俗簡字。至此，嗎字之形與音的問題已經解決：以形言，嗎本當是噣的俗簡字或訛字（在貽按：嗎字右旁的𦣻實即《説文》的㬎），以音言，此字當是陟立切。唯其義訓，雖據上下文意可以揣測，而仍無堅確之證據。（《廣韻》“口𠽲𠽲”之訓太籠統，不能確知其具體含意。）與其强解，寧若闕疑。（項楚謂𦣻當是口張闔之貌，似亦出於臆測，未敢確信。）

無事何須讀文字（324）

舉頭見日出，乞飯從頭捿。

校記：捿，俗稱依次而下。《集韻》：“勒没切，音硉。”《玉篇》：“捽也，捋也。”本句謂沿門挨户乞齋飯。

按：此亦臆説。《祖堂集》卷三亦載此詩，捿字作餧，聿、委古音相同。捿字實爲餧字之借也。

世事悠悠（328）

青松蔽日，碧澗長秋。

按：《祖堂集》卷三引此詩秋字作流，是。

生死無慮，更復可憂。

按：蔣紹愚謂可爲何之誤。

王梵志詩校輯補遺

俗人道我癡（402）

□□□□□，與王生蜜數。膠漆發共喜，歌心今已罷。

按：松尾良樹謂發字在寫本中是友字上加了點兒的形狀，實即友字。（按：《碑別字新編》友字俗體有作犮者。）這幾句的正確讀法是:“梵志與王生,密敷膠漆友。”張氏誤把友字看成發的簡體字。

附載“梵志體”禪詩

教你修道時(501)

他物實莫取。

按:蔣紹愚云實莫即慎莫。

自物亦無緣。

校記:無緣,原作“□緣”,據文義補。
按:袁賓謂補隨字爲好。

千年與一年(503)

無事損精神。

校記:損,原作捐,據文義改。
按:袁賓謂原作捐不誤,捐亦有損義。

凡夫真可念(504)

凡夫真可念,未達宿因緣。

按:蔣紹愚謂可念即可憐。

(原載《敦煌語言文學論文集》,浙江古籍出版社1988年版)

關於敦煌變文整理校勘中的幾個問題

敦煌遺書的發現，是我國近代文化史上的一件大事。八十多年來，研究敦煌學的學者們在敦煌遺書的整理方面取得了巨大的成績。其中通俗文學作品的整理，成就尤爲卓著。像《敦煌變文集》《王梵志詩校輯》《敦煌歌詞總編》都是通俗文學整理方面的集大成之作，頗爲國際學人所矚目。但由於敦煌遺書基本上是以寫本的形式保存下來的，其中有着許多殊異於今日的語言特點，這就給敦煌遺書的校理帶來了特殊的困難。而以往的一些學者，對於這種語言特點似乎并没有下過特别專精的鑽研功夫，因而在敦煌遺書的校勘方面也就造成了不少的遺憾。即以王重民等先生編校的《敦煌變文集》而論，該書根據 187 個敦煌卷子校録成 78 種變文或有關材料，搜羅不可謂不富。但該書在校録方面的錯誤却決非罕見，據不完全統計，當在萬條以上。自《變文集》1957 年問世以來，有關的商榷、補校論文（論著）也已達 120 篇（種）之多。1984 年，臺灣著名學者潘重規先生推出了新一代的敦煌變文集——《敦煌變文集新書》，[①] 其書以《敦煌變文集》爲基礎，依據敦煌寫本原卷，訂誤補脱，校正了原書的大量錯誤，成就斐然。但潘書誤録、漏校、誤校之處仍復不少。究其致誤之由，亦與校録者對敦煌寫本的語言特點不够了解有關。下面我們便以敦煌變文爲例，就變文整理校勘中必須注意的幾個問題，談一點不成熟的想法。其有違失，識者正之。

一、校勘變文必須通曉俗字

所謂俗字,是指在民間流行的通俗字體。敦煌變文源於民間,記以口語,且屢經傳抄,其間保存的俗字資料至爲繁富。我們隨便取一個變文的寫本卷子來看,就可以發現俗字的使用不是個别的偶然的現象,而是連篇累牘,觸目皆是。這些寫本的字體,往往是楷隸行草,紛然雜陳;或繁或簡,變化無端;點畫偏旁,任意增損,可謂訛俗滿紙,令人眼花繚亂。這種情況,不但對變文的閱讀和研究造成了特殊的困難,也對變文的整理校勘提出了特殊的要求:即精通俗字。這就要求研究者對於漢字在各個發展階段上的淵源流變了然於胸,同時善於運用偏旁分析和歸納類比等等方法,去獨立地辨識一些不見於字典辭書的俗字。可以這樣説,通曉俗字是整理敦煌變文的最基礎的一環。下面我們就舉一些例子,看看研究者因不明俗字而造成的種種失誤,從而可以看出俗字研究對於敦煌變文校勘的重要性。

例一,《敦煌變文集新書》卷二《維摩碎金》:"弄影弄身左右轉,驅雲唱電砉恢恢。""砉恢恢"殊不可解。考原卷"砉"字本作"㔟",實爲"勢"的俗字。魏晋六朝碑銘中"勢"字多有作此形者(參看《碑别字新編》頁 234)。敦煌寫本中亦不乏其例,如《李陵變文》"看陵形㔟",末字《敦煌變文集》校作"勢"。又《維摩碎金》下文:"業水積來波浩渺,罪即添得勢峥嶸。"寫本原卷"勢"字作"㔟",亦其比類。"勢恢恢"與"勢峥嶸"義近,指氣勢的恢宏廣大,切於文意。校録者不辨俗字,臆改"㔟"爲"砉",却又不加以説明,殊乖著述體例。

例二,《敦煌變文集新書》卷二《維摩詰經講經文》(羅振玉藏本):"善男善女亦陪行,一一如來無怪障。""怪障"羅振玉《敦煌零拾》及《敦煌變文集》同,實誤。"怪"字原卷本作"恠",即"恪"字别構(見《龍龕手鏡》卷一心部)。文意謂衆聲聞菩薩欲陪伴文殊問疾維摩，如來一一聽許，而不吝惜不攔障也。諸家録“恡”爲“怪”，恐亦由俗字在作怪也。

例三，《敦煌變文集新書》卷六《廬山遠公話》：“生聞英雄，死論福德。”“聞”原卷實作“鬦”，即“鬪”的俗字（見《干禄字書》、《集韻》）。“鬪”與下句“論”對文近義，爲競、比之意。同書卷二《无常經講經文》：“或經營，或工巧，鬦様尖新呈妙好。”潘校：“原卷‘鬪’字作‘鬦’，變文集誤作‘聞’。”按：“鬪”字原卷實作“鬦”，潘校作“鬪”是也。然同一“鬦（鬪）”字，潘書或誤録或不誤，而《敦煌變文集》則俱誤作“聞”，殆亦因於俗書不甚了了也。

例四，《敦煌變文集》卷二《韓朋賦》：“宋王大喜，即出八輪之車，爪騮之馬。”原校“爪”爲“驊”。徐震堮先生則云：“‘爪’同‘棗’。或是‘瓜’字，借作‘騧’。改作‘驊’不確。”[②]劉堅先生亟以“棗”字爲是，他説：“爪、棗同爲效攝開口字，僅有分屬二等、一等之别，語音相近。棗騮，赤色馬也。”[③]按：“爪”字《變文集》臆校作“驊”，自屬無據；劉校作“棗”，似是而實非；徐校依違兩可，尚不失慎重之意。今謂其字當校作“瓜”，俗書“瓜”字與“爪”相亂，敦煌寫本中“瓜”字亦多書作“爪”。《龍龕手鏡》：“瓜，古花反。……又瓜部，與爪部相濫。‘爪’音側絞反。”正是反映了俗書“瓜”“爪”相亂的特點。“瓜”又是“駇”的省旁字。偏旁或增或省，正又是俗書的特點，這在敦煌寫本中可以找到無數的例證，限於篇幅，不贅舉例。此字丁卷作“馴”，正是“駇”字的俗書。“駇”又是“騧”的俗字。《南史》卷三《宋紀》下：“明帝多忌諱，言語文書有禍敗凶喪疑似之言應回避者，犯即加戮。改騧馬字爲馬邊瓜，以騧字似禍故也。”“騧騮”良馬名，屢見於載籍，不煩舉證。“騧”字初變爲“駇”，再變爲“馴”，又省作“瓜”，俗復書作“爪”，一變再變，不通俗字，自難追本溯源。[④]

例五，《敦煌變文集》卷五《父母恩重經講經文》（伯 2418 號）：“（《太公家教》云）父母有病，甘羙（羹）不餐。”按：“羙”字原卷本作

“𡕒”,當録作“美”。考“美”俗字作“𡜊”(見慧琳《一切經音義》卷十),上文所據之《太公家教》伯 3764、2564 號寫本後句並作“甘𡜊不餐”。“𡜊”小變則爲“𡕒”。原校作“羮”,非。⑤又同卷《維摩詰經講經文》(伯 2292 號):“辯才無礙衆降伏,威德難儔佛贊𡜊。”《變文集》校“𡜊”爲“羨”,非。陳治文先生校作“美”,⑥確。“𡜊”(原卷本作“𡜊”)顯然應是“美”字而決非“羨”字。又同書卷七《百鳥名》:“花没鴿,色能姜。一生愛踏伽藍地。”“能”猶如此、這般。下文:“青雀兒,色能青。”“能”字義同。但“色能青”好懂,而“色能姜”則費解。“姜”字原卷如此,無疑是個誤字。蔣禮鴻先生在《敦煌變文字義通釋》“能”字條下引了這句話,校“姜”作“美”。如上所說,“美”字俗作“𡜊”,根據形近而誤的原則,蔣校自然是對的。然而同一“美”字,《變文集》或誤作“羮”,或誤作“羨”,或原文誤作“姜”字而不能發正,都與校録者缺少俗字知識有關。

以上數例,都是因爲不明俗字而造成的校録錯誤。相反,如果我們具備了俗字方面的知識,碰到一些棘手的校勘問題便能比較容易作出判斷。試看二例:

例六,《敦煌變文集新書》卷二《維摩詰所説經講經文》:“聞有無遮大會,遠近皆來,纔沾長者之恩,聲抱忻歡之意。”“聲抱”不可通。蔣禮鴻先生校“聲”作“齊”,⑦確。敦煌寫本“齊”字“聲”字皆可書作“斊”“𦕒”等形,俗書相亂。如《伍子胥變文》:“百若齊心,横行天下。”原卷“齊”作“斊”,此即“齊”字。《敦煌歌辭總編》⑧卷五《五更轉(太子成佛)》:“三更滿,太子騰空無人見,宫裏傳聞悉達無,耶孃肝腸寸寸斷。”任半塘先生校:“‘聞’甲寫‘聲’,乙寫‘斊’,乃‘𦕒’之訛,‘聞’之省。劉書改‘齊’,意未合。”今按:此詞凡見於兩個敦煌寫本,即甲卷伯 2483、乙卷伯 3083,其中“聞”字甲卷作“聲”,乙卷作“斊”,此“斊”正即“聲”字,校“齊”校“聞”並誤。故上例“聲抱”之“聲”,蓋原書作“斊”,乃爲“齊”字,傳抄者不察,誤以爲“聲”字俗書而加以回改,以致意不可通了。又“纔”字疑當作“總”。蓋“纔”字俗作“緵”作“绕”(如伯 2418《父母恩重經講經文》:“緵擬交招便氣築天,試佯約束懷嗔怒。”又云:“男女成長已後,各須仕宦、經營,绕出他州,母心相逐。”“緵”“绕”並即“纔”字,後例《敦煌變文集》誤録作“總”),與“總”字形近易誤(也可能是“纔”與“總”形近致誤)。“總沾長者之恩”與下句“齊抱忻歡之意”文偶意適,倘作“纔”“聲”,則辭拗而意晦了。

例七,《敦煌變文集》卷五《佛説阿彌陀經講經文》(斯 6551):“鐵人聞談邊心愎,善男善女豈不怕。”又下文云:“更三途息苦,地獄停悛。”“邊心愎”何意?“悛”又是何字?委實令人費解。蔣禮鴻先生認爲“邊心愎”應作“也心酸”,“停悛”應作“停酸”。蔣先生説,“邊”應作‘边’,“边”是“也”字形近之誤,傳寫時又改從繁體,成爲現在的樣子。他又説:“‘悛’是‘酸’的俗字,把右旁的上部‘厶’顛倒爲‘公’,又因‘酸’字表示感覺,所以改其左旁從‘忄’,就成爲‘悛’。……‘愎’又是‘悛’的訛變。”今覆按原卷,“邊”字本作“也”,實即“也”字俗書(該卷“也”字多書作此形);“愎”字本作“悛”。作“邊”作“愎”都是校者傳録之誤。由於蔣先生具有俗字方面的深厚功力,所以即使在没有核檢寫本原卷的情况下,也能破除迷障,燭照幽微。俗字研究對於校勘變文的重要性,於此可以窺見一斑了。

二、校勘變文必須明了方言俗語以及佛教專門術語

作爲唐五代民間文學作品的敦煌變文,它所採用的語言,大抵是當時的口語,其中有着大量的方言俗語,此外還有相當數量的佛教術語。這些詞語,或字面生澀而義晦,艱於索解;或字面普通而義别,易致歧解;加以抄手便書通假,輾轉變易,蒙上一層俗化音變的迷障,誠乎校讀爲難!這就要求校讀者於通曉俗字外,還必須明了當時的方言俗語以及佛教詞語,否則便很難做好校勘工作。試看如下幾例:

例八,《敦煌變文集》卷五《維摩詰經講經文》(伯 2292):“願抛火宅上牛車,又遇維摩長善牙。”王慶菽先生校“牙”爲“才”。徐震堮先生則云:“校改‘牙’爲‘才’,非。全詩叶家麻韻,不應此字獨異,且‘長善才’語意亦不醒豁,‘牙’疑當作‘芽’。”按:徐校是。“牙”爲“芽”之省旁字。同書《金剛般若波羅蜜經講經文》:“有漏福、受榮花,何以持經種善芽。”正有“善芽”之語。又《妙法蓮華經講經文》:“黄昏時節獻香花,定與門徒長道牙。”“長道牙”即“長道芽”,“牙”亦“芽”之省旁字。佛教謂善心之萌芽爲善芽,正道之萌芽爲道芽。“又遇維摩長善芽”是説光嚴見了維摩以後生長了善心之萌芽。王校不明“牙”爲“芽”之省借,又不明“善芽”爲佛典之習語,遂臆改爲“才”,則既失其韻又失其意矣。[9]

例九,《敦煌變文集》卷一《伍子胥變文》:“遠道冥冥斷寂寥,兒家不慣長欲別。”“欲”字丙卷(即《變文集》校録的底本)實作“頭”,丁卷“歆”,當爲“頭”字誤書(“頭”字敦煌寫本中常寫作“頍”,與之形近)。“長頭”乃當時俗語詞,意爲長時,其中的“頭”爲詞尾,没有實在意義。王梵志詩《家中漸漸貧》:“長頭愛坐床,飽喫没娑肚。”又《吾死不須哭》:“但願長頭醉,作伴唤劉伶。”《你道生勝死》:“長頭飢欲死,肚似破窮坑。”《富兒少男女》:“身上無衣挂,長頭草裹蹲。”“長頭”義並同。校録者不知“長頭”爲俗語,更不知“歆”乃“頭”字之誤,乃改從丁卷作“欲”,固難免扣槃捫燭之失。[10]

例十,《敦煌變文集》卷五《父母恩重經講經文》(伯 2418):“孩子未降,母憂性命逡巡,及至生來,血流洒地。渾家大小,各自忙然,只怕身命參差,急乎看其好惡。”“乎”字原卷實作“手”(《敦煌變文集新書》已改正),“急手”爲急速之義,亦當時俗語,詳《敦煌變文字義通釋》“急手”條。《敦煌變文集新書》卷一《三身押座文》:“念佛急乎歸舍去,遲歸家中阿婆嗔。”“乎”字原卷實亦作“手”字(《敦煌變文集》不誤)。這兩個“急手”原卷都很分明,而校録者誤爲“急乎”，恐怕也跟不明俗語詞有關。

例十一，《敦煌變文集》卷六《目連緣起》：“既登聖賢之位，思報父母之深恩。”“聖賢”原卷實作“賢聖”。下文：“聖賢此時來救濟，世尊又施白毫光。”“聖賢”原卷亦作“賢聖”。按：“聖賢”“賢聖”都是指聖者和賢者，但内典（佛之教典）謂之“賢聖”，外典（佛教外之典籍）謂之“聖賢”，其稱呼有别。校録者多聞“聖賢”，少聞“賢聖”，因誤加乙倒。[11]

例十二，《敦煌變文集》卷二《韓擒虎話本》：“（衾虎對諸將曰）‘此是左掩右夷陣，見前面津口紅旗，下面總是鹿砦，裹有撓[12]勾搭索，不得打着，切須既（記）。’當見右夷陣上，人員較多，前頭總是弓弩。衾虎有令……”《敦煌變文集新書》斷句同上。按：原校“既”爲“記”是對的，“既”“記”音近，敦煌變文中二字相通之例甚繁，不煩舉證。但原文斷句欠妥，其中的“當”當屬上，以“切須既（記）當”四字作一句讀。“當”是當時習見的俗語詞，通常放在及物動詞後頭，不表示實在意義。[13]同書《歡喜國王緣》：“好道理，不思議，記當修行莫勇伊。”又《維摩詰經講經文》（斯4571）：“我要流傳於末代，汝須（引者按：“汝須”原作“須汝”，原卷“須汝”二字間有乙正符號，今據乙）記當莫因循。”“記當”用法同。校者不明“當”的這種特殊用法，以“既（記）”“當”分屬上下兩句，誤甚。

例十三，《敦煌變文集新書》卷五《漢將王陵變》：“王陵脱著體汗衫，掇一標記：‘斫營，先到先待，後到後待，大夫大須審記，莫落他楚家奸。’便樨（?）紫離門探聽更號。”又下文：“王陵謂曰：‘……若捉他知更官健不得，火急出營，莫落他楚家奸。’便遂乃揭却一幕，捉得知更官健。”按：“奸便”爲奸謀之意，乃當時的俗語詞。《敦煌變文集》以“奸”“便”分屬上下兩句，蔣禮鴻先生《敦煌變文字義通釋》早已擿發其誤。潘氏不察俗語詞，乃襲《變文集》之誤而不能發正。

例十四，《敦煌變文集新書》卷五《伍子胥變文》：“子胥帶劍，途步而前。"潘校引《敦煌變文集》王重民校記:"'途'字無義。疑應作'徒'。丁卷作'逄',應讀'龐','逄步'是俗語。"按:"徒步"是。"途""徒"《廣韻》並音同都切,《龍龕手鏡》"途"字下注謂"今音徒",可見兩字同音,自可通用。敦煌變文中"途""徒"通用者衆,無庸贅舉。"徒步"指步行,這和前文"緣何急事,步涉長途"、"面帶愁容而步涉"的描寫正相吻合。同書《秋胡變文》云:"阻隔孃孃,孤惸寂寂,徒步含啼。"亦有"徒步"用例。至於丁卷的"逄",實爲"途"字形近之誤。同篇上文"途中不禁淚沾襟",原卷"途"作"逄";下文"更復前行",丁卷作"更進前逄","逄"亦即"途"字誤書(《干禄字書》以"逄"爲"逢"之俗字)。王校謂"逄步"是俗語,未見佐證,恐爲想當然耳。

以上所舉,第八例爲誤校,九、十例爲誤録,十一例爲誤倒,十二、十三例爲誤讀,十四例爲誤辨俗語詞,其致誤之由,皆在於不明方俗術語。

三、校勘變文必須諳熟當時的書寫特點

敦煌寫本湮没一千多年,未經後代校刻竄亂,保存着唐五代寫本的原貌,其中有着許多殊異於今日的書寫特點。今天校録變文,必須對這種書寫特點有一個總的認識,然後可以下筆,否則觸處窒礙,難免失誤。具體説來,這些失誤常産生於以下幾端:

1. 不明改字方法而誤。

敦煌寫本中改字的方法種類頗多,通常因抄手的不同而發生變化。初看起來似乎無一定之規,但只要仔細歸納研究,還是能找出一些共同的規律的。惜校者於此注意很少,每每疏忽,造成錯誤。如:

例十五,《敦煌變文集》卷七《齖䶗書》:"勤學不辭貧與賤,發憤長歌十二時。"王慶菽先生校記:"甲卷'十二時'下多一'辰'字。"徐震堮先生校:"按前後韻脚,'時'當作'辰'。"按:徐校確。

甲卷“時”字右側有三小點，表示“時”爲誤字，當删。[14]於誤衍、誤書之字右側旁注“卜”、“：”等符號表示當删去，是敦煌寫本中使用最廣的改字方法之一，[15]校者不可不察。

例十六，《敦煌變文集》卷五《維摩詰經講經文》（斯4571）：“阿修羅等，調颷玲玲之瑟琵琶，緊那羅王，敲駿犖犖之羯鼓。”王慶菽先生校記：“瑟”字疑衍。潘校：原卷有“瑟”字，本已圈去。按：潘校是也。“瑟”字涉上“颷”（蓋即“瑟”之增旁字，見《龍龕手鏡》，原校作“颯”，非）字而誤衍，原卷既已塗去，不當録。又按：圈塗删字（有時只加一小點，頗易忽略）之法敦煌寫本中應用頗廣，但校者誤録處仍復不鮮。

例十七，《敦煌變文集》卷五《金剛般若波羅蜜經講經文》：“世界非常可晨寬，容納塵埃有甚難。”蔣禮鴻先生謂“可晨”是“可畏”之誤，“可畏”是甚辭；劉堅先生謂“可晨”當作“可展”；[16]江藍生先生謂當作“可曬”；[17]潘校則云：“（晨）原卷作‘䢅’，疑‘㚆’（此卷‘受’作‘㚆’）之誤。”按：蔣校是也。原卷“晨”始書作“䢅”，後又在原字上改作“畏”，“畏”即“畏”字俗書（增損點畫是俗書的特點之一）。在誤字上改寫正字亦習見於敦煌寫卷。

例十八，《敦煌變文集》卷六《大目乾連冥間救母變文》：“獄主更問：‘第七隔中有青提夫人已否？’‘若看覓青提夫人者，罪身即是。’”按：“看”字衍。戊卷即無“看”字（上文僅見於原卷、戊卷）。原卷作“看覓”者，抄手擬書“覓”字，而誤作“看”，發現這一錯誤後，復寫一“覓”字，而“看”字又未塗去，遂致誤衍也。正字書於誤字之下，而誤字不加任何删改符號，此亦敦煌寫本改字常見之一法。同書《歡喜國王緣》：“夫人曰：‘人間矩燭（引者按：當從甲卷作“短促”），弟子常當知，未委何方，命壽長遠？’”啓功先生校記：“常”字甲卷用硃筆删去。按：“常”即“當”字誤書，甲卷删去是也。

例十九，《敦煌變文集》卷五《維摩詰經講經文》（斯4571）：“頭冠耀處黄金簇，衣縷揉成錦葉堆。”“揉成”費解。考原卷“揉”

字右側旁注一"褻"字,實指"揉"爲"褻"字誤書,當改作"褻"。[18]《龍龕手鏡》:"褻,音牒,重衣也。"同書《捉季布傳文》"典倉牒紙而吮筆",丁、庚卷"牒"字作"褻"。是"褻"義同"牒",文中指重疊衣物。此例爲旁記正字改正注中誤字,其法在敦煌寫本中運用甚廣,校録者多有疏忽而致誤者。

2. 不明省略方法而誤。

在唐、五代以前,書籍大抵靠抄寫流傳。抄手爲了節省時間,往往採用一些省略的方法。這種特點,在由民間俗手抄寫的變文這一俗文學寫本中表現得尤爲特出。由於這些省略方法頗不見於今日,因而導致了一些校録上的錯誤。如:

例二十,《敦煌變文集》卷五《父母恩重經講經文》(伯 2418):"思量我等生身母,終日憂怜男與女;爲兒子拋出外邊,阿娘悲泣無情緒。或仕宦,居職務,離别耶娘經歲數;見四時八節未皈來,阿娘悲泣。或經營,去(求)[19]利去,或住他鄉或道路;兒子雖然向外安,阿娘悲泣。或在都,差鎮戍,三載防邊受辛苦;信息希疏道路遥,阿娘悲泣。"這一段唱詞,大抵是採用兩三、三七言的句式(即第一句兩個三言,下接三句七言),"阿娘悲泣"照例應爲七字;又此段首句入韻,"阿娘悲泣"三句並爲偶句,末字照例應當入韻,而"泣"字失韻,顯然有誤。潘校云:"'泣'下原卷空三字,省'無情緒'三字。"按:潘説是也。敦煌寫本中抄手對重複出現的句子、套語,往往採用省略的辦法。[20]本段"阿娘悲泣無情緒"出現了一次後,接着重複出現此句時,抄手便只寫"阿娘悲泣"四字以爲提示,其餘三字便省略不書了。校録者不達此例,只録"阿娘悲泣"四字,末用句號,則既失其韻又失其意矣。

3. 不明重文符號而誤。

敦煌寫本中,書手遇有重文,往往施以重文符號,其中有施於單音詞重疊的,有施於雙音詞重疊的,有施於句子重疊的。場合既異,形式亦别,其符號有施於字右側的,有施於每字下側的,有施於詞、句下側的。重文符號的形狀也五花八門。名目既繁，因之造成錯誤的原因也有種種的區别，其中有不明重文符號而誤脱的，有不明重文符號而誤衍的，有不明重文符號而誤録的，有將重文符號誤爲“之”字的，有將重文符號誤爲“了”字的，如此等等，不一而足。這種複雜的情况，限於篇幅，我們不能在這裏詳細地介紹（我們將另撰專文討論）。下面僅舉一例，以發其凡。

例二十一，《敦煌變文集》卷五《維摩詰經講經文》（斯3872）：“直至説在護護戈戈中尊已來。”“護護戈戈”不可解。徐震堮先生校：按文義，似當作“直至説在護戈，護戈中尊已來”。按：徐校是也。敦煌寫本中，凡ABAB型的叠詞多書作“$\mathrm{A}_{=}\mathrm{B}_{=}$”型（“＝”代表重文符號）。如同篇上文：“若在大臣，大臣中尊。”原卷作：“若在大〈臣〈中尊。”其中的“大〈臣〈”便是“大臣大臣”的省寫，而不是“大大臣臣”。上例“護護戈戈”原卷本作“護て戈て”，正是“護戈護戈”之省。所當稍作補充者，“護戈護戈”又當校作“護世護世”。“世”字草書作“[illegible]”，與“戈”形近而誤。本篇所據演繹之姚秦三藏鳩摩羅什譯《維摩詰所説經》經文云：“若在護世，護世中尊，護諸衆生。”字正作“世”，是其確證。“護世”即指護世四天王。校者不知“戈”爲“世”字之訛，更不知叠詞省書之例，而徑録作“護護戈戈”，則文義不可解了。[21]

4. 不明乙字符號而誤。

敦煌本《搜神記》“管輅”條謂趙顔子年十九當死，後管生的南斗從管死的北斗處借得文書，云“此年始十九，易可改之”，把筆顛倒句著，語顔子曰：“你合壽年十九即死，今放你九十合終也。”并謂“自尓已來，世間有行文書顛倒者，即乙復，因斯而起”。按：“句”當讀作古侯切，即“勾”的本字。“把筆顛倒句著”是指用筆在“十九”二字間打了個乙正的符號，從而使顔子年壽從十九變成了九十。在敦煌寫本中，這種乙字的符號（通常是一小鈎）觸處可見，校者據以乙正的誠然很多，但疏忽誤録的頗亦不在少數。如：

例二十二,《敦煌變文集》卷五《金剛般若波羅蜜經講經文》:"祭神祀求鬼邪福,政見門中事不收。"徐震堮先生校:"求鬼"二字誤倒。按:徐校是也。原卷"求鬼"二字右側有一"✓"號,即指此二字當互乙。同篇:"信脚夜行迷暗走,不知南北與東西。"上下文韻脚字爲"空"、"中"、"籠"等字,而此聯"西"字不入韻。考原卷"東西"之間有鈎號,則此二字當互乙。"東"字押韻。又下文:"世間貪變是凡夫,不悟身中珠明月。"原卷"珠明月"實作"明珠月","珠月"之間又有鈎號,則原文當作"明月珠"。又:"世尊,是人不解如來所説義。"王慶菽先生校記:"(不解)原作'解不弍',據《金剛經》文改爲'不解',删去'弍'字。"今核原卷,"弍"字實已塗去,"解不"二字之間有一鈎號,表示當互乙。王校據《金剛經》經文所改所删是矣,然原卷實不誤!即此一篇,因不察乙字符號造成的錯誤便有四處,其餘可以概見。[22]

5. 不明原書句讀而誤。

現在的新式標點雖然是"五四"運動中纔從西方輸入的,但漢語句讀的起源却已有着幾千年的歷史。在敦煌寫本中,我們也常常可以看到一些斷句的方法。如唱詞通常是每行抄兩句,上下句之間空一二格左右的距離;散文則接抄,於文意當讀斷處或空一格左右的距離,或加一小圓圈。我們今天校理變文,自然應該充分尊重寫本抄手的斷句意見,不應擅作主張。《敦煌變文集》的校録者於某些地方似乎尊重不够,因而導致了一些本可避免的錯誤。如:

例二十三,《敦煌變文集》卷五《維摩詰經講經文》(北京光字94號、伯3079號):"是時也波旬設計,多排彩女嬪妃,欲惱聖人。剩列奢華,艷質希奇,魔女一萬二千,最異珍珠千般結果(引者按:"果"項楚先生校作"裹",可從)。"本段句讀多誤,潘書於"珍珠"後逗,是。然誤處仍多。蔣禮鴻先生以"艷質"屬上讀,極是;項楚先生進而謂"嬪妃"後用分號,"聖人"後改施逗號,"艷質"後施句號,

"希奇魔女"連讀，後用逗號，[23]並是。今檢該篇所見之兩個寫本原卷，"也"、"計"、"妃"、"人"、"質"、"千"、"果"諸字後並空一格左右的距離，表示當讀斷（本篇當讀斷處寫本皆如此）。據此并參用蔣校、項校，則原文當讀作："是時也，波旬設計，多排彩女嬪妃；欲惱聖人，剩列奢華艷質。希奇魔女，一萬二千；最異珍珠，千般結裹。"這樣一斷，便文意豁然了。

當然，寫本原卷的句讀也有錯誤的地方。蓋因抄手并不一定就是原文的創作者，抄手在傳抄時誤斷的可能性也是有的，這時自然得酌加取捨，不可盲從。下面一例便是承襲原卷的句讀造成的失誤。

例二十四，《敦煌變文集》卷五《佛説阿彌陀經講經文》："但少僧生逢濁世，濫處僧倫全無學。"這兩句上文是一段韻文，下文是散文。徐震堮先生謂這十四字并非韻文，當屬下散文，連讀作："但少僧生逢濁世，濫處僧倫；全無學解之能，虚受人天信施。"按：徐校確。檢核寫本原卷，這十四字仍以韻文形式排列，前七字與後七字之間空開，"學"字後不抄到底，换行寫"解之能"。蓋抄手在傳抄時有意區别韻文和散文，韻文每行上下兩句，散文接抄不分。當他抄至"但少僧"十四字時，以爲仍是韻文，因仍以每行上下兩句的格式抄録。《變文集》的校録者不加辨察，遂乃承襲其誤。

四、校勘變文必須尊重原文，不可輕加改訂

如前所説，敦煌變文有着許多殊異於今日的語言特點，既有着大量的俗字别字，又有着許多的方俗術語，我們今天在校勘變文時必須充分考慮這一特點，記同存異，尊重原文；如有校改，應注明原字，讓讀者鑒别；不可以今例古，輕加改訂。下面我們再舉兩個例子，看看輕加改訂的危害性。

例二十五，《敦煌變文集》卷五《父母恩重經講經文》（伯

2418):"不會懷躭(胎)煞苦辛,豈知乳哺多疲倦。"向達先生校"躭"爲"胎",大誤。"躭"即"躭"字俗書,"躭"爲"耽"的俗字(見《玉篇·身部》),在文中則又通作"擔"。同書《燕子賦》:"正見雀兒卧地,面色恰似坌土,脊上縫(膖)個胞子。"據校記,甲、乙兩卷"縫"作"躭",戊卷作"擔"。"躭"亦通作"擔",可以參證。"懷擔"是近義複詞。今人稱懷胎有云"擔身孕"的,即此"擔"字。伯2044《勸善文》:"第一囑:發願耶孃長萬福。懷擔十月受苦辛,乳哺三年相鞠育。"字正作"懷擔"。斯4438《十恩德》,其一爲"懷躭守護恩",伯2843則作"懷貪受苦恩","貪"亦爲"擔"之借字("貪"之與"胎"則無緣致誤。任半塘先生《敦煌歌辭總編》校"懷躭"爲"懷躬",亦誤)。"懷擔"一詞元曲中亦習見,此不贅舉。校者不知"懷躭"即"懷躭",亦即"懷擔",因臆校爲"胎"字,而於同篇下文及《父母恩重經講經文》又一篇(北京河字12號)出現了十九次之多的"懷躭"則徑改爲"胎"字,却又不加以説明,倘非寫本原卷可以覆核,則此十九個"胎"字之誤殆將永無改正之日了。

例二十六,同上篇:"衆僧解憂之日,羅漢九旬告必之辰。"又下文:"待到衆僧解憂日,羅漢騰空盡喜歡。""衆僧解憂日"何指?求之佛典,也找不出一個答案。檢核寫本原卷,"憂"字實皆作"夏"字(字面都十分清晰)。佛教僧尼自夏曆四月十五日起九十日内静居寺院,不出門行動,謂之結夏。至七月十六日結夏圓滿,稱爲解夏日。前例"羅漢九旬告必(徐震堮先生校作"畢")之辰",亦指解夏日而言。校者多聞"解憂",少聞"解夏",遂乃臆加改訂,自難免方枘圓鑿之病。

①臺灣"中國文化大學"中文研究所1984年出版。文中凡引用潘氏的説法,一般簡稱潘校或潘書。

②見《〈敦煌變文集〉校記補正》,載《華東師大學報》1958年第1期。徐氏另有《〈敦煌變文集〉校記再補》一文,載《華東師大學報》1958年第2期。下引徐氏之説,皆見於以上二文,不再一一注明。

③見《校勘在俗語詞研究中的運用》，載《中國語文》1981年第6期。

④參看拙作《〈韓擒虎話本〉補校》，《敦煌變文集新書》亦校作"騗"不誤。又按：近年來我們正在進行《敦煌變文匯校》的工作，并已撰寫了三十餘篇補校論文，將分别在《文史》等刊物上登載。潘重規先生有《敦煌變文集新書》之作，我們早已聽説，唯多方購求未獲。今年4月底，北京圖書館敦煌資料中心爲我們提供了潘書的複印件，方得拜讀。我們論文中的一些説法與潘校暗合，特先此聲明，以示不敢掠美。

⑤參看拙作《〈父母恩重經講經文〉補校》，潘書亦已校正。

⑥見《敦煌變文詞語校釋拾遺》，載《中國語文》1982年第2期。

⑦轉引自郭在貽《蘇聯所藏押座文及説唱佛經故事五種校記》，載《文獻》第21輯。

⑧上海古籍出版社1987年版。

⑨參看拙作《(伯2292)〈維摩詰經講經文〉補校》、《〈妙法蓮華經講經文〉補校》。此條潘書已校正。

⑩參看張涌泉《〈敦煌變文集〉校讀記》。

⑪參看拙作《敦煌變文〈目連緣起〉等三種校議》。例中二處"聖賢"原卷作"賢聖"，潘書亦已指出，但未加以裁斷。

⑫"撓"字《變文集》原作"确"，誤。原卷其字作"硗"，爲"挠"(即"撓"的俗字，見《集韻》)之偏旁互易字。潘校作"鋼"，亦誤。

⑬參看蔣禮鴻先生《敦煌變文字義通釋》頁391"當"條。

⑭此條潘書已校正。

⑮宋末人《愛日齋叢鈔》引趙景安云："古人書字有誤，即墨塗之。今人多不塗，旁注云'卜'，謂之'卜致'，莫曉其意。近於范機宜處，見司馬温公與其議《通鑑》書，有誤字旁注云'彐'，然後乃知'非'字之半，後人又省作'卜'或三點者。"

⑯同③。

⑰見《〈敦煌變文集〉校記補議》，載《敦煌學輯刊》1984年第1期。

⑱此條潘書未校正。

⑲《敦煌變文集》校"去"爲"逐"，潘書承之。按：此"去"字乃涉下"去"字而誤書，不可專從音聲上推求本字。下文有"經求仕宦"之語，"經求"指經營求利，因據校作"求"字。詳見拙作《〈父母恩重經講經文〉補校》。

⑳參看張涌泉《敦煌變文校讀釋例》"文有重複而省略例"，載《敦煌學輯刊》1987年第2期。

㉑參看張涌泉《敦煌變文校讀釋例》。此條潘校指出原卷"護戈"重文，但未説明

理由。

㉒参看拙作《〈金剛般若波羅蜜經講經文〉補校》。上列各例(除後一例外)潘書已校正。

㉓見《變文字義拾零》,載《中華文史論叢》1984年第2輯。

(本篇與張涌泉、黄征合寫,原載1988年12月《古漢語研究》創刊號,後收入《郭在貽敦煌學論集》,收入本書時略有節删)

敦煌變文校勘拾遺

向達等六位先生編的《敦煌變文集》(人民文學出版社,1957年。以下簡稱《變文集》),先後經徐震堮、蔣禮鴻、劉堅、陳治文、項楚等先生的校勘,[①]發疑正訛,祛惑釋滯,解決了該書在校勘上的不少問題。不過,校書如掃落葉,問題很難掃清。筆者細讀此書,發現可商訂之處仍復不少,現謹擷其要者,條列如下,以就教於讀者。

《秋胡變文》:"今蒙孃教,聽從遊學,未季娘子賜許已不?"(頁155)原校改"季"爲"知",蓋以爲"季"是"知"的音近訛字。今按:此校非是,"季"應爲"委"。考變文中"子、女"兩偏旁可以互易,如"孽"作"㜸"(頁353),又作"蘖"(頁375),以"女"旁替代"子"旁;此文"委"字作"季",則是以"子"旁替代"女"旁。同篇下文又云:"蹔請娘子片時在於懷抱,未委娘子賜許以不?"(頁157)兩文相照,可證"未季"確是"未委"。"委"有知義,《敦煌變文字義通釋》考之亟詳,則"未委"就是"未知"的意思。《變文集》的校者不知道"委"有"知"義,又未察變文中"子、女"兩偏旁可以互易的用字之例,遂將"季"字臆校作"知",意雖可通,但未能得其本真。

《降魔變文》:"從空直下,若天上之流星,遥見毒龍,數回博接。雖然不飽我一頓,且得噎飢。"(頁386)原校以"博"爲"搏",又徐震堮謂"接疑當作擊",並非。"搏接、搏擊"其義蓋均爲格鬥,而下文遽然接以"飽我一頓"云云,未免突兀。本書《韓擒虎話本》:"我把(把)些子兵士,似一斤之肉,入在虎齖(牙),不螻咬嚼,博唼之間,並乃傾盡。"(頁202)"博接"當即"博唼"(接、唼聲旁相同，又博乃啅之借字），是一種咬嚼的動作（我的家鄉山東鄒平一帶還存留着這個俗語詞）。又考《廣韻》入聲鐸韻："啅�，噍皃。""啅唼"亦即是"啅嗺"。（嗺，《集韻》即入切，精母緝韻；唼，《集韻》作答切，精母合韻。二字並隸精母，爲正紐雙聲，韻亦近。）

《太子成道變文》："到丙寅之歲，四月八日，於南彌梨薗中，手扭無憂樹，脚紅連（蓮）花右但（誕）下。"（頁320）原校以"扭"爲"攝"或"扭"，非。考《廣韻》下平聲十八尤韻："摎，手摎，楚鳩切。扭，俗。"變文中的"扭"當即"摎"。"手摎"殆唐宋時的俗語詞。

《太子成道變文》："非外道不能出禞詐之言"（頁322），原校改"禞"作"譎"，非。本書《降魔變文》："卿爲忠臣，不可虛譑。"（頁367）"禞詐"猶言"虛譑"，"禞"應是"譑"的異體，今寫作"矯"。

《大目乾連冥間救母變文并圖一卷并序》："孃孃昔日行慳姤。"（頁736）原校以"姤"爲"恪"，非。本書《地獄變文》："恨你在生之日，慳貪嫉姤，日夜只是算人。"（頁761）"慳姤"即是"慳貪嫉姤"之省文，"姤"則是"妬"的異體，如本書《維摩詰經講經文》有云："如何净心？不嫉、不姤、不諂、不誑……"（頁562）又云："只是心田興姤害。"（頁530）"姤"並嫉妬之妬。

《維摩詰經講經文》："更有迦羅樓羅衆，奏瑟了了清音。緊那羅王，（按：此處原無標點，今加逗號）調鈴鈴雅樂。"（頁548）按："了"字當是由"瑟"字的重文符號"乛"而變來，第二個"了"字是衍文，這二句應校正爲："更有迦樓羅衆，奏瑟瑟清音；緊那羅王，調鈴鈴雅樂。"

《維摩詰經講經文》："還知彼處有傾摧，如剪（箭）射空隨志地。"（頁626）原校改"志"爲"墮"，非。應該讀"隨"爲"墮"，讀"志"爲"至"，"隨志地"即是"墮至地"。變文中"隨"與"墮"、"志"與"至"均可通用，如本書《佛説阿彌陀經講經文》"歸依仏者，不隨（墮）地獄"（頁464），借"隨"爲"墮"；又《維摩詰經講經文》"適道墮（隨）其心意净"（頁566），此借"墮"爲"隨"；又《妙法蓮華經講經文》“若能不退從前至”(頁 494)，此借“至”爲“志”，並其證。

《維摩詰經講經文》：“鏘鏘穧穧杖嵬嵬，總在盦園會裏排。”(頁 542)原校改“穧”爲“蹪”，未爲的當。“穧”當是“濟”的異文別字。本篇下文：“於是巍巍聖主，蕩蕩慈尊，居賢聖之中，處盦園會裏。聲聞可八千之衆，道貌鏘鏘；卄乃三萬餘人，威儀濟濟。”(頁 548)“鏘鏘”與“濟濟”對文。又云“並須鏘鏘濟濟”(頁 574)，此以“鏘鏘濟濟”連文。凡此，足證“穧”爲“濟”之別體。

《太子成道變文》：“寂其太子，日夜轉持戒行，雖求願得耶殊綵女，亦似無妻一般。不曾與女同牀(床)，日日四暮其身，夜即取於氈褥，別在一邊，並無貪俗之事。”(頁 325)“貪俗”的“俗”字，《變文集》無校。今按：本書《八相變》有云：“大王見説上事，即便歸宫，處分綵女頻(嬪)妃，伴换太子，恒在左右，不離終朝。太子年登拾玖，戀着五欲。天帝釋道：太子此來下界，救度衆生，何故縱意自恣，貪着五欲。”(頁 334)拿這段文字跟上引《太子成道經》相較，可證“貪俗”即是“貪着五欲”之省文，“俗”當是“欲”的音近借字。

《舜子變》：“從此後阿爺兩目不見，母即玩遇，負薪詣市。”(頁 133)原校改“玩”爲“頑”，改“遇”爲“嚚”。按：改“遇”爲“嚚”，恐非。“遇”當是“愚”的音近借字，“玩遇”即是“頑愚”。變文中“遇、愚”通用，如《維摩詰經講經文》有云：“恰愚(遇)維摩詰，談空甚喜歡。”(頁 577)是“遇、愚”通用之證。又“頑愚”的説法，亦可在變文中找到旁證，如《孝子傳》：“父至填井，兩目失明，母亦頑禺(愚)，弟復史(失)音。”(頁 901)

《維摩詰經講經文》：“時寶積等百受維摩勸誘，記當居士教招，重整威儀，再排隊仵，皆往菴園，禮仏去也。”(頁 557)原校改“百”爲“旨”，以“仵”爲“伍”，均未確。“百”字似應爲“皆”，“皆”字草書有作“𠭴”者(見二王法帖)，以楷書定之，即成“百”。“仵”蓋“仗”字之訛，考本篇下文有云“不如作帝釋隊仗，問許伊時卄”(頁

620),又云"魔王隊仗利(離)天宫"(頁 621),又云"隊杖恰如帝釋下"(頁 623,徐校"杖當作仗"),又云"隊仗高低滿路排"(頁 644),又《佛説觀彌勒菩薩上生兜率天經講經文》"帝釋宫前排隊仗"(頁 650),又《醜女緣起》"夫人隊仗離宫内"(頁 799),《搜神記》"正見梁元皓鞍馬隊仗到來"(頁 875),足證"隊仗"乃變文中常用詞,"仵"是"仗"的訛字殆無疑義。

《維摩詰經講經文》:"那堪疾瘵尫龜苦,豈謂纏痾惹患迍。"(頁 537)原校改"尫"爲"尪",得之;但於"龜"字則失校。今謂"龜"當是"羸"的音近借字。本篇下文有云:"偃卧高床,尪羸壞室。"(頁 557)又《佛説觀彌勒菩薩上生兜率天經講經文》云"漸成衰朽漸尫羸"(頁 652),又《父母恩重經講經文》"阿娘形貌汪羸"(頁 677),又云"改張花[貌]作汪羸"(頁 679),足證"尫羸"乃變文中習用詞,"羸"者"瘦"也,作"龜"字則不辭。

《韓擒虎話本》:"時有金璘陳王,知道楊堅爲軍(君),心生不負。"(頁 199)原校改"負"爲"服",似未確。本篇下文:"……心生不分(忿),越班走出","不負"當即"不分","不分(忿)"乃唐宋時習見之俗語詞,《詩詞曲語辭匯釋》:"分,甘服之辭。""不分"就是"不服氣"之意。

《太子成道經》:"遂唤夫人向前,有其付囑。别無留别,留一瓣美香,苦有灾難之時,但燒此香,望雪山會上,啓告於我。"(頁 295)按:"苦"乃"若"字之訛,《變文集》失校。"苦、若"二字在唐人詩文中每每互訛,詳見拙作《杜詩異文釋例》一文,[②]此不贅。

《維摩詰經講經文》:"呈珠艷而剩逞妖容,展玉貌而更添艷麗。"(頁 621)原校以"剩"爲"盛"。今按:不煩破字。"剩"字在唐宋俗語中有"頗、甚、更"之義,《詩詞曲語辭匯釋》及《敦煌變文字義通釋》言之詳矣,此文"剩"與"更"對文,正是用的"頗、甚、更"之義,而非"剩餘"之"剩"。編者不察,而輕爲臆校,所謂以不狂爲狂也。

《伍子胥變文》："我有美酒一榼，魚肉五斤，餅有十播，飯有一罐，請來就船而食。"(頁22)按：本篇下文有云："其魚人乃取得美酒一榼，魚肉五斤，薄餅十番，飯攜一罐……"(頁13)兩文相較，可證"十播"就是"十番"。"番"字是量詞，猶言"枚"也、"片"也。

《父母恩重經講經文》："臺舉還徒立得身，招交只要修仁義。"(頁685)按："徒"乃"圖"之借字。本篇下文云"養子還徒被老時"(頁696)，原校改"徒"爲"圖"，得之，而於上文"徒"字則失校。又："被老時"的"被"乃"備"之借。變文中的"被、備"二字通用，如《醜女緣起》"賴爲如來親加備"(頁800)，此借"備"爲"被"，《變文集》亦失校。

《破魔變文》："用霮雷爲戰鼓，披閃雷作朱旂。"(頁347)按："閃雷"的"雷"字乃"電"字形近之誤，《變文集》失校。

以上十九例，均爲校勘中的問題。此外在標點方面，也有可訂之處，例如：

《舜子變》："瞽叟打舜子，感得百鳥自鳴，慈烏洒血不止。舜子是孝順之男，上界帝釋知委，化一老人，便往下界，來至方便與舜，猶如不打相似。舜即歸來書堂裹，先念《論語》《孝經》，後讀《毛詩》《禮記》。"(頁131)按：《變文集》於"下界"句絕，"來至"屬下讀，非是。應爲"便往下界來至，方便與舜，猶如不打相似。"本篇上文："房中卧地不起，不經三兩□□□□□□□叟來至。鼓叟入到宅門，直到自家房□□□後妻向床上卧地不起。""來至"二字正屬上讀。

《前漢劉家太子傳》："當此之時，處有東方朔在於殿前過見……"(頁162)按：《變文集》於"時"字句絕，非是。應於"處"字句絕，"時處"是同義並列複合詞，"處"猶"時"也，"當此之時處"即是"當此之時"。考本書《佛説觀彌勒菩薩上生兜率天經講經文》有云："男見女時如見妹，女逢男處似逢兄。"(頁654)"時、處"對文，"處"猶"時"也。又《父母恩重經講經文》"聞語喫(笑)時無意聽，見歌歡處不臺頭"(頁 678),亦"時、處"對文同義。

《廬山遠公話》:"不見道孔丘雖聖,著久迷對曰之言。大覺世尊,上(尚)有金槍之難。"(頁 186)按:《變文集》於"聖"字句絶,似非。當於"著"字句絶,"著"讀爲"者"。

①徐震堮《〈敦煌變文集〉校記補正》,《華東師大學報》1958 年第 1 期;《〈敦煌變文集〉校記再補》,《華東師大學報》1958 年第 2 期。蔣禮鴻《敦煌變文字義通釋》附録二《〈敦煌變文集〉校記録略》。劉堅《校勘在俗語詞研究中的運用》,《中國語文》1981 年第 6 期。陳治文《敦煌變文詞語校釋拾遺》,《中國語文》1982 年第 2 期。項楚《敦煌變文校勘商榷》,《中國語文》1982 年第 4 期。

②載《草堂》1982 年第 2 期。

(原載《中國語文》1983 年第 2 期,後收入《郭在貽語言文學論稿》)

敦煌變文校勘拾遺續補

向達等六位先生編校的《敦煌變文集》一書(人民文學出版社1957年版。以下簡稱《變文集》),先後經徐震堮、蔣禮鴻、劉堅、陳治文、項楚等先生的校勘,[①]發疑正訛、祛惑釋滯,解決了該書在校勘上的不少問題。不過,校書如掃落葉,問題很難掃清,筆者細讀此書,發現可商訂之處仍復不少,因撰《敦煌變文校勘拾遺》一文,楬櫫《變文集》在校勘以及標點上的失誤凡二十二條,已刊於《中國語文》1983年第2期。嗣後筆者再取原書反復尋繹,又發現可商訂者六十餘條,因撰此文,是爲續補。水平有限,文中不當之處在所難免,倘蒙讀者匡違茁佚,是所幸矣。

《伍子胥變文》:"儻若不棄是卑微,願君努力當餐飯。"(頁6)按:"當餐飯"不辭,當應讀爲嘗,亦即嚐。當、嘗並從尚聲,故得通借。

《伍子胥變文》:"泊紗潭下照紅妝,水上荷水(花)不如面。"(頁6)按:泊當讀爲拍,《變文集》失校。上文"女子泊紗於水",原校泊作拍,得之。

《孟姜女變文》:"其妻聞之大哭叫,不知君在長城妖。"(頁32)按:妖當讀爲殀。

《孟姜女變文》:"姜女自雹哭黄天,只恨賢夫亡太早。"(頁32)按:"自雹"不辭,雹當讀爲撲。雹,並紐覺韻;撲,滂紐屋韻,二字爲旁紐雙聲,屋、覺韻近,故得以音近替代。自撲是痛苦之極時所發出的一種動作。《伍子胥變文》:"阿妹(姊)抱得弟頭,哽咽聲嘶,不敢大哭,嘆言:'痛哉!苦哉!自撲搥凶(胸),共弟前身何罪,受此孤恓!'"(頁 7)此處之自撲與《孟姜女變文》的自雹實屬異名而同實。

《漢將王陵變》:"二將當聞霸王令,下馬存身用耳聽。"(頁 40)按:"存身"不辭。存當讀爲蹲,蹲的異體作踆(見《集韻》平聲廿三魂韻),省其形旁即是存。

《漢將王陵變》:"其人問一答十,問十答百,問百答千,心如懸河,問無不答。"(頁 44)按:心當爲口,形近而訛。

《捉季布傳文》:"直饒墮却千金賞,遮莫高搥萬挺銀。"(頁 59)按:墮當讀爲垛。墮、垛通用,屢見於變文,如《秋胡變文》:"亂采(彩)墮(垛)似丘山。"(頁 157)《韓擒虎話本》:"去射墮(垛)十步有餘。"(頁 204)均其例。垛者,堆積也,與下文搥(當讀爲堆)對文同義。

《李陵變文》:"登時草木遭霜箭,是日山川被血荼。"(頁 89)其中荼字,徐震堮先生校云:"荼疑當作茶,即搽字的省寫。"按:不煩改字。《廣韻》荼有二音:一、同都切,定母模韻;二、食遮切,神母麻韻。從這兩句唱辭前後文的韻脚來看,押的是麻韻字,則荼字自可讀"食遮切"一音,亦即音茶,而不必認爲是訛字。又:按之上古音,"食遮切"一音是從"同都切"一音分化出來的,語音分化之後,遂將荼字減一筆作茶,所以《廣韻》在荼字下注明俗作茶,也就是説,荼、茶古本一字,而荼先茶後,若疑荼爲茶之訛字,殆所謂以不狂爲狂了。

《李陵變文》:"前頭有將名蘇武,早向胡庭自索强。"(頁 92)按:索是索的俗别字,索强是唐人習用語,如王梵志詩:"索强欺得客,可是丈夫兒。"②

《王昭君變文》:"歸家渧遥,迅昔不停。"(頁 99)按:渧疑爲路字草書之訛,迅疑讀爲宿。《楚辭·九章·思美人》"羌宿高而難當",一本宿作迅,是宿、迅通用之證。宿昔即早晚之意,宿昔不停,謂早晚不停也。

《張淮深變文》："陌刀亂揾。"(頁 126)按：陌讀爲鉑，《集韻》入聲二十陌韻："鉑，鉑刀，兵器。"鉑、陌在同一小韻内，得以通借。

《秋胡變文》："汝不如忍意在家，深耕淺種，廣作蚕功，三餘讀書，豈不得達?"(頁 154)按：蚕乃蠶的俗别字，同篇下文："桑蚕織絡，以事阿婆。"(頁 157)可爲佐證。

《秋胡變文》："新婦啓言阿婆：兒若於慈孝，天恩賜金，交將歸舍，報娘乳哺之恩。今即來及見母，桑間已繒(贈)於人，所以於國不忠，於家不孝。"(頁 159)按：來疑爲未字，手民誤植，"未及見母，桑間已贈於人"，文理甚暢，作來則不通。

《前漢劉家太子傳》："怨人取其子巢窠，於萇條榒枝上安巢；大風既至，巢破子死，良由所託處榒使之然也。"(頁 163)按：萇當爲長，榒當爲弱。

《廬山遠公話》："白莊曰：'前頭事，須好好祇對，遠公勿令厥錯。'"(頁 176)又："一念之終，並無厥錯。"(頁 178)按：厥當讀爲闕，闕錯即過失、失誤。(厥，見母月韻合口三等；闕，溪母月韻合口三等，二字爲旁紐雙聲，同韻部。)

《太子成道經》："九龍吐水早是貴，千輪足下有瑞蓮開。"(頁 286)按：同篇下文又云："九龍吐水早是貴(貴)，千輪足下有瑞蓮開。"(頁 289)兩文相照，知早乃早之訛。

《太子成道經》"撥掉乘船過大江"，又云："撥掉乘船過大池。"(頁 288)按：掉當讀爲棹，二字形、音俱近，故易致訛。

《太子成道經》："或於一日，便上彩雲樓上，謀悶之次，便乃睡着。"(頁 288)又云："宫中謀悶，所以不樂。"按：謀當讀爲迷，《八相變》："迷悶憂煩，極甚不悅。"(頁 335)又《降魔變文》"二鬼迷悶而擗地"(頁 387)，並作迷悶，是其證矣。

《八相變》："仙師見太子出來，流淚滿目，手拭眼淚，口讚希嗟。"(頁 333)按：嗟當爲差，希差猶言希奇。差有奇義，《敦煌變文字義通釋》言之已詳。又同篇下文云："啓口申説夫人孕，生下太子大奇哉。”(頁 333)可爲佐證。

《破魔變文》:“聞樾直須知覺悟,當來必定免輪回。”(頁 345)按:樾字難識。考本書《頻婆娑羅王后宫綵女功德意供養塔生天因緣變》中亦有此二句,作:“聞健直須知覺悟,當來必定免輪回。”兩文相照,知樾即健(聞是趁的意思,詳《敦煌變文字義通釋》)。

《降魔變文》:“過去百千諸佛,皆曾止住其中,説法度人,量塵沙而頗竿。”(頁 365)頗竿二字,《變文集》無校。今按:頗當讀爲叵(二字同音),意爲不可;竿是算的俗别字。頗竿即叵算,意爲不可算,數不清,以言説法度人之多也(度乃超度之意)。

《祇園因由記》:“於中有煩之熏者不賓,而由(猶)頗態,終須作計以酬。”(頁 408)頗態二字,《變文集》無校。今按:頗當讀爲叵,態當讀爲耐。(態,透母代韻;耐,泥母代韻,二字爲旁紐雙聲,同韻部。又態從能聲,能有耐義。)頗態即叵耐,意爲不可耐。敦煌曲子詞《鵲踏枝》:“叵耐靈鵲多滿(謾)語,送喜何曾有憑據。”③可證叵耐之意。盧仝《月蝕》詩:“頗奈蝦蟆兒,吞我芳桂枝。”(《全唐詩》册六卷 388 頁 4383)“頗奈”亦即“叵耐”。

《長興四年中興殿應聖節講經文》:“惠日照推心上惡,慈風吹散國中灾。”(頁 413)按:推當讀爲摧,摧、散對文。

《金剛般若波羅蜜經講經文》:“蠢動含令皆利益,不論胎卵盡沾恩。”(頁 430)按:“含令”令字,原校作情,非。令當讀爲靈,含令即含靈,爲人類之代稱,猶言芸芸衆生也。《佛説阿彌陀經講經文》:“含靈有識永長□,豈忍將刀殺害他。”(頁 465)《維摩詰經講經文》:“爲救四生熱惱,愍傷三界含靈。”(頁 529)《秋吟一本》:“禁足九旬緣物命(命),□□□旨爲含靈。”(頁 808)此均爲用含靈之例。有時又作含識,如《維摩詰經講經文》:“愍含識而意似親生,憐凡夫而愛如赤子。”(頁 538)有時又作含生,如《大唐西域記》卷四:“是故含生,各務修業。”

《金剛般若波羅蜜經講經文》:“眼見先霊皆妄語,耳聽天樂不着實。"(頁435)原校霊作虚,非。今謂霊即靈的俗别字(《增訂碑别字》靈有作𩆜者,與霊極近),先當讀爲仙,先靈即仙靈。仙靈、天樂,文相儷偶,若作先虚,則不辭矣。

《金剛般若波羅蜜經講經文》:"衆生身分還如此,貪變無明欲火中。"又:"世間貪變是凡夫,不悟身中珠明月。"(頁440)以上二變字,《變文集》均校作戀。又:"世間貪變沉淪福,争須似蓮花朵上生。"(頁442)徐震堮先生謂"變當作戀"。按:變字不煩破讀。考本篇上文云:"千般變化時時現,作用神通處處呈。"(頁436)又云:"衆生能變作仏身。"(頁440)蓋貪變之變,即是變化之變,所謂衆生貪變,即指衆生貪圖變化作仏身。若改爲戀字,反覺不安。

《佛説阿彌陀經講經文》:"不逢善友爲哀憐,牛頭夜叉諍肯敵。"(頁462)按:諍當讀爲争,争者怎也。

《佛説阿彌陀經講經文》:"男抛銅柱爲邪淫,女卧鐵床爲逃走。"(頁468)按:抛當讀爲抱。抛、抱通用,《敦煌變文字義通釋》言之詳矣。

《佛説阿彌陀經講經文》:"垂條聳榇百千尋。"(頁469)按:榇當是榦的俗别字。

《佛説阿彌陀經講經文》:"婬女告童子曰:我有一法,能度衆生,一切男子煩惱。輕者手觸我身,便成仏果;煩惱稍重者,來抱我身,其我口子,便成仏果;煩惱極重者,共我宿卧,便成道果。"(頁473)按:其似當讀爲親。

《佛説阿彌陀經講經文》:"從比定知栖息處,月宫瓊樹是家鄉。"(頁480)按:比當爲此,形近而訛。

《佛説阿彌陀經講經文》:"劍樹刃山霜雪白。"(頁482)按:刃當爲刀,形近而訛。劍樹刀山屢見於變文(見《變文集》462、484、490、529、705、726、737、759頁),無一作刃者,故知刃字必爲訛字。

《佛説阿彌陀經講經文》:"更有鐵城千萬丈,四門煙起火炎炎，東西馳走苦聲高，南北交分空里叫。"（頁 482）按：苦當讀爲哭。

《妙法蓮華經講經文》："時時掃洒擅香水，處處莊嚴净土塵。"（頁 507）按：擅當爲檀，形近而訛。

《維摩詰經講經文》："不揮停而難已行舟，不舉掉而如何進步。"（頁 518）徐震堮先生云："停，恐是篙字之誤。"按：其説是。然則何以篙字會誤爲停？此因篙亦作槁，如本篇下文有云"解把槁棅（篙撑）來往楲"（頁 520），即是明證。而槁與停形體相近，因而致訛。

《維摩詰經講經文》："忎（妄）緣情，難比娉，百歲争知如電影。"（頁 541）按：娉當讀爲並，比娉即比並。比並爲唐人詩文中習用語，猶言相比也。

《維摩詰經講經文》"逢顛危處解安存，是闡提人能救度。"（頁 602）又"卓定深沉莫測量，心猿意馬莫顛狂。"（頁 617）按：顛殆顛的俗別字。

《維摩詰經講經文》"念君惹子大童兒"（頁 610），又《百鳥名》"雀公身寸惹子大"（頁 852），按：惹當讀爲偌（二字並從若聲），偌子猶言如此、這般也。

《維摩詰經講經文》："沉與麝，手中臺，供養權時盡意懷。"（頁 623）按：臺字《變文集》無校，徐震堮先生校作擡，然"手中擡"不辭，徐説未確。今考《説文》十二上手部：握，搤持也，古文作臺。今謂臺即臺形近之訛，手中臺謂手中持也。臺訛爲臺，典籍中不乏其例，《淮南子・詮言訓》"臺無所見，謂之狂生"，高誘注："臺，持也。"臺即臺之訛字。又《淮南子・俶真訓》"臺簡以遊大清"，段玉裁謂此臺亦爲臺之誤。④

《无常經講經文》："有錢財，不布施，更擬貪監於自己。"（頁 659）原校監作婪，未確。監當讀爲慳，貪慳乃變文習用語，倒言之又爲慳貪，《變文集》701、702、703、704、705、706 頁皆有用例，不贅引。

《无常經講經文》："可昔心，錯鈍擬，在後兒孫不勘(堪)矣。"又："須自鈍录方免難，望他着力没因由。"(頁666)按：鈍擬、鈍录，《變文集》均無校。今謂鈍當讀爲準(鈍：定母，慁韻，臻攝；準：章母，準韻，臻攝。古音章系歸端，故鈍、準二字雙聲，韻部亦近)，鈍擬即準擬，鈍录即準承。(录是丞的俗别字)準擬、準承均爲變文習用語，《敦煌變文字義通釋》考之已詳。

《父母恩重經講經文》："消瘦容顔爲醜差，改張花[貌]作汪羸。"(頁679)按：汪當讀爲尪，音近替代。

《父母恩重經講經文》："顔容顉領，形貌汪(尪)羸。"(頁681)顉領二字，原校作憔悴，徐震堮先生校作顑頷。余初亦以爲應作顑頷，繼思當以作憔悴爲妥。蓋因憔悴亦得寫作顦顇，以形近而訛爲顉領。顑頷一詞，除較早見之於《離騷》外，一般作品中罕見之。敦煌變文爲俗文學，似不會用此古雅之詞。且本篇下文云："致使娘娘形貌，日日汪羸，慈母顔容，朝朝瘦悴。"(頁682)又云："貌汪羸，形瘦悴。"(頁683)瘦悴亦即憔悴也。此益足證明顉領確爲顦顇(憔悴)之訛。

《父母恩重經講經文》："那邊禮佛聲遼(嘹)亮，這伴全(金)經次第開。"(頁698)按：伴當讀爲畔，邊、畔對文同義。

《父母恩重經講經文》："三朝爲喜蒙平善，滿月延僧息障灾。"(頁699)按：障當讀爲瘴。

《大目乾連冥間救母變文并圖一卷并序》："目連悶絶僻[倒]，良久氣通。"(頁728)按：僻當讀爲躃。《目連緣起》"須臾躃地自渾搥"(頁708)，正作躃字。躃有倒踣之義，玄應《一切經音義》卷二《大般涅槃經》第六卷："躃地：脾役反，謂躃倒也。"《集韻》昔韻毗亦切小韻："躃，仆也。"仆即倒下之義。(《説文》："仆，頓也。")

《醜女緣起》："女緣前生貌不敫，每看恰似獸頭牟。"(頁793)原校敫作敷，未確。敫當讀爲皦，皦、姣音近通用，貌不姣即貌不好、貌不美。

《醜女緣起》:"王郎遂向公主,具説根由:'我到他家中,盡見妻妾,數巡勸酒,對坐周娱……。'"(頁 795)按:娱當爲旋,形近而訛。上文:"每日將身赴會筵,家家妻妾作周旋。"可爲佐證。

《秋吟一本》:"並事(是)綺羅之艷拽。"(頁 810)徐震堮先生謂拽字疑衍。按:拽非衍字。艷拽亦寫做艷曳,屢見於本篇,如"庭前賞翫,綺羅呈艷拽之衣"(頁 811),此作艷拽者。又云"綺羅香引輕盈,霧縠花紅艷曳"(頁 811),"香閨艷曳滿庭春"(頁 813),此作艷曳者。艷曳亦習見於唐人詩文,如白居易《花樓望雪命宴賦詩》:"絆惹舞人春艷曳,勾留醉客夜徘徊。"薛用弱《集異記》"王之涣"條:"俄有妙妓四輩,尋續而至,奢華艷曳,都冶頗極。"並其證。艷曳亦作艷裔、沿曳,如李白《折楊柳》:"垂楊拂淥水,摇艷東風年。"摇艷一作艷裔。王昌齡《出彬山口至疊石灣野人室中寄張十一》:"景開獨沿曳,響答隨興酬。"是其例也。

《八相押座文》:"長飢不食真修飯,麻麥將來便短終。"(頁 824)按:真修疑當讀爲珍羞。

《齖魺書》:"將頭自槒,竹天竹地。"(頁 858)按:槒似當爲磕的俗别字,竹疑讀爲築(二字並音張六切)。《説文》:"築,擣也。"築天築地即擣天擣地。(今語猶有"磕頭如擣蒜"之説。)

《搜神記》:"王聞此語,還判從死。鬼衆嗔信越訴,遂截頭手,拋著鑊中煮之。……鬼使曰:你頭手已入鑊中煮損,無由可得。且借你别頭手。……"下文又云"且與你胡頭"、"將被覆我頭面"、"即將棒杖亂打信頭面"(頁 879)。按:細味這段文字,前之"頭手",即後之"頭面"、"胡頭",可見頭手就是指的頭,并非頭和手。今謂手當讀爲首,頭手即頭首。手、首二字變文中通用,如"了首"(見頁 89)又作"了手"(見頁 94、155、157),即其證。

①徐震堮:《〈敦煌變文集〉校記補正》,《華東師大學報》1958 年第 1 期;《〈敦煌變

文集〉校記再補》,《華東師大學報》1958 年第 2 期。蔣禮鴻:《敦煌變文字義通釋》附録二《〈敦煌變文集〉校記録略》。劉堅:《校勘在俗語詞研究中的運用》,《中國語文》1981 年第 6 期。陳治文:《敦煌變文詞語校釋拾遺》,《中國語文》1982 年第 2 期。項楚:《敦煌變文校勘商榷》,《中國語文》1982 年第 4 期。

②見《全唐詩外編》上册第 73 頁,中華書局 1982 年版。

③王重民輯《敦煌曲子詞集》第 55 頁,商務印書館 1956 年 12 月修訂二版。

④《説文解字注》頁 597 握字注語,上海古籍出版社 1981 年版。

(原載《杭州大學學報》1983 年第 2 期,後收入《郭在貽語言文學論稿》)

蘇聯所藏押座文及説唱佛經故事五種校記

周紹良、白化文兩先生所編《敦煌變文論文録》一書，近已由上海古籍出版社出版。該書附録有蘇聯所藏押座文及説唱佛經故事五種。據編者稱："這幾篇材料公開發表的時間較晚，《敦煌變文集》中未收，國内見到的人不多。現在我們重加校訂，作爲附録收入，供研究者參考。"無疑的，這批文獻的發表給國内學者研究敦煌變文提供了方便。唯編者所作校訂，尚多疏失之處，未能盡饜人意。不揣譾陋，筆者願把自己在閲讀這批文獻的過程中所作校記予以刊布，以期就正於《敦煌變文論文録》一書編者以及海内外敦煌學者。拙文中提到蔣禮鴻先生手抄《敦煌變文鈎沉三種》，據蔣先生稱：係"蘇聯科學院亞洲人民研究所珍藏，1962 年李福清贈張心逸，心逸轉贈任半塘，任寄胡宛春，宛公見眎，因得迻録"云云。又蔣先生對《敦煌變文論文録》中的附録材料亦有校記，并持以見示，拙文中有所徵引，然皆於每條下注明爲蔣校，未敢掠美也。

頁 815："天聽感化人何倦，聖德阬從日更多。"

按：阬字原校作隨，非是。阬應是陪字形近之訛。

頁 817："武魯人人皆節相，文儒個個是公卿。"

按："武魯"不辭。蔣校武魯即虎旅。虎因避唐諱改作武。魯、旅音近，古即以魯爲旅字。《説文》㫃部："㳄，古文旅，古文以爲魯衛之魯。"《集韻》上聲八語韻："旅、魯、炭，《説文》：軍之五百人爲旅。亦姓。古作魯、炭。"虎旅與文儒相對。

頁 818："清高節操伏王侯，三事由衣信脚遊。"

按：由，疑應讀爲紬。下文(頁 820)"身掛紬袍雲片片"，可資參證。

頁 819："此羅漢等，或是久成正覺，權作齊聞。"

按：蔣校齊作聲，是。變文聲字俗書與齊字俗體"斉"形近易誤。"聲聞"乃佛典習用語。

頁 820："身掛紬袍雲片片，手棰金錫響玲玲。"

按：棰字費解。蔣校棰作摇，二字形近而訛，近是。

頁 821："無恨怨酬無愛春，不憐毫(豪)富不斯(欺)貧。"

按：酬應讀爲仇。下文(頁 825、840)"有親有愛有冤酬"，"何怨酬，何骨肉"，二酬字均已校作仇，是。

頁 822："並有身光閃爍，晚日之無；體相莊嚴，共諸天而有異。"

按："晚"上、"無"下，疑各脱一字。此句是駢文，"□晚日之無□"，"共諸天而有異"，文相儷偶。

頁 822："披妙服以忻歡，躡彩雲兮陽御。"

按："陽御"乃"御陽"之誤倒。陽字與上下文的暢、仗、光、障、響、養叶韻。《楚辭・九歌・大司命》："高飛兮安翔，乘清氣兮御陰陽。"似即"躡彩雲兮御陽"句之所從出。

頁 823："或有身披百納，袈裟上點點雲生。"

按：納應讀爲衲。衲寫作納，變文習見，如《敦煌變文集》下册頁 451"百納(衲)遍身且過日"，又頁 629"個個能裝百納(衲)衣"。

頁 823："阿修即攝諸法曲，乾闥婆即呈妙清歌。"

按：蔣校謂修下脱羅字，是。阿修羅爲佛典中人物(見《翻譯名義集》卷二)。阿修羅、乾闥婆文相儷偶。

頁 824："憂愁不悦，即回即車還宫。"

按:回下即字蔣校爲却,是矣。"回却"是同義複詞,屢見於變文,又作"却回"。

頁 825:"少婦車前屯(長)然縷,老烏犁過旅(屢)銜蟲。"

按:蔣校然作撚,是。

頁 825:"貧女製衣功紡識(織),耕夫種植仕田疇。"

按:蔣校功作攻,仕作事,並是。

頁 826:"太子曰:'王是我之父,我是王之兒。既有私願心,合細其敷奏。……'"

按:心字當讀斷。

頁 828:"悓慚天子恩波及,感荷王孫庫藏開。"

按:蔣校悓作愧,極是。愧慚即感謝之意,詳《敦煌變文字義通釋》四版頁 122"慚愧"條。

頁 829:"保持鎖鑰費身力,較察奸邪無少容。"

按:較應讀爲糾,較、糾並見紐,爲正紐雙聲,有通用的可能,較察即糾察也。

頁 829:"府縣凋殘填納庫,生靈指血進王官(宮)。"

按:指應讀爲脂,生靈脂血猶言民脂民膏也。

頁 832:"意今普令含織,無事安寧,着自然之衣,食天賜之飯。"

按:織乃識字之訛。含識即含識之類,猶言芸芸衆生也。《敦煌變文集》下册頁 538《維摩詰經講經文》:"愍含識而意似親生,憐凡夫而愛如赤子。"正作含識。

頁 833:"在遲遲,功草草,必與有情除熱惚。"

按:惚是惱的俗别字(《增訂碑别字》卷三上聲十九皓韻内,惱的别體有作惚者)。"熱惱"一詞習見於佛典及變文,如《法苑珠林》卷十二"彼等當生熱惱處"、"於無量時受熱惱"、"彼等皆墮熱惱獄"。又《敦煌變文集》下册 476 頁、536 頁、627 頁、668 頁,亦見"熱惱"一詞。又本書頁 854:"高扇香風吹熱惱。"此均足證明熱惱爲佛典習用語,若作熱惚,則不辭矣。

且此段唱詞是叶韻的，惱字正與上下文的老、好、道、草、寶叶韻，若作惚字，則失韻，於以知惚字必爲惱字之訛。

頁834："菩提路上逢良友，熱惚城中睹惠雲。"

按：熱惚即熱惱。熱、熱形近，惚與上文出現的惚形近，而惚字即是惱，前已證明。（此條蔣校亦同）

頁834："特故朝參辭父王，願王令去無憂惚。"

按：惚字原校作愁，非。此惚字亦是惱的俗别字。"憂惱"亦佛典及變文中習用詞，如《法苑珠林》卷七"業盡懷憂惱"，又卷十四"不應生憂惱"；《敦煌變文集》頁338《八相變》"自經數日，都無歡顔，解悶巡遊，轉加憂惱"，頁614《維摩詰經講經文》"直心人，少憂惱"；又王梵志詩"良田收百頃，兄弟猶工商，却是成憂惱，珠金虚滿座"（《全唐詩外編》頁351），皆其例也。又此段唱詞也是叶韻的，若作惱，則與上文的寶、老、掃、道、到相叶，若作愁，則失韻。於以知惚字只能校作惱，不能校作愁。

頁835："只願父王深體察，莫將憂捴作遮闌。"

按：憂捴即憂惱，原校捴作愁，亦非。理由具見上文，不復贅。

頁838："此珠希有貫難求，不是龍王不易留。"

按：原校貫作慣，未諦。蔣校貫作實，較長。

頁839："必若因修遭失墜，檀陂羅蜜大難修。"

按："因修"不辭，蔣校作"因循"，是。修、循形近而訛，習見於古籍，詳參王念孫《讀書雜志》，兹不贅引。

頁839："莫眠莫擤（慢）莫遲回，莫信因循莫要惟。"

按：惟當是推，二字形音俱近，易於訛溷。

頁839："酌量地里應難趁，顧望天何必未明。"

按：何當讀爲河。何、河形音俱近，變文中常混用，如《敦煌變文集》頁91《李陵變文》"赤目明心，誓指山何（河）"、頁224《葉淨能詩》"[蜀]中路遠，阻隔山何（河）"、頁585《維摩詰經講經文》"如何(河)邊枯挂(桂),不久摧折"、頁 631"我以超於生死,不住愛何(河)"。

頁 841:"語多種種傷無盡,哭斷聲,痛轉深。"

按:蔣校下句作"哭斷聲聲痛轉深",是矣。蓋下聲字本作重文符號,編者遂誤爲逗。種種、聲聲相對成文。

頁 842:"既遭父母相嫌虐,轉轉思量惟生毒惡。"

按:量、惟二字之中當衍一字。

頁 846:"嘿嘿怨嗟緣我乞,明明看待爲嚴。"

按:爲下嚴上必有脱字。

頁 847:"非惟探喉聞宮内,兼又傳揚動國城。"

按:喉應作候,探候猶今言偵探、探子。

頁 848:"飯盈盤,衣滿複。"

按:原校複作腹,大誤。蔣校複作襆,極是。襆就是現在所説的包袱的袱,襆、複在變文中通用,詳《敦煌變文字義通釋》四版頁 115。衣滿複,猶言衣服裝滿了包袱,而不是裝滿了肚子。《搜神記》"盧充"條"即有一人,捉一襆新衣",即包袱也。

頁 850:"破却光明煩惱黑(累),始知一切無堅牢。"

按:"光明"在此不可通,當爲"无明"。

頁 851:"乃至雪山修苦行,證成無上大醫王。"

按:醫字原校作醫,又校作法,蓋遊疑未定也。今謂作醫是。醫、醫形音俱近,法與醫則了不相涉。"大醫王"亦佛典中語,如《法苑珠林》卷十四:"我等於長夜,爲癡箭所射。既失大醫王,誰當救我者。"又《敦煌變文集》下册頁 539《維摩詰經講經文》:"以現其身爲大醫王,善療衆病……"又頁 833《温室經講唱押座文》:"能療衆病一切差,國稱之寶大醫王。"

頁 851:"幾多賢聖盡陔隨,繫(擊)磬吹蠡同引佛。"

按:陔當爲陪字形近之訛。變文中亥字每寫作啇,與陪字右旁之音相近,故陪得訛爲陔。本篇上文云:"皆如孩子遇慈親，乃似疾人逢妙藥。"蔣禮鴻先生手抄本《敦煌變文鈎沉三種》孩作孩，明畜即亥之俗寫也。又《增訂碑别字》該的别體作諺。

頁 853："佛竟比來徒(圖)教化，人心只是愛榮花(華)。"

按：蔣校竟作意，是。

頁 854："高與下，笑咍行，曳紫袍紅滿九垓。"

按：蔣校行作咍，是。"笑咍咍"習見於變文，如《敦煌變文集》下册頁 622《維摩詰經講經文》："歌瀝瀝，笑咍咍，圍繞波旬迨迎(匝)排。"若作"笑咍行"，則不辭矣。又"曳紫袍紅"之袍，頗疑是拖字之訛，今檢蔣抄本《敦煌變文鈎沉三種》，正作拖。

頁 854："宣宇宙，吼春雷。"

按：宣當讀爲喧，喧、吼對文。

頁 854："天與地，白皚皚，盡是天地到處堆。"

按："天地到處堆"不辭，地當是訛字。今檢蔣抄本《敦煌變文鈎沉三種》，地字作花，是矣。

頁 855："舞蹈禁香争供養，洗心净意遶花臺。"

按："禁香"不辭，蔣抄本作"焚香"，是矣。

頁 855："今日與誰緣熟？四觀見寶積等追歡逐樂，我須教化，令滿道心。"

按：四蓋乃字之訛。乃字草書易混爲四。

頁 856："庫藏有搓羅異錦，香厨修品味之飡。

按：搓當讀爲差，差有奇異之義，《敦煌變文字義通釋》考之已詳。差羅、異錦，文相儷偶。本書頁 827："差羅異繡，盡雄藩朝貢之儀。"可爲旁證。

頁 856："身披錦繡，寧知織女之新(辛)懃；只食美珍，不念於農夫受苦。"

按：只乃口之訛字，"口食"與上文"身披"相對成文，若作只則不類矣。

頁857:“綺羅香裹燈微暗,絲竹聲中枕半欹。”

按:原校半作畔,未確。微暗、半欹相對成文,微、半均爲副詞,若是畔字,則與微字不類矣。

頁858:“汝等爲色世之榮華,我道是沉淪之苦海。”

按:蔣校“爲色”爲“謂絶”,極是。

頁859:“高樓之見言安泰,雙闕寧聲道争戰(戰争)。”

按:上句之字蔣抄本作只,是。下句聲字疑當爲聞。

頁859:“日落窗前翻惡令,月高樓畔學吹笙。”

按:原校惡作要,非是。考《敦煌變文集》下册頁541:“風前月下掇新詩,水畔花間翻惡令。”可見“惡令”并非偶見,惡字殆非誤字。

頁859:“遠見净名皆去接,遥逢居士總迎來。”

按:“迎來”當爲“來迎”。迎字與上下文叶韻,來則不叶矣。

頁860:“聖劍每將悲願重,法舡常用惠竿掉。”

按:掉當爲撑之訛。撑字押韻,掉則不叶,且義亦難通。

頁861:“將一條之悲索堅勞(牢),練五百之心懷顛(?)説。”

按:懷字蔣抄本作褁,似應釋爲猿。

頁861:“金盃玉盞,非傾不盡舸之前;醁醑白醪,[不]醉於紅樓之行。”

按:上句盡字,原校作畫,是。唯校不作杯,則非。今謂不當是於字草書之訛(於字草書,與不字形近)。“非傾於畫舸之前”、“不醉於紅樓之行”,文相儷偶。

頁861:“汝爲帝子王孫,汝是英賢達士,只合貪榮愛樂,御堤馳曜日之車;體俊争能,紫陌是追風之足。”

按:體字蔣抄本作躬,蔣先生釋爲騁,是。又,下句是字疑爲走字之訛,走字古義爲跑。“紫陌走追風之足”與上文“御堤馳曜日之車”文相儷偶,走、馳皆動詞,若作是,則不類矣。

頁 861:“有弱滿輪明月,讓光於星鬬(斗)之前。”

按:蔣校弱作若,是。

頁 861:“其寶蓋者,千珍合就,萬寶鬬成,如一林之花樹忽開,似萬朵之祥蓮似拆(坼)。”

按:“似拆(坼)”似字當爲乍字之訛,“乍坼”與“忽開”相對成文,乍猶忽也。

頁 862:“光彩輝天,瑞氣鎖籠璁之色。”

按:籠當讀爲瓏。“瓏璁”乃古文中習見之形容詞,《敦煌變文集》下册頁 796《醜女緣起》:“釵朵瓏瑽(璁)調一傍”,即其證矣。

頁 862:“裁羅異錦作衣裳。”

按:原校裁作奇,似未妥。竊意裁字仍當讀爲差。裁字從母咍韻,差字初母禡韻,初母爲照系二等字,古讀亦歸精系,故差、裁聲母實相近,有通借之可能。差羅異錦已出現於上文。

頁 862:“没各心中㪷(斟)酌取,儘呈虚幻一場空。”

按:没字於義無取,蔣抄本作汝,是矣。

頁 862:“從此後已悟無常,不樂世間五欲樂。”

按:“後已”當爲“已後”。下文云:“我恨已前煩惱重,四時逐樂不知休。”可以互看。

頁 863:“争行禮歸三界主,不如親近釋迦尊。”

按:上句行字,蔣抄本作似,是矣。争似,不如,相對成文。

頁 864:“錯磨寒玉作枝條,雕啄(琢)琉璃爲蓋頂。”

按:錯當讀爲磋,磋磨即切磋琢磨也。

頁 866:“辯如何,明似鏡。”

按:何當讀爲河。下文(頁 867)“辯似懸河擪不住”,正作河字。借何爲河,變文中習見,已詳上文,兹不贅。

頁 867:“辯似懸河擪不住。”

按:擪字可疑。蔣抄本作偃,疑即堰字。

頁 868:“恐到維摩徵問頻,言乘有辱[如來使]。”

按:蔣校乘作乖,是。

頁 869:“魚睛難鬬驪龍寶,燕石徒誇楚王財。”

按:蔣校王作玉,是。

頁 870:“遂使廣嚴宅地,大展花(華)筵,幡幀桂而爍日光,高僧至而祥雲覆。”

按:桂當爲挂。桂、挂訛混,習見於變文。

頁 870:“聞有無遮之會,遠近皆來,纔沾長者之恩,聲抱忻懽之意。”

按:“聲抱”不辭。蔣校聲作齊,是矣。變文聲字每寫作声,與齊字形似,因而易於混用。

頁 874:“若能如斯施爲,勝將千劫財施。”

按:千當爲十。考此句前後共出現六次“十劫”,知此處不當獨作“千劫”也。

頁 874:“如此行擅施,諸人不易爲。”

按:擅當爲檀,“檀施”爲佛典習用語。檀訛爲擅,亦見之於《敦煌變文集》。(該書下册頁 507“時時掃灑擅香水”,擅應爲檀。)

頁 877:“滴土便能滋稼穡,人飡㪷覺長光輝。”

按:㪷同陡。陡、便對文。㪷(斗)同陡,變文習見。

頁 879:“毛分五彩雲遐(霞)翠,日鬬雙珠日月光。”

按:下句日字,顯爲誤字,蔣抄本作目,是矣。

(原載《文獻》第 21 輯,後收入《郭在貽語言文學論稿》)

《敦煌變文集新書》校議

《敦煌變文集》[①]問世以來，先後有許多著名學者如徐震堮、蔣禮鴻、潘重規、項楚等對該書進行考訂，成就卓著。這裏將要討論的《敦煌變文集新書》[②]，集中反映了潘重規先生的校説。潘氏學風樸實，態度嚴謹，其《新書》保留原編全部校記，重新校對原卷（《李陵變文》等未見除外），增補了不少校記。這些校記包括異文的輯録、衍脱誤倒的糾正、原卷情況的説明等，具有很高的參考價值。但由於敦煌卷子的複雜性，雖是同樣的核對原卷（或膠卷、照片），各家看法并不完全一致，漏校、誤校自亦難免。揚榷言之，潘校尚存在這幾方面的缺失：1. 異文漏輯。如《捉季布傳文》有十個寫本，異文甚夥，潘校多有遺漏。2. 漏校。如《伍子胥變文》"拭淚沾衣，心懷鬱燠"，"燠"原卷實寫"怏"之俗字"炴"，《變文集》誤録，潘氏失校。3. 誤録。如同上篇"水猫遊猚（獺）戲争奔"，"獺"字《變文集》誤録爲"撻"，潘氏則謂原卷作"健"，形成新的誤録。4. 誤校。如《王昭君變文》"害非單布"，"害"爲"宍（肉）"之訛，潘氏誤校爲"蓋"。5. 未能充分吸收各家校勘成果。潘書吸收了《敦煌變文字義通釋》[③]的一些校説，但遺漏者尚多（如"害非單布"條已有説，且確鑿無疑，潘書失檢）。至於徐震堮先生之《〈敦煌變文集〉校記補正》及《再補》，[④]刊於《華東師大學報》1958年1、2期，早於潘書26年，潘氏竟一字未及（唯列目録），似未睹原文者。

由以上分析可知，潘書雖成就卓著，但仍屬一家之説，未爲集大成之作。因此，對《變文集》及潘校重新作全面、細致的校訂，吸收各家成果,整理出一個反映最新成就的匯校本,仍很有必要。

潘書所存在的問題不可能在這樣一篇小文章中全面加以討論,本文只擬就潘書提出的一些新校新説進行商榷,其漏録、漏校部分則概不闌入。凡引潘書,皆以"潘校"標明之;拙見則標一"按"字。文中每條首標潘書頁碼行數,以便讀者索檢原文。

《温室經講唱押座文》

18.8　能者虔恭合掌著,經題名字唱將來。

潘校:甲卷"經題名字"作"清凉商調"

按:甲卷指伯 3210 號,《敦煌變文集》卷五《佛説阿彌陀經講經文》(伯 2122 號爲原卷)亦以此卷爲甲卷用以比勘(按内容,此卷應是《佛説阿彌陀經講經文押座文》,詳見拙作《"押座文"八種補校》,潘説亦同)。潘書在《佛説阿彌陀經講經文》"清凉商調唱將來"句下出校記云:甲卷"凉"作"冷"。按:"冷"字與甲卷寫本合,潘氏於此篇校記謂甲卷作"凉",誤。又"商"字甲卷及伯 2122《佛説阿彌陀經講經文》並似作"高"字。"高調"指高雅之調。如駱賓王《和道士閨情詩啓》:"府屈高調,聊同下里。"潘書録作"商",蓋承《敦煌變文集》之誤。

《雙恩記》

69.13　少婦車前乇(屯)然縷,老烏犁過旋銜蟲。

潘校"乇"爲"屯",又出校記云:"然"字似誤,或當作"絲"字。

按:潘校非。"乇"字原卷如此,即"屯"字俗書"乇"之小變,在文中則又是"長"字形近之誤。⑤潘書《佛説阿彌陀經講經文》(斯 6551):"無有女人,紬是男子。""紬"字潘書引啓功校作"總",未確。蔣禮鴻先生謂其字乃"純"的俗誤,極是。又《目連變文》:"共校幽徑没灾迍。”末字潘校作“迍”（蔣禮鴻先生即已發之），是；《變文集》則誤録爲“退”字，並可資比勘。“然”則是“撚”的省旁字，“撚縷”，用手指搓綫。舊時農村婦女用紡車製紗綫，其法用左手指捻搓棉花成細條，右手摇紡車把這細條摇緊製成綫圈，以備織布之用。文中所指即此。

《金剛般若波羅蜜經講經文》

114.11　世界非常可農寬，容納塵埃有甚難。

潘校：原卷作“農”，疑“叓”（此卷“受”作“叓”）之誤。

按：此字原卷始作“晨”，後又在原字上改作“畏”，即“畏”字俗書。《敦煌變文集》誤録其字作“晨”，蔣禮鴻先生謂“晨”爲“畏”之誤，“可畏”乃甚辭，其説至確。若依潘校作“可受寬”，則文義暗昧。

《妙法蓮華經講經文》

206.8　不可摩佛言供養最爲多，是事精强更不過。

《敦煌變文集》校記：“不可摩”三字原有，不知何意。

潘校：蓋應上“這個名爲多否”之辭。“摩”猶“麽”，言不可名多也。

按：本篇抄手常常在正文天頭寫正字來改正句中的錯字。如上文：“白角箄中安錦褥，象牙床上布紅茵。”該聯天頭有一“簟”字，即指文中的“箄”當改作“簟”（“箄”係鋪墊甑底的竹席，與文意不合）。例多不備舉。《敦煌變文集》及潘書不諳其例，皆照録誤字而不能改正。上例亦正如是，據文意，下句的“更不過”當改作“不可摩”，讀爲“不砢磨”，義爲“不馬虎”、“精明”，説詳《通釋》“砢磨”條。

206.13　斷地前之煩惱，證十地之真如。

《敦煌變文集》校記："地"，疑應作"九"字。

潘校：疑"地"上脱"九"字。

按：佛教稱菩薩修行漸近於佛的十種境界爲十地，而十地以前的凡夫菩薩則稱地前。斷地前之煩惱，方得證十地之真如。原文辭偶意明，似無誤脱。

《維摩詰經講經文》(斯 4571)

218.14　今如經首放安如是之者，一爲結集之詞，二要勸人生信。

"放安"，《敦煌變文集》原作"㕸安"，校作"得置"。

潘校：原卷作"攻安"，疑是"放安"。

按：潘校"安"字是。"放"字原卷實作"以"，當是"得"字草書。又前一"如"字原卷實作"於"，《變文集》誤録作"如"，潘書承誤。

222.12　種種不净物，充滿於身[内]。

潘校：原卷作"於身"脱"内"字，《變文集》校記云："原句只三字，'哲'字未詳。"

按：今覆核原卷，本實作"於八口"三字，因抄手寫得過攏，《變文集》遂誤録爲"哲"字。潘校謂原卷作"於身"二字，蓋未確。"八口"當爲"九口"之誤。上文云："外相不净，九孔常流。"佛教稱耳、眼、鼻(各二孔)、口及大小便道爲九孔，常流膿血不净之物。"九口"當即指"九孔"。

226.7　聽受身心法法中，未曾妄失於片句。

潘校："法法"不誤，《變文集》校改爲"諸法"，非。

按："諸法"臆改無據，固不足信。然"法法"不辭，恐亦未安。

考原卷“法法”本作“法ㄟ”，當是“法會”之省書。何以明之？蓋因敦煌寫本中凡習語多用省書之法，如“煩惱”之書作“煩ㄋ”（《金剛般若波羅蜜經講經文》），“如來”之作“如ㄅ”（《長興四年中興殿應聖節講經文》），皆是也。這裏的“法ㄟ”亦正其比。上文云：“往日皆於法會中，親曾聽受如來處。”接着一段也是陳述法會受法之事。故此“法會”省書作“法ㄟ”，抄手意本明顯。而録者不諳寫本體例，録作“法法”，斯爲不辭矣。

230.1　更有阿修羅等，調颾玲玲之琵琶，緊那羅王，敲駮犖犖之羯鼓。

潘校：《龍龕手鑑》：“颾，音瑟，颼颾，風聲。”又：“颫，凋、佃二音。”調颾當即颫颾。

按：潘校“颾”字近是，其字實即“瑟”的俗字。[⑥]“瑟”音可狀風聲，俗因加風旁以會意。文中則是指琵琶之聲。下文有“奏瑟瑟之清音”之句，以“瑟瑟”像音樂之聲，可資參證。潘校又謂“調颾”即“颫颾”，則甚誤。“調”指撥動，和末句的“敲”對偶，並爲句中動詞謂語，而“颾玲玲”與“駮犖犖”儷偶，乃是“琵琶”的定語，可知“調”“颾”二字不當連讀。

243.15　修羅展臂楨雙眼，龍神降腮怒兩眉。

潘校：“降”疑當作“隆”。

按：“降”當讀作“胮”，蔣禮鴻先生《敦煌變文字義通釋》“胮”條詳有考論，其説確固不可移易，潘説未確。

249.4—5　天龍及夜叉之輩，想金容而翹注不移；修羅與羅刹之清，瞻玉毫而志心慕戀。

潘校：敦煌寫本“妻”往往作“清”，伯2809“孟姜女，杞梁清”，“入清房”，伯3319、伯3911，“清”作“妻”。《老學盦筆記》：“四方之音有訛者，則一韻盡訛。如……秦人訛青者，則謂青爲萋，謂經爲稽。”……“修羅與羅刹之清”疑即“修羅與羅刹之妻”。

按：潘氏考論敦煌寫本“妻”“清”通用，自無疑義。但上例的

“清”却非“妻”的借字。考原卷其字本作“[illegible]”，實爲“徒”字草書。敦煌寫本中“徒”字多作“[illegible]”形，其形小變則爲“[illegible]”。其形與“清”字草書近，《敦煌變文集》因誤録作“清”，而潘氏承其誤。

254.13　願借光陰與引道，全憑巨力作梯棋。

潘校：原卷“梯”字，《變文集》作“[illegible]”。

按：原録失真，潘録亦未確。原卷其字實作“[illegible]”，應即“梯”字俗書（同頁“弟兄五百般勤請”，“弟”字原卷與上字右半形近，可資比勘）。又“棋”當作“媒”，蓋爲“媒”字涉上“梯”字而類化作“棋”也。[7]潘書失校。

《維摩詰經講經文》（斯3872）

278.10　佛國土，事不遠，汝爲迷莫可見。

潘校：“迷”下疑脱“心”字。

按：本篇屢見“迷意”之語（如280、282、283頁），則所脱或是“意”字。

279.1　莫更恨他日月闇，自緣紉（幼）目不曾開。

潘校：“幼目”當爲“眇目”。

按：“幼”“眇”形音皆殊，潘説恐誤。據字形並推以文意，“幼”當作“幻”。敦煌寫本中“幻”字常與“幼”字相亂，如潘書224頁之“幼質”、223頁之“幼身”、383頁之“幼胎”，潘氏並校“幼”作“幻”是也。“幻質”、“幻身”、“幻胎”、“幻目”之“幻”字義皆同，都是佛教對人身的一種看法。《圓覺經略疏》卷上云：“幻者，謂世有幻法，依草木等幻作人畜，宛似往來動作之相，須臾法謝，還成草木。”是爲“幻”字之義。

286.6　常孝順，毋（貫）忠貞，必遂高零（齡）得顯榮。

潘校“毋”字云：原卷“毋”字，似即“貫”字，《變文集》作“母”。又潘書承《變文集》校“零”爲“齡”。

按："毋"字徐震堮先生校作"每"，於義較勝。又校"零"爲"齡"，疑亦未確。"零"字原卷作"要"，恐爲"遷"字省誤。"高遷"方得與"顯榮"相應。上文："忠既行，孝既顯，必見官高名位顯。"（同頁）説的也是同一意思。

286.15　宫人妓女，無不依屬，内監嬪妃，皆令官處治。

潘校：此"官"指内官，《變文集》校改爲"宫"，非。

按：原校固非，潘校亦未爲得。考原卷"處"字旁注於"官"字右側，實指"官"爲"處"字誤書，應删去之。旁記正字改正文中誤字是敦煌寫本中常見的通例，如同頁："云内官者，是黄門也，亦不名閹官。"潘校引《變文集》校記云："不"字衍文。按原卷"名"字旁注於"不"字右側，實指"不"爲"名"字誤書，應删"不"字徑録"名"字。例多不備舉。"内監嬪妃，皆令處治"與"宫人妓女，無不依屬"文偶意暢，倘贅"官"字，則辭拗而句乖了。

《維摩詰經講經文》（伯 2292）

309.12　富樓那、迦旃延之輩，總因説法遭呵。阿那律、優波離之徒，盡是因逢被辱。

潘校"因逢"云：原卷"自風"旁改"因逢"，《變文集》作"因逢自風"，"自風"二字當删去。

按：《變文集》録作"因逢自風"自屬無謂；潘校改作"因逢"，又説"是"，又説"因"，語句亦嫌拖沓。考原卷"因"（寫作"曰"，即"因"的俗字）字注於"自"字右上側（不很清晰），"逢"字注於"自"字右下側。原文似當校作"盡是逢風被辱"。蓋"逢"字涉上文"總因"之"因"而誤爲"自"（擬書"曰"而形誤爲"自"），抄手發現這一錯誤後旁注一"曰"字，繼又發現"因"字仍誤，乃復改而爲"逢"也。

《維摩詰經講經文》(北京光字94號)

343.3 是時也波旬設計,多排綵女嬪妃,欲惱聖人。剩烈奢華艷質,希奇魔女一萬二千,最異珍珠,千般結果。

潘校:"剩烈",《變文集》校爲"盛裝",似當爲"盛列"。

按:潘校"烈"字是。唯"剩"字本即有多、盛之意,字不煩改。下文"莫不剩(盛)裝美貌","剩"字亦不煩改。又此段話當校讀作:"是時也,波旬設計,多排綵女嬪妃;欲惱聖人,剩列奢華艷質。希奇魔女,一萬二千;最異珍珠。千般結果。"[⑧]潘書斷句有誤。

346.2 須穩審,莫教猜,詐作虔誠禮法臺。

潘校:伯3079卷作"穩",《變文集》從原卷作"隱"。

按:原卷"隱"字不煩改。"穩"字見於《說文新附》,是"隱"的後起俗字(參看《說文·㸒部》"㸒"字段玉裁注)。凡"安穩"、"穩審"字古書多作"隱",敦煌寫本中則"隱"、"穩"並見。

346.3 問誶(訊)莫教生驚覺,殷勤勿遣有遺乖。

潘校:原卷及伯3079均作"誶",當是"訊"字,《變文集》作"誶"。

按:"誶"即"誶"的俗字("卒"字或"卒"旁俗書多作"卆"),"誶""訊"古通用。潘校謂"誶"當是"訊"字,未確。

350.1 莫生憂慮,不清疑積。

潘校:伯3079"不"原作"我",塗改爲"不"。《變文集》從原卷作"我"。規疑"不清疑積",當作"請不疑猜"。

按:"積"當作"猜",徐震堮先生即已發之。又甲卷"我"字右側旁注"不"字(潘氏謂塗改爲"不",未確),即指"我"爲"不"字誤書,當改作"不"。"清"字甲卷本作"請"字(其左旁"言"作簡體"讠",潘氏誤辨爲水旁)。"不請"乃當時俗語,義爲不必。《維摩詰經講經文》(斯3872):"直須認取速行行,不請無端戀意情。"

"不請"義同。説詳項楚先生《變文字義零拾》，載《中華文史論叢》1984年第2輯。潘氏未諳唐代俗語，臆改爲"請不"，誤。下文："白雲嶺上漸生，紅日看將欲没。不情室中久住，速望回歸；莫於此處留心，虚勞氣力。"又云："室中不清更遲疑，上界程遥去是時。""不情""不清"皆當校作"不請"。潘校後例云："不清"疑當作"請不"，其誤同。

354.9　垢染之纖瑕不污，塵濛之小許難沾。

潘校：伯3079"瑕"，《變文集》據原卷作"暇"。

按：原卷實亦作"瑕"字。作"暇"乃《變文集》校者誤録。

《維摩詰經講經文》(羅振玉藏本)

366.13　託佛神力，敢往問疾。

潘校：原卷有"佛"字，《變文集》脱。

按：《變文集》實有"佛"字(據人民文學出版社1957年版本)。又下文："欲申師資之恩，謙讓自己之事。"潘氏於後一個"之"字下云："原卷有'之'字，《變文集》脱。"實則《變文集》本亦有"之"字不脱。凡此蓋皆潘氏誤記也。

《維摩碎金》

382.12　三界主，唱奇哉，這個威儀無可倍。

潘校："倍"，疑當作"偕"。

按：《集韻·隊韻》："倍，加也。""不可倍"即不可加(到了極點)，其義自通，不煩改字。同書《佛説觀彌勒菩薩上生兜率天經講經文》："此時喜悦應難似，這日容儀不可倍。"潘氏承《變文集》校"倍"爲"陪"，實則"倍"字亦不煩校改。

《无常經講經文》

428.14　或經營，或工巧，鬬樣尖新呈妙好。

潘校：原卷“鬬”字作“闘”，《變文集》誤作“聞”。

按：潘校作“鬬”是，但謂原卷作“闘”則未確。原卷其字本作“闘”，即“鬬”的俗字(見《干禄字書》)。

429.15　少年休更騁婁羅，限來也被无常取。

潘校：原卷是“騁”字，《變文集》迻寫作“駇”，校作“騁”。

按：原卷“更”下本作“駇”字，右半塗改不清，該聯天頭有一“騁”字，即指文中的“駇”爲“騁”字之誤，當據以徑改。《變文集》照録誤字自是不妥，潘校謂原卷本是“騁”字亦欠確切。

438.8　看看面皺尚覓强良，由不悟无常抛暗號。

潘校：“强良”即“强梁”。

按：“强良”當作“强梁”，徐校即已發之；徐校又謂“覓”字衍，並未確。今謂“覓强良”當作“覓强”。上文：“劫時光，且覓好，阿誰聽你閑經教。”“覓好”“覓强”構詞方式相同，文義亦近，可資比勘。《孔子項託相問書》：“二人登時却覓勝，誰知項託在先亡。”戊卷(斯5529)“却覓勝”作“各覓强”，“覓勝”“覓强”義同，都是逞强鬬勝的意思。此外變文中又有“索强”、“打强”之語，並與“覓强”義近，可爲旁證。誤作“覓强良”者，蓋原文但作“覓强”，傳抄者不明俗語，以“覓强”爲不詞，遂於“强”後贅一“良(梁)”字，誤矣。

《父母恩重經講經文》(北京河字12號)

482.7　不遂小姑花下去，懶陪伯母趁嬌兒。

潘校：“遂”疑當作“逐”，或通作“隨”。

按：“遂”當作“逐”，《敦煌變文字義通釋》即已發之。“逐”爲相隨之義。《維摩詰經講經文》(斯 3872)："逐緣生，隨業報，魂魄遊遊無去處。"同上又一篇(北京光字 94 號)："五欲業山隨日滅，耽迷障岳逐時摧。"又一篇(羅振玉藏本)："威儀一隊相隨逐，銜敕毗耶問净名。"又《妙法蓮華經講經文》(伯 2305)："將身隨逐仙人，更往山中修道。"前二例"逐""隨"對文同義，後二例"隨逐"連文同義。潘校又謂"遂"或通作"隨"，蓋誤。

《大目乾連冥間救母變文》

701.14　手中放却三慢(楞)棒，臂上遥抛六舌叉。

潘校：甲卷"慢"作"槾"，當是"楞"字。

按：原卷實亦作"槾"字，作"慢"乃校録者誤辨。"槾"即"槾"的俗字，"曼"字或"曼"旁俗書作"曼"，敦煌寫本中屢見。慧琳《一切經音義》卷三《大般若波羅蜜多經音義》"傲慢"條下云："曼字從又，俗從万，訛也。"在上例"槾"或係"楞"字誤書，然非即"楞"字也。

707.7　何時出離波吒苦，豈敢承聖重作人。

潘校："聖"，疑"望"之誤。

按："聖"當作"望"，徐震堮先生已發之。又己卷即作"承望"不誤，潘氏失檢。

714.15　汝母轉餓身之鬼，向王舍城中作黑狗身去。

潘校："餓身之鬼"，疑當作"餓鬼之身"。

按：原卷及甲、庚、辛各卷皆作"餓鬼之身"(上文僅見於此四卷)，《變文集》誤録作"餓身之鬼"。

《地獄變文》

742.7　怨死屍在生日，於父母處不孝，宗親處無情，兄弟姊妹處無義。

潘校：(上文)原卷作“怨死屍在生日，於父母受不孝，中親處無情，兄弟致詞向姊妹處死義”。擬删訂如上。

按：原卷“受”當作“處”，“中親”當作“宗親”，後一“死”當作“無”，蔣禮鴻、徐震堮先生已發之。又“兄弟”後原卷本有“致詞”二字，潘氏徑予删汰，不知根據何在？實則“致詞”即“置詞”，後當用逗號。同書《不知名變文》：“娘子今日何置言？貧富多生惡業牽。”其中的“置言”蔣禮鴻先生釋爲埋怨，“置詞”殆猶“置言”也。“向姊妹處無義”，“向”是“於”的意思。敦煌變文中“向”字多可解作“於”，如同書《父母恩重經講經文》：“皆因不孝於慈父，盡爲辜僥向母親。”“向”“於”對舉，“向”亦猶“於”。例多不贅舉。

《伍子胥變文》

832.11　卿父今被嚴刑，囚繫□於穽(下缺)。

潘校：“於穽”二字《變文集》作缺文。

按：“穽”字原卷實作“窐”，即“牢”之俗字。“牢”之俗字上從“穴”，見《龍龕手鏡》；下半“牛”寫似“干”者，蓋爲省略一撇，復以横—竪—横爲筆序也。

832.14　逆委事由，書當多僞。

潘校：乙卷作“僞”，《變文集》作“爲”。

按：此段文字僅存乙卷，故乙卷即底卷。核乙卷“爲”字原文如此，《變文集》照録原文而校作“僞”，不誤。

834.2　所由寬縱，解任科徵。

潘校：原卷“徵”字，《變文集》作“徽”，誤。

按：原卷(實爲丙卷，此處其它卷皆殘)“徵”實作“㣲”，即“微”之常用俗字，因與“徵”形近而混寫，潘録非原形。

834.9　窮洲旅際絶舩(舟)舩。

潘校：原卷作“㨨”，蓋“旅”字，《龍龕手鑑新編》頁六十七：“㨨，與旅字同。”《變文集》作“棵”，非。

按：“旅”字原形實作“㩗”，亦俗字，同篇“旅客惸惸實可念”句“旅”字原形即作“㩗”，與此略同；《蘇武李陵執别詞》“鴻鳴逐榱”句，末字原卷實作“㩗”，與此亦爲同字。潘氏因欲引據《龍龕手鏡》，遂乃抑此就彼，改换原形。

835.12　乞爲指南，不敢忘（望）食！

潘校：原卷“不敢”二字點去，旁改“余亦”。

按：潘校誤。原卷（實爲丙卷）“不敢”二字清晰，絶無點去之迹。原潘氏之意，似當爲“‘不敢’二字旁改爲‘余亦’”。然所謂“旁改”者亦非事實，蓋原文實乃“不敢”二字正右寫“途𡿨”，蓋爲補字之例也。敦煌寫卷中通常改字寫正右側，補字寫右上側（表示楔入某二字之間），但此例當補二字，難以按常例寫，尤其上文“指南”右側亦有補字，阻礙其下補文上移。因此，本例非改字之例。倘删去“不敢”二字，則文句不可通，故潘氏亦未删。又按“不敢”右側二字當爲“途亦”，“途”字“辶”旁不連貫，加之“途”字費解，故潘氏即使發覺亦不致照録。今細審録原文，“指南”二字右側中間有淡墨（抑或朱砂？）補“似”字，潘氏未注意。此“似”字爲“給予”義，故原句實應録作“乞爲指似南途，亦不敢忘（望）食”，文從字順，不衍不脱。

841.4　遠附雁書將不達，天寒阻隔路遥長。

潘校：丙卷原作“塞”，改“土”爲“⺀”，蓋“寒”字；丁卷亦作“寒”。《變文集》作“塞”。

按：“塞”、“寒”形近多混，當録作“塞”爲是。“天塞”即指天上、地下，與“魚雁”（上句提到“雁書”）傳遞書信相關聯。下文“不慮東西抗天塞，惟愁渴乏渡荒州”句中亦用“天塞”一詞，可證“天塞”不誤。

842.7　水猫游健戲争奔。

潘校:《變文集》"健"作"撻",據丁卷改。

按:潘校誤。"健"字丙卷作"㺚",丁卷作"樺","㺚"即"獺"之俗字,丁卷爲形近誤字。

844.8　戰悼(掉)涌沸騰波。

潘校:"悼"當作"掉",《變文集》改爲"踔"。

按:"悼"字不煩改。《説文》:"悼,懼也。陳、楚之間謂懼曰悼。"

844.9　雪(雲)開霧歇,霞散煙流。

潘校:"雪"當作"雲"。

按:"雪"字丙卷(他卷皆殘)實即作"雲",《變文集》誤録。

847.5　關津忽切,州縣嚴加,勒鋪交横,鎮代相續。

潘校:"鋪"乃圖畫之"鋪",謂懸像通緝。《變文集》校改爲"捕",非。

按:潘校亦未確。此段"忽切"當作"急切","鎮代"當作"鎮戍"(項楚先生校),故"關津"、"州縣"、"勒鋪"、"鎮戍"爲並列關係,"勒鋪"指關卡。

849.1　先賜重賞勳禄,不輕有此。驍列之夫,速來所次陳牒。

潘校:丙卷"次",《變文集》作"咨",非。

按:《變文集》作"咨"者不誤。"咨"丙卷(僅存丙卷)爲旁注補字,較模糊,當據文義定之。潘氏似未知"咨陳"爲唐代俗語詞,故有此改。此段標點有誤,當作"先賜重賞,勳禄不輕。有此驍列(烈)之夫,速來所咨陳。牒。""牒"是公文名,凡此種牒文在最後都有"牒"字,與上内容不涉。"咨陳"即"啓陳"之義,與"咨"之常義作"問"者適反。在變文中,"咨"及與之連用者如"咨啓"、"咨白"、"咨説"、"咨陳"、"咨告"、"咨稟"等均表示向上奏啓之義。"咨"亦有省作"次"者,如《祇園因由記》:"太子具上被誑之由,次補(鋪)金之事。""次"字原卷、甲卷實皆作"次説",即"咨説"。録者不知“咨説”爲俗語詞，故有此誤。“咨”字亦仍有作“問”用的，但由於語境不同，是問是奏，截然不混。

850.3　排批舟船，横軍渡水，所由修造，撲水蓬飛。

潘校：……《變文集》句讀大誤，又誤丙卷“撲”字爲“樸”，遂至意不可通。

按：“撲水”何解？潘氏未釋。今謂“撲水”義不可通，當據下文“狀如蓬飛撲火”句校“水”爲“火”。[9]“蓬飛”喻快速，“撲火”喻緊急，二詞次序可先可後，故知爲並列結構無疑。“水”蓋涉上“渡水”而形誤也。又“渡水”原文作“度水”，《變文集》臆改，潘氏未予指正。

852.2　行至鄭國，四城門罕閉。

潘校：“罕”疑當作“牢”。

按：“罕”字原形實作“窂”，即“牢”之俗字，説詳前文832.11條。

《漢將王陵變》

876.10　此雙后分天下之日。

潘校：據校記，《變文記》作“雙後”，當係誤植。乙卷“後”正作“后”，今據正。

按：甲卷作“向”，乙卷作“後”，《變文集》顛倒甲、乙。潘校謂乙卷正作“后”，不確。

882.6　陵母遂乃喫苦，不禁撲却，槍枷如倒，一手案聲，一手按地。

潘校：丙卷作“身”，點去，旁改作“聲”。

按：“點去”術語不當。丙卷直接於“身”字正右側改爲“聲”，無墨點痕迹。敦煌寫卷改字法有多種，或於誤字右加“卜”號再接寫改正之字，或於誤字上輕畫一圈再接寫改正之字；或不去誤字，或改於卷端,未必皆用墨點。潘校中多用“點去”之術語,未免以偏概全,失之籠統。此例“案”通“按”,“按身”、“按地”相對成文,作“聲”者蓋誤。寫卷中往往有抄本不誤而底本誤之例,此處即抄手據文義先抄爲“案身”,後發覺“身”字底本作“聲”,遂復旁改“聲”字。造成此種怪現象,一因抄者文化水平低,辨不清正誤;一因抄者只顧依樣畫葫蘆,根本不看内容。又此段標點有誤,當作:“陵母遂乃喫苦不禁,撲却槍枷如(而)倒,……”

《李陵變文》

895.13 逢水且須和麨喫,逢冰莫使咽人喉。

潘校:“人”當作“入”,言不可使冰咽入喉中也。此“咽”義如《孟子》“三咽然後耳有聞目有見”之“咽”。

按:潘校未確。此二句蓋謂沙漠水少難得,遇水須和炒麪喫,遇冰則不可性急,使喉爲冰所咽。又本篇韻文部分與《捉季布傳文》皆講平仄,若校“人”爲“入”則不合平仄要求。

904.11 今日黄(皇)天應得知,漢家天子辜陵得。

潘校:“得”通“德”。

按:潘校未確。“得”在此爲語助詞,非名詞。此種“及物動詞+名詞+語助詞”式句法亦頗有用例。如王梵志詩《平生不喫著》:“一日事參差,獨自殺你却。”又《父母生兒身》:“父母生兒身,衣食養兒德。”“德”則當讀爲“得”。

《王昭君變文》

912.11 鄰國者大而小而强自强弱自弱自弱。

潘校:《變文集》校記:“此句應是‘鄰國者,大强而小弱。强自强,弱自弱’之誤。規案:或當作“鄰國者大而强,小而弱,强自弱,弱自弱”。

按：二校義似可通而苦無根據，恐未近真。疑此句“小”及前一“强”字右側誤脱重文號，後面的“自弱”爲衍文。全句似當作“鄰國者大而小(少)，小(少)而强；强自强，弱自弱”。“小”、“少”敦煌寫卷中通用。如此則不傷文理。

913.3 乇下既稱張毳幕，臨時必請建門旗。

潘校：原卷作“建”，《變文集》誤作“定”。

按：潘校未確。原卷“建”字先寫“豎”，後在左上角“臣”上塗改，旁注一字較模糊，似爲“定”字。“定”蓋“掟”之省旁字，“掟”即張挂之意，與上句“張”義同。

920.2　害非單布，酒心重傾。

潘校：“家非單布”當作“蓋非單布”。“心”當作“必”。

按：“家”爲“害”之誤植。“害”字原形作“宮”，與“肉”之古字“宍”形近，故“害”當校作“肉”。“宍”字敦煌寫卷中頻見，實亦俗字也。“害”、“心”之校早見於《敦煌變文字義通釋》。

《張義潮變文》

931.12　今日總須摽(標)賊首。

潘校：敦煌寫本“木”、“扌”偏旁往往不分，“摽”即“標”。標有高舉意，謂當梟賊首高懸也。

按：潘説未確，“摽”字不煩改，改則迂曲。“摽”即《詩經》“摽有梅”之“摽”，落也。下文“銛鍔剖騗墜賊頭”，“墜”亦落也，“墜賊頭”與“摽賊首”義同。

934.8　家蔨菓樹似桊(茶)脂。

潘校：原卷“桊”字，《變文集》作缺文。

按：“桊”即“茶”之常用俗字，當讀爲“搽”。《龍龕手鏡》：“搽：俗，宅加反。”“搽”、“搽”字同。

《張淮深變文》

943.3　陌刀生擁入敦煌。

潘校:缺文作"佰",當是"陌"字。

按:原卷實即作"陌",字亦清晰。

943.10　朕聞嘉嘆,□更勉懷!

潘校:原卷"聞"字,《變文集》作"深"。據缺文殘畫,當是"卿"字。

按:"聞"字原卷似爲"深"字。若録作"聞"則文義欠暢。缺文存字右邊"卩"旁,蓋"卿"字。

945.13　共掃□搶(欃槍)!

潘校:原卷"欃搶",上字泐損。敦煌寫本"扌"、"木"偏旁不分,"搶"即"槍"字。原卷當是"欃槍"。

按:缺文尚存左邊"扌"旁,原字當是"攙"字無疑。《大唐西域記·序一》:"掃攙搶而清天步。""攙搶"或本作"欃槍",或本作"槍欃",或本作"欃鎗",皆同一聯綿詞之異寫,原無定字。

《舜子變》

951.1　姚(堯)王里(理)化之時,日浴千般祥瑞。

潘校:原卷"浴"字,《變文集》認爲"洛",校改作"落"。

按:"洛"、"浴"字形難别,當據語境定之。《變文集》録作"洛",校爲"落"較合文義,"日落"即每日降落,類似例子如《伍子胥變文》:"六龍降瑞。""降瑞"即"落瑞"也。

951.3　願夫莫令邊(鞭)耻。

潘校:漢樂府婦病行:"屬累君兩三孤子,莫我兒飢且寒。有過慎莫笪笞。""鞭笞"猶"笪笞","耻"作"笞"爲長。

按："耻"字不煩改。"耻"與"瑞"、"是"、"治"、"體"等仄聲字爲韻，改爲"笞"則不合韻例（全篇皆仄韻）。《唐律疏議》卷一："笞者，擊也，又訓爲耻。言人有小愆，法須懲誡，故加捶撻以耻之。"據此，作"耻"亦不誤。又倘要校改，則不如校作"楚"，"耻"爲止攝字，"楚"爲遇攝字，唐五代西北方音同。然全篇"耻"字屢見，皆同形，終以不校爲長。

《韓朋賦》

961.2　憶母獨注（住），［故娶］賢妻，成功索（索）女，始年十七，名曰貞夫。

潘校：索，求聘意，索女即娶妻，《變文集》校讀"索"爲"素"，誤。

按：潘校誤。《變文集》録作"素女"極確。"索"乙卷作"索"，皆當讀"素"。敦煌寫本"素"、"索"多混寫不分，即如本篇下文"黑髮素絲"句，"素"字甲卷（斯 2922，《變文集》誤作伯 2922）、丙卷（伯 3873，《變文集》誤作斯 3873）即皆寫作"索"，《變文集》及潘書皆不出校。此"素絲"必不可讀作"索絲"。"素女"是神女名，亦可作一般年輕女子通稱，此處即指韓朋妻貞夫。對"素女"的理解，關鍵還在"成功"二字。對此，潘氏及其他各家皆無説。今閲乙卷，"成功"作"成公"，《變文集》及潘書皆失校。作"成公"是，"功"爲假借字。"成公"非姓成之某公，而是一個複姓。《搜神記》卷一："魏濟北郡從事掾弦超，……夢有神女來從之。自稱天上玉女，東郡人，姓成公，字知瓊。早失父母，天地哀其孤苦，遣令下嫁從夫。"故"成公素女"即姓成公之素女，"素女"與娶妻無關。

963.9　魚鱉有水，不樂高堂。

潘校：《變文集》校記："'有'原作'百'，據丙卷改。"規案："百"疑當作"陌"。

按:“有”字甲卷作“在”,“有”、“百”、“在”三字形近易混。文中“有”字於義未切,“在”字較長。“百”字不可校作“陌”,若要校則當校作“趏”,即“驀”之或體。“驀水”是穿水、渡水之義,此處指魚鱉在水中游行。敦煌曲《破陣子》(斯 1441):“目斷妝樓相憶苦,魚雁百水鱗積(迹)疏,和愁風(封)去書。”“百水”例與此同,亦當讀作“趏(驀)水”。任半塘先生不知“百”爲“趏”之省文,遂臆改“百水”爲“山川”。⑩

964.4　卓齒取血,且作私書。

潘校:《變文集》校記:“‘私’原作‘枱’,據甲卷改,丙卷作‘移’。”規案:原卷作“招”,不作“枱”。“招書”、“移書”皆通。

按:“私”字原卷實作“[illegible]”,當是“移”或“私(私)”,録作“枱”、“招”皆不確。又甲卷作“私”,即“私”之俗字。

965.6　唯有一毛[羽],甚好端正。

潘校:《變文集》校記:“原‘甚’字下有‘相’字,今據甲、丙卷删。”規案:“相好”佛典成語,不當删。

按:原卷“相”字實在“甚”之上,當是“羽”字形誤,屬上讀。潘氏未察,故有佛典之説。

《捉季布傳文》

999.10　有何能德直千金。

潘校:丁卷“千金”作“咨申”。

按:丁卷實作“咨留”,庚卷作“咨昏”;“留”爲形訛,“昏”爲“昏”之俗字。“咨昏”通“資緡”。

999.14　會交伴戀入庠門。

潘校:會交伴戀入庠門,言將令娶婦入學也。《太子成道經》:“但遣取一伴戀之人,必合解憂。何者爲伴戀之人?取一新婦,便是伴戀之人。”是伴戀有娶婦意。

按：潘説誤。“伴戀”義爲“陪伴”，非娶婦之意。《太子成道經》蓋謂爲太子娶一媳婦相陪伴，否則“伴戀之人”當作“娶婦之人”，大乖文義。又有“伴涉”、“伴换”、“陪涉”等詞，亦皆陪伴義。“會交伴戀入庠門”，丁、庚卷作“曾交(《變文集》誤作“文”)伴氏入公門”，故“會”乃“曾”之形訛。此蓋謂曾教典倉陪我進入庠門或公門，與娶妻無關。

1000.2　典倉牒紙而吮筆。

潘校：《變文集》校記：“‘吮’字，原卷，戊、辛兩卷並作‘捐’，丁卷作‘允’，以意改‘吮’。”規按：非“捐”字，乃“指”字，似“捐”。

按：“吮”字原、戊、辛三卷實皆作“掮”，即“捐”字，潘氏謂爲“指”，不確。此“捐”字當作“損”字(二字多不分)，“損”爲“吮”之同音借字。倘作“指”則義不可通。

《廬山遠公話》

1047.9　閃電百般，雷鳴千種。

潘校：原卷“種”，《變文集》作“鐘”。

按：原卷實作“鍾”，爲“種”之偏旁替代字。

1047.11　更有名花嫩菓，生於覺悟之旁。

潘校：“菓”當作“蕚”。

按：潘校誤。“菓”中間爲“品”，潘氏校記引除去一“口”，非原文。此字實即“蘂”之俗字，中間“心”又有作“厶”、“止”者，“厶”爲“口”之簡，“止”爲“心”之變。斯6032王梵志詩：“出家多種果，花蘂競來新。”此亦“花蘂”也。或校録爲“花葉”，誤。又“覺悟”當作“覺路”，“悟”蓋形誤字。

1052.5　道安遂寫逺(表)奏上晋文皇帝。

潘校：原卷“逺”，即“表”字，《變文集》誤作“遠”。

按：“逺”即“遠”之常用俗字，此處爲“表”之增旁字。篇中“遠公”皆寫“逺公”。

1052.8　臣奉敕旨，於福光寺内開講。切(竊)唯前敕令交納絹一匹。

潘校：“切”蓋通用作“竊”，《變文集》誤改作“筵”，屬上句，皆非。

按：原卷“開”下有“啓”字，“開啓講”欠暢，故《變文集》校“切”爲“筵”(切與延形稍近，延通筵)者是。又“唯前敕令交(教)納絹一匹”句，若前綴“竊”字則文義不同，未妥。潘氏蓋不察“開”下有一“啓”字，故有此校。

1054.5　行步牛王，手垂過膝，東西舉步而行。

潘校：原卷“牛”字，《變文集》誤作“中”。

按：《變文集》不誤。原卷實寫作“中”字手書，非“牛”字。不然，“行步牛王”何解？此處描寫遠公，如“身長七尺，白銀相光，額廣眉高，面如滿月”等，皆是佛相，故“行步中王”實乃暗用釋迦牟尼降生之典。《太子成道經》：“是時夫人誕生太子已了，無人扶接。其此太子東西南北，各行七步，蓮花捧足。一手指天，一手指地，口云天上天下，唯我獨尊。”佛徒稱釋迦爲“法王”，故阿斯陀相太子曰：“必作無上大法王。”“行步中王”蓋謂行步合於大法王之儀態也。

《韓擒虎話本》

1082.15　蹄觥小水，争福大海滄波。

潘校：原卷作“祊”，《變文集》作“福”，疑當爲“禍”字。

按：潘校恐未得。“福”字原卷實作“祁”，當校作“知”。蓋“知”字俗書多作“㚗”，亦作“㚗”，左邊與“礻”相近，右邊即爲“口”。俗字相近偏旁多可互替，如王梵志詩原序(斯 778)“頑愚暗惷悉賢良”，“頑”字左邊即寫作“礻”，與“元”相混。由於“知”字多作俗體,故多有誤讀者。如張錫厚先生《王梵志詩校輯》[11] 028 首:“賣者好思量,爲他受枷棒。”校謂:“賣者,原作‘動者’,乙二本作‘買者’,據文義改。”今核原卷,所謂“動”字實作“劝”,并非“動”,乃“知”字。張氏蓋誤讀爲“動”之簡體矣,其實敦煌寫本中絶無簡體“动”字。至於乙二本之“買”,不過是“智”字之訛而已。又 058 首:“智者天上去,愚者入深坑。”“智”字原卷寫作“劝”,斯 5641 即作“知”,可證即“知”字。“蹄觥小水,争知大海滄波?”此與《莊子·逍遥遊》“朝菌不知晦朔,蟪蛄不知春秋”有異曲同工之妙。

1085.4 李(裏)有砶勾搭索,不得打著。

潘校:原卷“碙”,疑當是“碙”,與“鋼”通。《變文集》誤作“砶”。

按:潘説未確。“碙”即“硇”之俗字,即中藥“硇砂”之“硇”(此藥爲礦物,唐代始用)。《集韻》:“撓、掆,抓也。或從囟。”可知“碙”、“撓”二字俗字右半聲符相同,爲同音字,僅互易偏旁而已。“撓勾搭索”一詞《水滸傳》中習見。

《葉净能詩》

1103.9 怱要拔地移山。

潘校:蔣禮鴻云:“怱”,“忽”之誤。

按:“怱”即“忽”之俗字,非誤字。篇内“怱”字皆同,惟《變文集》未照録耳。

1103.9 净能便於會嵇内令人鬼神驅馳魅。

潘校:“人鬼神驅馳魅”疑當作“人神鬼魅驅馳”。

按:當作“神人鬼魅驅馳”,“神人”篇内頻見,如下文:“净能遂取筆書一道黑符,吹向空中,化爲着黑衣神人,疾速如雲”。

1104.3 再崇道教。

潘校:"爯",《變文集》校改爲"稱"。

按:"爯"即"再"之常用俗字。

1105.2　伏惟使者照其咨説,即劣(爲)恩幸。

潘校:《變文集》校記:"'劣'當作'爲',用曾校。"規案:"劣",略、少之意,不改亦可通。

按:潘説及原校皆誤,"劣"當校作"當"。《廬山遠公話》:"上人若垂大造,立儀將來,不棄蒭蕘,即當恩幸。""即當恩幸"與此同。蓋"當"字草書或作"𫩏"、"𫩏",與"劣"形近易混也。下文"但劣赴任,將絹以充前程"及各條"劣時"中之"劣"皆當作"當"字,《變文集》及潘書皆未能了達此義。又"照其咨説"句,"照"下原卷有"知"字,《變文集》脱,潘氏未察;"其"《變文集》作"爲",合於原卷,潘書誤印。

1115.6　亦能苻(扶)朕月宫觀看。

潘校:敦煌寫本竹、艹偏旁不分,"苻"似當作"符"。此言净能以符術使明皇至月宫觀看。《變文集》校改"苻"爲"扶"。

按:潘校未得。"苻"爲"符"之俗字,然此處乃"將"之形誤字,前文"臣願將陛下往至月宫遊玩可否"用"將"字可證。此條蔣禮鴻先生早已有校,潘氏失檢。

1115.6　干戈倫矣。

潘校:"倫"似誤字,或當作"掄"。

按:"倫"爲"俻"之形誤,即"備"字。

《孔子項託相問書》

1120.　共汝博戲如何?

潘校:辛卷"汝"作"兒"。

按:辛卷實作"以",甲卷作"如","如"乃"汝"之音借字。

1120.12　婦坐使故,初來花下也。

潘校："初來花下"，丙卷作"是物來化下"。

按：丙卷實作"初"字，潘氏蓋誤讀爲"物"。又"下"字辛卷作"夏"，同音借字。"初來花下"四字向來無人解得，張鴻勳先生《敦煌講唱文學作品選注》[12]釋"花下"爲"結婚"，誤。今謂"初來花下"乃俗文學作品之暗用佛典也。《太子成道經》變文："不經旬日之間，便即夫人有孕。雖然懷孕十月，却乃愁憂。遂奏大王，如何計教，得免其憂。大王便語夫人，後園之内，有一靈樹，號曰無憂。遂遣夫人令往觀看，得免其憂。……喜樂之次，腹中不安，欲似臨産。乃遣姨母波闍波提抱腰，夫人手攀樹枝，綵女將金盤承接太子。……"類似的釋迦牟尼降生故事，到處可見，其中"靈樹"即花樹，故篇内又有"無憂花色最宜觀"之句。所謂"初來花下"即用浄飯王之夫人臨産來到無憂花樹下之典，故其爲"生小孩"之義甚明。又"婦坐使姑"，"婦"是新婦，"姑"是婆婆。媳婦使喚婆婆，只有在生小孩時纔是可能，因此説"婦坐使姑，初來花下也"。

《燕子賦》

1143.2　卜勝而處，遂託弘梁。

潘校：乙卷"弘"作"洪"，甲卷"弘"作"紅"。

按："弘"、"洪"、"紅"皆爲"虹"之同音借字。《長興四年中興殿應聖節講經文》："玉泉山上寺重新，荷雨施功滿國聞；曉日虹梁光已合，青煙鴛瓦色寧分。"《全唐詩外編》第200頁《謁華嶽廟》："虹梁無燕雀，玉座鎮虺蜴。"例多不備舉。"虹梁"蓋謂其梁如虹也。

1143.2　上攀樑使，藉草爲床。

潘校：乙卷"樑使"作"京事"。

按："樑"即"梁"之增旁字，"京"爲"涼"之省誤，通"梁"。又"藉"、"籍"二字通用，乙卷即作"籍"。下文"阿你浦逃落藉"，潘校謂“藉”當作“籍”,其實乙卷正寫作“籍”。

1145.2　朝逢鷹奪,暮逢鵽(鴟)笇。

潘校:《變文集》校記:“‘奪’原作‘集’,乙卷作‘準’,據甲卷改。”規案:“集”、“準”,似皆“隼”之誤字。又云:甲卷“鵽”作“鴟”,“笇”作“筭”。案,《龍龕手鑑》,“鴟”與“鴟”通。

按:“奪”字與“筭”字相對,爲一動詞甚明,當非“隼”之誤字。“鴟”即“鴟”之俗字,非通假字。原潘氏誤説之由,蓋爲誤讀《龍龕手鏡》也。《龍龕手鏡》:“……鴟,通;鴟,正。”其中“正”即正字,“通”即通字、相承用字,俗、通、正爲俗字書中普遍使用之術語,决非表示該字爲通假字。此種“相承用”之“通字”一般由六朝沿用下來,其中有的後來變成正字,有的則仍是俗字,而且仍是俗字者居多。

1146.2　雀兒美語咀嘅。

潘校:“咀嘅”,乙卷作“相趄”,戊卷作“趄且”。

按:原、甲卷皆作“咀嘅”,乙、戊卷皆作“趄且”,潘校不確。觀下句“官不容針”,潘校“官上,乙卷有‘且’字”,乃知潘氏誤增“相”而斷“且”字屬下句。

1146.3　叩頭與脱,到晚衙不相苦。死相邀勒,送飯人來定有叙。

潘校:(前一)“相”,甲、乙卷作“須”。

按:“到”上甲卷有“放”字(乙、戊卷作“幸”)。上段應標點爲“叩頭與脱,放到晚衙。不須苦死相邀勒,送飯人來定有叙”。

1146.7　鳳凰命我責問。

潘校:乙卷“命我”作“令遣”。

按:甲、戊二卷亦作“令遣”。潘書於“命我”下失標注脚,致使以下條目皆前後不合(此條當標⑩⑧,而⑩⑧當改爲⑩⑨,以下類推)。

1147.12　你甚頑嚚(嚚)。

潘校:甲卷“嚚”作“愚”,《舜子變》“母即頑遇”,“頑遇”即“頑愚”，作“頑愚”是。《變文集》改“嚚”爲“嚚”。

按：戊卷作“嚚”，《變文集》失校，潘氏亦未察。“頑愚”、“頑嚚”義同，潘説未確。《尚書·堯典》：“父頑母嚚。”《左傳·文公十八年》：“頑嚚不友，是與比周。”皆其例。

1161.5　還來歸舊室，冬自本窠依。

潘校：原卷“冬”，《變文集》作“各”。

按：“冬”、“各”二字寫本混用，以意定之可也。上文云：“二月來投叢，八月却歸山。”則知燕子八月以後至來春二月在山中過冬，故“冬自本窠依”不合文義，“冬”宜録作“各”。“各自本窠依”謂各歸各窠，互不相亂。

1162.8　頭似獨舂鳥，身如七䄍形。緣身豆汁染，脚手似針釘。恒常事皂大，徑欲漫胡瓶。

潘校：原卷“七”，《變文集》作“大”。原卷“皂”，《變文集》作“臭”。

按：“䄍”即“袷”之俗字，或校作酒榼之“榼”，誤。敦煌俗字“衤”皆作“礻”，鮮有例外。《龍龕手鏡》：“袷，正；䄍，今：苦盍反，～襠，前後兩當衣也。”其中“正”即正字，“今”即當時流行之字（實即俗字）。“七”字費解，疑通“漆”。蓋“七”同“柒”，“柒”字在敦煌寫卷中多有用作“漆”。《下女夫詞》中的《脱衣詩》：“衫子背後雙鳳凰，䄍襠兩袖雙鵶鳥。”鵶鳥黑色，可證“七袷”即“漆袷”。

1164.10　不能攀古得（德），二人並鳥身。

潘校：敦煌寫本“德”、“得”不分，“古德”猶言“古賢”。不能攀古德，謂不能追踪古賢也。

按：“得”爲語助詞，非“德”之通假。説詳904.11條校。

《孝子傳》

1261.9　薛（薛）苞，字孟常。

潘校:《變文集》"薛"作"薩",據原卷改。

按:原卷其字本作"薩",應爲"薩"的俗字(伯 2999《太子成道經》"薩埵王子",前一字亦是"薩"字),文中則應校作"薛"。"薛"字俗書作"薛"(敦煌寫本中屢見,不贅舉),與"薩"的俗字形近;又"薛""薩"音亦近,"菩薩"古譯作"菩薛"。《等不等觀雜録》卷一云:"菩薩之薩字,《説文》無之,今有人改作薩,謂是'薛'字之假借也。"潘氏謂原卷作"薛",恐爲臆改。

1265.10　乃至阿娘亡殁後,能令鳥獸助倍墳。

潘校:"倍"通作"陪"。

按:"倍"宜校作"培"。上文有"助讓培墳"之語,字正作"培"。

①王重民等六位學者合編,人民文學出版社 1957 年版。臺灣有翻印本。

②臺灣"中國文化大學"中文研究所 1984 年印行。

③上海古籍出版社 1981 年版。以下引蔣校概見於此書,不再一一注明。

④以下凡引徐校者概見於此二文。

⑤《敦煌變文論文録》(上海古籍出版社 1982 年版)所附白化文等先生校録《佛報恩經講經文》校"乇"爲"長"不誤。

⑥"颾"别指風凉貌,當另是一字。

⑦《變文集》"槺楳"當作"梯媒",已見於徐校。

⑧參用項楚、蔣禮鴻先生校。項説見《變文字義零拾》,載《中華文史論叢》1984 年第 2 輯。

⑨項楚先生校"模水"爲"驀水",義爲渡水,亦較潘説爲長。

⑩見《敦煌歌辭總編》,上海古籍出版社 1987 年版。

⑪中華書局 1983 年版。

⑫甘肅人民出版社 1987 年版。

(本篇與黄征、張涌泉合寫,原載《文獻》1989 年第 2 期,後收入《郭在貽敦煌學論集》)

《伍子胥變文》補校

此篇爲王重民先生校録。校記曰:"凡四卷,均無題。題名依故事内容補。原編號如下:甲卷　伯 3213　存故事開端處。乙卷　斯 6331　僅存十二行,且有六斷行。據王慶菽校録本。丙卷　斯 328　存故事的主要部分。丁卷　伯 2794　存兩節,皆在丙卷所存部分内。但文句稍有異同,兹將其重要者入校記。"按:丙卷斯 328 背面有"徼 列國傳"字樣,"徼"并非文字,而是記數符號,這在許多卷子背面的題名上都有,如斯 1258 背面題:"[illegible]維摩詰經卷下"。其他如斯 1257、斯 1246、斯 1279 等卷背面皆有同様情况。向達謂"列國傳"爲後人所加。

1.2　南有楚國平王,安仁治化者也。

項楚校"仁"通"人",極是。同篇 27 頁有"安化治人"語可相參證,"安仁"、"治人"字通義同。"化"爲名詞,義爲"風俗"。《漢書・叙傳下》:"逼上並下,荒殖其貨,侯服玉食,敗俗傷化。""化"與"俗"互文見義。

1.2　王乃朝庭萬國,神威遠振,統領諸邦。

"朝"常作使動詞,義爲"使……來朝",此例"朝庭"是"朝"的雙音化。

1.3　開山川而地軸,調律吕以辯陰陽。

徐震堮校:"'地軸'上疑脱一字。"徐疑是,脱字當是"迴"。《唐律疏義》長孫無忌《進律疏表》:"遂使五樓之群,争迴地軸;十角之旅,競入天田。"又《全唐詩外編》66 頁褚遂良《春日侍宴望海應詔》:"從軍渡蓬海,萬里正蒼蒼。縈波迴地軸,激浪上天潢。""迴地軸"就是"轉地軸";"縈波迴地軸"例用其本義(誇張的説法),"争迴地軸"例及"開山川而迴地軸"例皆用其比喻義,指恢拓疆土。又"調律吕以辯陰陽"句中"辯"字爲"變"的同音借字。《莊子・逍遥遊》:"若夫乘天地之正,而御六氣之辯,以遊無窮者,彼且惡乎待哉?""六氣"爲陰、陽、風、雨、晦、明;"辯"與"正"相對,必得讀爲"變",此"御六氣之變"與"調律吕以辯(變)陰陽"義近。又《漢書・武帝紀》:"朕聞天地不變,不成施化;陰陽不變,物不暢茂。《易》曰'通其變,使民不倦'。《詩》云'九變復貫,知言之選'。朕嘉唐虞而樂殷周,據舊以鑒新。""陰陽不變"之"變"不可易爲"辯"。

1.3 駕紫極以定天闕,撼黄龍而來負翼。

"極"字周紹良《敦煌變文匯録》録作"雲",項楚謂"以文義推之,'駕紫雲'較順暢。"今查原卷,"極"字清晰可識,不得録作"雲";以文義推之,作"極"字不誤。《大唐西域記校注》32 頁《序論》:"我大唐御極則天,乘時握紀,一六合而光宅,四三皇而照臨。"又《舊唐書》卷三十《音樂三》,《登歌奠玉帛用〈肅和〉》:"象天御宇,乘時布政。""象天"、"則天"同義,"御宇"、"御極"也應同義,故知"極"就是"宇"。"駕"即"御","駕紫極"應即"御紫極","紫"是指天宇的顔色。《抱朴子内篇・微旨》:"但彼人之道成,則蹈青霄而遊紫極。"此其例。又"撼黄龍而來負翼","撼"字項楚校爲"感",極是。原卷"撼"實作"减","减"、"感"音同,故可通假。蔣紹愚校同。

1.4 街衢道路,濟濟鏘鏘,蕩蕩坦坦然,留名萬代。

"濟濟鏘鏘"下當用頓號。"鏘鏘"又可寫作"蒼蒼"、"蹌蹌",如斯 3350《呪願新郎文》:"飲食常餐百味,濟濟蒼蒼,快樂勝常。""濟濟鏘鏘(或蒼蒼)"爲多貌。《詩・大雅・公劉》:"蹌蹌濟濟，俾筵俾几。"此亦衆盛貌。

1.6　手提三尺之劍，清(請)託六尺之軀。

徐震堮校："以'清'爲'請'，恐未確。""清"字原卷如此，當是"請"字之誤。寫卷中"言"旁多有寫作"讠"的，易與"氵"旁相混。《變文集》原校可從。

1.7　事君□致爲美，順而成之。

項楚校缺字爲"馴"，極是。"馴致"一詞，除《易經》有"馴致其道，至堅冰也"一例外，《荀子·不苟》注亦是一例："變化代興，謂之天德。"唐人楊倞注："馴致於善謂之化。"

1.7　主若有僭，犯顔而諫。

徐震堮校："'僭'是'愆'字之誤，'愆'即'諐'之俗字。"查原卷"僭"實作"僭"，徐校是。"心"、"止"、"日"手書形近易混。雖然《龍龕手鏡》"諐"有俗字作"僁"，但敦煌寫卷中一般都寫作"愆"或"諐"，極少其他寫法的。

1.10　朕聞：國無東宫，半國曠地，東海流泉溢，樹無枝，半樹死；……

"國無東宫，半國曠地"應是一句俗語，下應用分號；"東海流泉溢"應奪一字，原文似當作"東無海，流泉溢"，下面也應用分號；"樹無枝，半樹死"下應用句號。

2.2　眉如盡月，頰似凝光，眼似流星，面如花色。

江藍生校"盡"爲"畫"，似未確。"盡月"應即將盡極細之殘月或新月，故可用來比喻蛾眉。唐韓鄂《歲華紀麗》卷一《晦日》"大醐小盡"條注："月有小盡、大盡。三十日爲大盡，二十九日爲小盡。"一個月的最末與最初是月亮最細小的時候，因此"盡月"與"大盡"、"小盡"是有内在聯繫的。

2.5　其王見女，姿容麗質，忽生狼虎之心。

本篇以四、六句式爲主，標點時必須注意。"其王"爲提領詞，兼爲"見女資容麗質"、"忽生狼虎之心"二句的主語。"女"下不應逗。

2.14　卿父今被嚴刑，囚繫(下缺)

“囚繫”下尚可認出“於牢”二字。潘校録作“於穽”，未確。

3.2　逆委事由，書當多爲(僞)。

項楚校“送”爲“詳”，誤。袁賓校爲“逆”，是。寫卷中十之八九寫“逆”爲“送”，極少寫成“逆”的。然袁釋“逆委”爲“預知”，似未盡確。“逆委”當爲“揣知”之義。袁文所舉“逆睹來事”、“逆知阿姊之情”二例中“逆”字皆可釋爲“揣摩”、“推測”。又《廬山遠公話》：“但知會下座者，不逆其意，……”(186 頁)“逆”亦“揣”也。

3.5　由如鈍鳥蕩羅，泉魚(下缺)

“泉魚”下缺字疑爲“觸網”。

3.13　一寸之草，豈合量天；一筆毫毛，擬拒爐炭。

項楚謂“笙”爲“表細微的量詞”，極是。古文中量詞多無定字，因此“笙”又作“勝”。《敦煌變文字義通釋》410 頁“西王母頭戴七盆花”條引《歲時廣記》：“王母乘雲車而至，玉女馭母，戴七勝。”此“戴七勝”之“勝”似仍爲名詞(婦女的一種首飾)，而“戴七盆花”伯 4051 作“戴七笙花”，“笙”、“勝”同音，與“盆”則皆爲量詞無疑。今考《敦煌寶藏》“美 855 號”有釋迦牟尼誕生圖，即畫一赤子立於金盤中，頭頂戴着一束(約七枝)鮮花。由此圖我們可以確知西王母“頭戴七勝花”就是此種形象，“勝”爲量詞，在此猶“莖”、“枝”也。“勝”一本作“盆”，當是從花朵方面而言，“七盆花”蓋即“七朵花”，二異文并不矛盾。日本“大谷文書”(吐魯番出土)3054 號：“乾葡萄壹勝：上直錢拾柒文，次拾陸文，下拾伍文。”3065 號：“麥酢壹勝，直錢伍文，次肆文，下參文。糖酢壹勝，上直錢貳文，次壹文伍分，下壹文。”“勝”皆作量詞。但大谷文書“勝”字皆通“升”字，與“戴七勝花”之“勝”未必同義。又“生”字亦可作量詞，此當與“笙”爲同一詞。如《燕子賦》：“賴值鳳凰恩澤，放你一生草命。”（253頁）“一生”之“生”不可解作“生命”。

3.13　楚帝聞此語，怕（拍）陛大嗔。

袁賓校“陛”爲“髀”，并疑爲“髀”的俗字“胜”之形誤。袁校是，但“形誤”説似未允，同篇17頁11行“雅合陛下之心”句“陛”字原卷實作“胜”，可見二字可以通用（敦煌寫卷中有大量形近通用字，似可稱之爲“形借字”或“混用字”）。

3.14　風裹野言，不須採拾！

“採拾”原卷如此，當是“採括”之形誤，“採括”即“理睬”。《王梵志詩校輯》38頁《你孝我亦孝》：“耶孃不睬聒，專心聽婦語。”張錫厚注：“睬聒，原作‘採括’，據文義改。唐代口語，猶謂理睬，敦煌歌辭《禪門十二時》：‘熱油澆，沸湯潑，號訴求他誰睬括。’（伯2054）”其實“睬括”一詞原無定字，可寫爲採括、采括、采聒等多種形式。

4.1　忽爾天道開通，爲父讐寃殺楚。

本篇“讐”字各卷皆作“雠”，“殺”字皆作“煞”。原録有時作“煞”，有時作“殺”，頗易使人誤會。又如“伍”各卷實皆作“仵”，原録亦二字並用。類似情況，下不詳述。

4.2　徒（圖）謀社稷，暴虎貪殘。

徐震堮校“虎”爲“虐”，是。“虎”字原卷寫作“虍”，與“虐”形近。

4.3　如能捉獲送身，賞金千斤，户封千邑户，隱藏之者，法有常刑。

“户封千邑户”徐震堮校作“邑封千户”，蔣禮鴻校作“封邑千户”。今查原卷：“千斤”以下實作“户封千邑隱藏之者法有常刑”，“户”、“千”已被塗去，“户封千”右側旁注小字“賞金千斤”，“隱”右側旁注小字“萬户”。據此，原卷實作“賞金千斤，封邑萬户”。潘校同。《韓朋賦》：“誰能取得韓朋妻者，賜金千斤，封邑萬户。”(138 頁)《前漢劉家太子傳》：“劉家太子逃逝他州，誰人捉得，封邑萬户。”可見這是當時習語。

4.4 所由寬縱，解任科徽(徵)。

“徽”字原卷實作“微(微)”，與“徵”形近混用。蔣禮鴻《通釋》“所由”條引此例謂“徵”爲罰錢之義。今謂“徵”當作“懲”，《燕子賦》：“今欲據法科繩，實即不敢咋呀。”(252 頁)“科繩”甲卷作“科徵”，戊卷作“科懲”，“徵”蓋“懲”之省。

4.5 敕既下行，水楔不通。

“下行”二字，原卷在“行”右旁注勾乙符號，故應作“行下”(潘校同)。19 頁 2 行亦有“敕既行下”一語。

4.6 子胥行至莽蕩山間，按劍悲歌而歎曰。

項楚謂：“《變文集》於‘莽蕩山’旁加專名號，誤。莽蕩，廣大之貌。……”項釋“莽蕩”詞義極是，然謂“莽蕩山”非山名則誤。此蓋用《史記》、《漢書》劉邦隱匿於“芒碭山澤巖石之間”之典。《史記・高祖本紀》：“秦始皇常曰‘東南有天子之氣’，於是因遊以厭之。高祖即自疑，亡匿，隱於芒、碭山澤巖石之間。吕后與人求之，常得之。”《漢書》與此文句相近，加點字作“高祖隱於芒、碭山澤間”。《漢書》注：“應劭曰：‘芒屬沛國，碭屬梁國，二縣之界有山澤之固，故隱其間。’蘇林曰：‘芒音忙遽之忙。碭音唐。’師古曰：‘碭亦音宕。所言屬沛國、梁國者，皆是注釋之人據見在所屬，非必本當時稱號境界。他皆類此。’”“芒”、“硭”(《辭源》“芒碭”條謂《史記》“芒”作“硭”，當亦有據)、“莽”音近，如“芒草”又作“莽草”；“碭”、“蕩”同音。因此“莽蕩”本當作“芒、碭”，《變文集》及項校各有未盡之處。子胥爲梁國之臣，而碭山屬梁國，芒山屬沛國在東，子胥逃逝奔於吴、越，正應在芒、碭山澤間。16 頁 1 行“漭蕩(丁卷作湯)山”亦同此校。又項文所引“莽蕩”各例，皆不綴“山”字，這也證明二者有别，只不過“莽蕩”一詞常用，所以纔寫成這樣。

4.11　窮洲椖際絶舡(舟)舡，若爲得達江南岸。

“椖”字原卷實作“㮽”(右半上部爲上字“洲”之末筆所嵌。潘校録作“㧭”，不確)。又13頁“獨立窮洲旅岸”句“旅”字原卷作“梀”，第6頁13行“旅客憀憀實可念”句中“旅”作“㮽”，而第4頁13行“限形即立”之“限”字原卷原形即作“限”。因此，從字形上來看，“㮽”、“梀”、“椖”三字皆即“旅”之俗字，與“限”不混。如《蘇武與李陵執别詞》：“幽澗冰生，鴻鳴逐㰖(旅)。”“㰖”、“㮽”字同而稍有變化。又如伯5034卷：“商梀往來。”又碑刻中亦多有此類用例，都是作“旅”字用的。而“限”字却很難找到類似的例子。此外，敦煌寫卷中尚未發現“限”、“旅”相誤的其他用例。疑“窮洲旅際”、“窮洲旅岸”原文不誤，“旅際”、“旅岸”指只有行旅纔會到達的地方，即極爲偏遠僻静之處。

4.12　下倉(蒼)儻若逆人心，不免此處生留難。

徐震堮校“下”爲“上”，是，原卷實作“上”，録者誤録或手民誤植。潘重規、蔣紹愚校同。劉瑞明謂“下”字反訓爲“上”，誤。

4.16　慮恐此處人相掩，捻脚攢形而暯(暎)樹。

“暯”字原卷實作“𣇄”，即“暎”之俗字(潘校同)。如7頁9行“蓬塵暎天”之“暎”，原卷即作近似形狀；又原卷“英”都作“莫”，如5頁9行“何國英才”與15頁14行“施展英雄一片心”中的“英”便是。

5.7　我雖貞潔，質素無虧。

項楚校“質素”爲“素質”，未確。王粲《神女賦》：“質素純皓，粉黛不加。”此“質素”例也。

5.10　情裹如何？乞垂降步。

“情裹如何”下應用逗號。又“裹”字項楚、袁賓皆校作“中(衷)”，似可不必。“裹”、“中”、“下”等方位詞往往可以互换，

"情裏"猶"意内"、"意下"。如王梵志詩《衆生眼盼盼》:"口中不解語,情下極慌忙。""情下"同"情裏",袁賓謂"情裏"不辭,未妥。

5.13 乞爲指南,不敢忘(望)食!

蔣紹愚校:"丙卷於'南'字右側旁注'似'字,於'不敢'右側旁注'余亦'二字。"潘校:原卷'不敢'二字點去,旁改'余亦'。"今細察原卷(丙卷),所謂"余亦"乃是"途亦","途"字因"辶"旁左下角斷開,故易疏忽。此句當作"乞爲指似南途,亦不敢忘(望)食。"句末不必用感歎號。"似"有"與"義,如賈島《劍客》詩:"十年磨一劍,霜刃未曾試,今日把似君,若爲不平事?""把似"即"把與"、"拿給"之意。

6.1 水上荷水(花)不如面。

"水"字原卷實即"花",清晰可識。潘重規、蔣紹愚校同。

7.2 三十不共丈夫言。

此句《敦煌變文匯録》録作"世不與共丈夫言",劉堅據此論定"世不"即"誓不",謂《變文集》"大約先誤世爲卅,又誤作三十";項楚據《吴越春秋》、《越絶書》等資料考證"三十"不誤:"《敦煌變文匯録》不知世即卅(三十),原句遂缺一字,乃以意添加共字凑數,實不足憑信。"今核對原卷,項説較確。所謂"三十"或"世",原卷實作"卅",即"三十"之俗寫(蔣紹愚校同)。敦煌寫卷中"二十"、"三十"、"四十"多作合文,"三十"或作"世"者爲訛字。由於《變文集》大多將這些合體俗字改爲"二十"、"三十"等,因此生出許多疑問來。又《敦煌變文匯録》"與"作"與共",考原卷"共"字右側有一"與"字,實表示"共"當改作"與",由於"共"字仍保留着未被塗去,因而《匯録》就把它當正文録下來了。旁注字代正文(寫在右側正對處,若在右上側多爲補字),這在寫卷中極常見,不煩舉例。

7.5 憐念女子懷惆悵。

"憐"丁卷作"懸"。蔣紹愚校同。

7.9　風塵慘面，蓬塵暎天。

劉凱鳴校："'慘面'費解。'慘'蓋'糝'之形似而訛。糝有抛撒義。……又'塵'與'蓬塵'之'塵'犯複，似作'砂'字爲好。"又項楚校："'慘'當作'黲'，'風塵黲面'即塵土染黑面孔。""慘"字劉、項所校似皆未確。"慘"本有"傷痛"義，"風塵慘面"即風塵傷痛了面孔。《列子·楊朱》："昔人有美戎菽、甘枲莖、芹萍子者，對鄉豪稱之。鄉豪取而嘗之，蜇於口，慘於腹。""慘於腹"即肚子痛。又《顔氏家訓·教子篇》："凡人不能教子女者，亦非欲陷其罪惡；但重於訶怒，傷其顔色，不忍楚撻慘其肌膚耳。""慘其肌膚"即傷其肌膚。

7.9　登山入谷，遶澗尋源，龍蛇塞路。

丁卷"山"作"峻"，"塞路"作"混雜"。"登峻"亦有其例，如《抱朴子内篇·暢玄》："登峻則望遠以忘百憂。"

7.10　丈夫爲讐發憤，將死由如睡眠。

丁卷"憤"作"分"，即"忿"字之借。又"風塵慘面"至此實爲韻文。

7.12　子胥緘口不言。

"緘"字原卷及丁卷皆作"减"，音近相借。

7.12　知弟渴乏多時。

"渴乏"丁卷作"乏少"。

7.15　不可不讐。

丁卷作"可不還讐"，爲反詰句。

7.15　阿妹(姊)抱着弟頭。

"妹"字原卷及丁卷實皆作"姉"，即"姊"之俗字（蔣紹愚校同），敦煌寫卷中率作此形。此俗字至今猶見於日文。

7.15　自撲搥凶(胸)。

此是插入語，應在引號外。又校記："'自撲搥凶'四字原作

‘自摸塊搥’,據丁卷改。”查原卷此句實作“自摸魂搥”,“魂”通“渾”,“渾搥”即遍身搥拍;“摸”是“撲”的訛變。敦煌寫卷中“撲”字多作“摸”,“摸”、“摸”常混用。如本例“撲”字丁卷即作“摸”;14 頁 4 行“君莫造次”中“莫”字原卷實作“莫”。“自撲魂(渾)搥”義本可通(詳《敦煌變文字義通釋》),不必改。又:舉身自撲、自撲搥胸、渾搥自撲這類詞語,唐前早已有之,如題名爲姚秦三藏法師鳩摩羅什所譯《佛説父母恩重難報經》即有“舉身投地,搥胸自撲,身毛孔中,悉皆流血,悶絶躃地,良久乃蘇。高聲唱言:‘苦哉苦哉!痛哉痛哉!……’”之類的話,其他佛經中亦當不少。

8.5 我今更無眷戀處。

“更”字丁卷作“身”。

8.7 父兄枉被刑誅戮。

“刑”字丁卷作“楚”,據此推論“刑”當作“荆”,“荆”、“楚”同指楚國,故可更用。

8.7 心中寫火劇煎湯。

“寫火”義爲“憂火”,指痛切的心情。《爾雅·釋詁上》:“寫,憂也。”郝懿行《爾雅義疏》引馬瑞辰説:“《管子·白心篇》:‘卧名利者寫生危。’‘寫’當訓‘憂’,謂寢息於名利必多危險,故憂生。”然此義甚僻,變文(或其他唐代文獻)中又未見他例,未知施於此確否。

8.8 雄心結怨苦蒼蒼。

原卷“蒼”實作“倉”;丁卷“苦蒼蒼”作“哭蒼蒼”。蔣紹愚校同。

8.10 摐心並戀(臠)割。

“戀”丁卷即作“臠”。潘校同。

8.12 占見外甥來趁。

“外甥”原卷實作“外牲”,“牲”是同音借字,丁卷作“甥甥”,又

14 行“外甥”原卷作“外甥”。“甥”、“甥”都是偏旁類化字，一因上字而類化，一因下字而類化。類化現象在寫卷中極常見。

8.14　子胥有兩個外甥——子安子永，至家有一人食處。

項楚校“有”（當是後一“有”字）爲“見”之誤，近是。又丁卷“子安子永”（中間應使用頓號）前有“名曰”二字，則破折號可以不用。

8.16　遂即畫地而卜。

“畫”字丁卷作“獲”。據此可知原本“畫”應同“劃”。“獲”是“劃”的音近（皆入聲，“畫”則去聲）借字。

9.1　不復尋覓，廢我還鄉。

從第 8 頁“占見阿舅頭上有水”至此一段文字，都是陳述子永的行爲與心理的，因此從子永這方説出“不復尋覓”一語是不通的。查原卷“復”字實作“假”（蔣紹愚校同），丁卷字形稍訛，但筆勢仍是“假”而非“復”（蔣紹愚校作“復”，大概是由於字左從“彳”而引起的，其實“彳”、“亻”可互换）。“不假”即“不用”，如同篇 24 頁 9 行：“貧賤不相顧盼，富貴何假提携？”“何假”即“何用”，前者爲陳述句，故用“不假”；後者爲反詰句，故用“何假”。368 頁 8 行（《降魔變文》）：“善惡有理，何用喧諍？”下文 9 行：“天子由事三老，古者養老乞言，不假妄構虚詞，擾亂公府。”“不假”與“何用”叠用，其義甚明。

9.1　乃見外甥不趁，遂即奔走。

“不”字原卷作“來”，丁卷作“不”。

9.3　孤莊獨立，四迴無人。

蔣紹愚校：“‘迴’丙卷作‘逈’，爲‘迴’字之誤，14.12‘逈盼故鄉’可證。”今謂“逈”即“迥”之通行俗字，此處當是“坰”的借字。《説文》：“冂：邑外謂之郊，郊外謂之野，野外謂之林，林外謂之冂，象遠界也。冋：古文冂，从□，象國邑。坰：冋或从土。”渾言之,坰即是野,“四坰無人”猶言“四野無人”。

9.7 怨結啼聲而借問。

丁卷“怨結”作“啥(含)怨”。

9.8 四迴無鄰獨棲宿。

此句丁卷作“四過若鄰獨星息”。“過”、“若”爲誤字,“星”爲“棲”之音借。“息”爲“宿”之同義詞,本可互換。但此段韻文前後分别以“側”、“色”、“食”、“識”入韻,皆在“職”部。“息”在“職”部而“宿”在“屋”部(《廣韻》獨用),因此作“棲息”爲是。

9.10 落草獐狂似怯人,屈節攢刑而乞食。

原卷“怯”作“佉”,偏旁類化字。丁卷這兩句作“落輩獐狂似怯人,屈弟借紂(左半似‘景’)形而乞食。”“落輩”費解,當是“落草”之形誤。“形”字可用以校改“刑”。又“落草”一詞,劉凱鳴校作“髝髞”,義爲麤急貌。按劉校二字,《廣韻》等皆音làosào,與“落草”之音相去頗遠(“落”爲入聲字),劉校謂之“同音借字”,似覺未妥。其實“落草”如解作“落於荒草野徑”,未必不通。下文(同頁14行)子胥自述:“在道失路乃迷昏。”10頁5行:“潛形菌(應作茵或莽,詳後)草,匿影藜蘆,狀似被趁野干,遂使狂夫莨菪。”17頁4行:“偷蹤竊道,飲氣吞聲,風吹草動,即便藏形。”這些描寫都説明子胥是在草野中摸索前進,因此可以説“落草獐狂”。又《李陵變文》:“忽至平川之所,川静草深,李陵報左右曰:‘緣没不攢身入草,避難南歸?’”此“入草”與“落草”義同。

9.13 僕是楚人充遠使,涉歷山川歸故里。

丁卷“楚人”作“王人”,較能明其身份。

9.15 鄉關迢遰海西頭。

“遰”即“遞”字,丁卷即作“遞”。“海西頭”指西邊極遠處,《吐魯番出土文書》中多見此詞。

9.16　適來專輒橫相忓，自側於身實造次。

《龍龕手鏡》："忓，……又古安反。忓，擾也。"《變文集》11頁13行："娘子莫漫橫相干。""干"字丁卷作"忓"。"忓"當是"干"的俗字，尚見於其他卷子，如《祇園因由記》："我出金買地，造其精舍，忏（干）公何事。"（407頁）"忏"各卷實皆"忓"字手書"忏"，《變文集》録文未確。又"側"字原卷實作"惻"，丁卷作"側"；"惻"、"側"皆費解，當校作"測"。"自測"即"自度"。兩句大意是：我剛纔輕易前來打攪，自度實在冒昧。"造次"丁卷作"造此"，可通用，詳《敦煌變文字義通釋》"造次，造此"條。

10.4　澤瀉無憐。

丁卷"無憐"作"無鄰"（潘校同），是，與前文"使妾閑居獨活"、"孤莊獨立"、"四迴（坰）無鄰獨棲息"義合。

10.4　誅妾家破芒消，屈身苜蓫。

"芒消"又可作"芒硝"，又可作"硭硝"、"礶硝"，可以入藥。"芒消"暗諧"亡消"。"苜蓫"原作"苜蓫"，丁卷作"潸蓫"。"蓫"字不見載於字書，項楚校作"蓿"，恐未確。疑"苜"爲"苷"之訛，"苷蓫"即"甘遂"之增旁字，猶上文"澤瀉"、"遠志"等亦可加草頭。"甘遂"爲多年生草本植物，入藥。斯5614、伯2115《張仲景五臟論》："腸結唯須甘遂，患眼宜取蕤人。"是其證。

10.5　葳蕤怯弱，石膽難當，夫怕逃人，茱萸得脱。

"葳蕤"即"葳蕤草"，可入藥，《本草綱目》收之。"茱萸"暗諧"誅餘"之義。又"逃人"項楚校爲"桃仁"，甚是（古醫書桃仁多作桃人，如《肘後備急方》卷一："又方桃人七枚。"）然又謂即核桃仁，未確。

10.5　潛形菌草，匿影藜蘆，狀似被趁野干，遂使狂夫莨菪。

"形"原卷作"刑"，丁卷作"形"，寫卷中通用；"菌草"蔣紹愚校："'菌'丙卷作'苜'，當爲'茵'字。"今按蔣校未確。丙卷(即原卷)"菌"字實作"茵"，丁卷作"苬"，并非"茵"之俗字。"苬"是"菌"之俗寫，"茵"是"苬"之變體。《龍龕手鏡》"冈"部："冈，俗；罔，正。文兩反，無罔也。"這裏明確説明"冈"是俗字，其正字爲"罔"。我們閲讀的大量敦煌寫卷中，凡"罔"大多寫作"冈"。俗字有時在"冈"字等的下底封口，如《茶酒論》："酒食向人，終無惡意。"(267 頁)"向"字甲卷即寫作"向"。《燕子賦》："行即着網。"(251 頁)"網"字乙卷即作"絅"。《廣韻》："菌，菌草。"《龍龕手鏡》："苬，音冈，草名。"字又作"莔"，《集韻》："莔，草名。"又作"莽"，《龍龕手鏡》："莽，莽草。"《周禮・秋官・剪氏》："以莽草熏之。"注："莽草，藥物殺蟲者。"《山海經・中山經》："(朝歌之山)有草焉，名曰莽草，可以毒魚。"又作"芒"，同書："(荾山)有木焉，其狀如棠而赤葉，名曰芒草，可以毒魚。"伯 2378《張仲景五臟論》："苬草煞齒内之蟲，黎盧除鼻中宿肉。"是"苬草"即莽草之確證。《辭海》"菌草"條謂即"菌米"、"水稗子"，一年生草本，全草及果實供飼料用，與上述"可以毒魚"者所説頗異，當爲二物。又"莨菪"項楚校爲"莨菪"，甚是。原卷此二字實作"莨菪"，《變文集》於前字少録一點，後字多録一點。"菪"即"菪"的變體，《宋本玉篇》即作"菪"。

10.8　遂使金牙採寶，支(之)子遠行。

丁卷"支"作"之"。"支"、"之"皆爲"梔"之音借字。

10.9　被寒水傷身，三伴芒消。

原卷"被"下有"泥"字。又"三"字丁卷作"二"，《敦煌變文匯録》作"二"，項楚謂二伴即"劉寄奴"、"徐長卿"(亦皆藥名)，甚是。

10.10　披巖巴戟，數值狼胡，乃意款冬，忽逢鍾乳。

丁卷"狼"作"柴"。作"柴胡"是，"柴"諧"豺"，作"狼"者當爲

“豺”之誤。又“意”字丁卷作“憶”,“憶”即思念,於義爲長,當據改。

10.11　君莫急急,即路遥長。

此句丁卷作“君莫急路遥長”。據此可知原卷“即”字爲衍文,丁卷“急”下少一重文號(此種情況常見)。“君莫急急路遥長”下當用句號點斷,排入下邊韻文中(長、妨、良、王押韻)。

10.16　憶君愁腸氣欲絶。

原卷“絶”作“結”,丁卷作“絶”。“絶”字與上句“音書絶”犯複。作“結”字較佳。

11.1　兒家不慣長欲别。

“欲”字原卷實作“頭”。丁卷作“欿”,“欿”爲“欲”之俗字。蔣紹愚校:“‘頭’在唐五代時可作形容詞、副詞詞尾,作‘頭’是。”按:蔣校是。“頭”作詞尾者補充數例:王梵志詩《家中漸漸貧》:“長頭愛坐床,飽喫没娑肚。”《吾死不須哭》:“但願長頭醉,作伴喚劉伶。”《你道生勝死》:“長頭飢欲死,肚似破窮坑。”《富兒少男女》:“身上無衣掛,長頭草裹蹲。”此數例“長頭”中“頭”字皆不作實詞。

11.6　遠附雁書將不達,天塞阻隔路遥長。

丁卷“附”作“府”,音近而誤。“塞”字潘校録作“寒”,未當。下文“不慮東西抗天塞”,亦有“天塞”,可知“塞”字是。

11.7　欲識殘機情不熹。

徐震堮校“識”爲“織”,甚是。原卷“識”實作“織”(蔣紹愚校同),丁卷作“識”。“熹”通“喜”,丁卷即作“喜”。

11.12　子胥被認相辭謝,方便軟言而帖寫。

丁卷“被認”作“不免”;“方”作“万”;“而”作“相”。《五燈會元》卷一“四祖優波毱多尊者”:“耎言慰諭波旬曰:……”“軟言帖寫”蓋即“耎言慰諭”。

11.13　娘子莫漫横相干,人間大有相似者。

丁卷"横"作"錯","干"作"忓","人間大有"作"大有人間"。

11.14　娘子夫主姓仵身爲相。

丁卷無"姓仵"二字。

11.15　儻見夫聟爲通傳。

"聟"字原卷作"智",丁卷作"覔",都是"壻"的俗字(後一字似亦非形誤)。

12.6　飛沙蓬勃遮雲漠,清風激浪喻摧林。

這兩句疑應作"飛砂蓬塵遮雲漢,清風激浪摧榆林"。"沙"、"砂"可通用,無需證明;"飛砂"、"蓬塵"相對,"清風"、"激浪"相對,故"勃"當爲"塵"之誤。"漠"字項楚校爲"漢",極是。原卷及丁卷"漠"字實皆寫作"漢"(蔣紹愚校同),《變文集》録寫不確。"喻摧林"義似可通,但與"遮雲漢"不成對,故校改爲"摧榆林"。"榆林"爲塞名,秦長城所在,秦將蒙恬於此"累石爲城,樹榆爲塞",因此爲名,《漢書》韓安國傳、衛青傳有記載。"雲漢"指天上銀河,"榆林"指地上長城,二者相對,極其工穩。

12.7　白草遍野覆平原。

"原"字原卷作"源",丁卷作"願",皆假借字。

12.8　鳥鵲拾食遍交横。

"鳥"字原卷實作"烏",即"烏"字。同頁 16 行"江烏出岸"中"烏"作"烏",與此近。"烏鵲"一詞常見。

12.9　水猫遊撻戲争奔。

"撻"字蔣禮鴻、陳治文、項楚皆校作"獺",極是。此字原卷實作"㺚",丁卷作"槤",爲"㺚(獭)"之形誤。蔣紹愚校:"疑爲'獺'之異體字。"按"㺚"字見於《集韻》,即"獺"之俗字,陳治文已引及。潘校作"健",誤。

12.10　忽憶父兄狂(枉)被誅,即得五内心腸爛。

丁卷"狂"正作"枉"。按"狂"、"枉"寫卷中多不分。又"爛"字原卷作“懶”，丁卷作“蘭”，皆通假字(心旁火旁可互替)。

12.13　不辭骸骨掩長波，父兄之讐終不斷。

這兩句與前後不押韻，當是錯簡。將它移至“即得五内心腸爛”後，全文即通順有次第，韻也押了。兩句義爲：即使我骸骨掩於長波，父兄之讐也終不能忘却。“不辭”爲讓步複句關聯詞。

12.15　永絶乘楂之客。

“楂”字原卷實作“查(查)”，“查”即“楂”之本字，不煩改。13頁“乘查(楂)之賓”，“查”原卷亦作“查”。

12.16　魚鱉縱横，鸕鴻芬(紛)泊。

“芬泊”爲聯綿詞，義存於聲，不必泥於字形。“芬泊”之“泊”不可解爲“停泊”。字又作“紛秞”等，如伯3468《達夜胡詞》：“萬乘之國，城池廓落。人物差殊，鬼神雜錯。或良或賤，或美或惡。舉止不同，形容紛秞。”“秞”音同“粕”，“紛泊”、“芬泊”爲一詞，義同“差殊”、“雜錯”或“繁盛”。《辭海》：“紛泊：飛翔。左思《蜀都賦》：‘毛群陸離，羽族紛泊。’”按《辭海》誤釋，“紛泊”、“陸離”既相對，則亦是縱横、繁盛義。“紛泊”又有“紛葩”、“紛披”等變體。

13.1　龍振(震)鱉驚。

項楚謂“振”字不誤，《説文》：“振，一曰奮也。”項説是，段玉裁於“一曰奮也”下注：“此義則與‘震’略同。”敦煌寫本中表“震”義者多用“振”而不用“震”。如《孟姜女變文》：“三進三退，或悲或恨，鳥獸齊鳴，山林俱振。”(33頁)“振”即同“震”。19頁：“胡菟(狐兔)怕而争奔，龍虵驚(原卷如此)而競竄。”此處用“驚”字，可知“龍振”之“振”亦爲“震驚”之義。

13.2　濆濆如鼓角之聲。

“濆”即“噴”，《龍龕手鏡》：“濆，普門反，潠也。”又《春秋公羊傳》：“濆泉者何，直泉也。直泉者何，涌泉也。”寫卷水旁、口旁可通,如"啼"字即常寫作"渧"。

13.6　爲當流浪漂蓬,獨立窮洲旅岸。

蓬草陸生,故"漂"當校作"飄"。此處應校點爲:"爲當流浪飄蓬,獨立窮洲旅岸?""爲當"是選擇複句關聯詞。

13.10　能言獨正三軍,空籠而獲重貴。

項楚校"正"爲"止","貴"爲"賞",極是。原卷"貴"正作"賞",清晰可識。

13.14　薄餅十番。

"番"字原卷作"翻"。量詞多無定字,作"翻"者亦不誤。如伯5031卷第43片有"餅廿翻"之語,並且連寫三次。

14.1　知無惡意。

原卷實作"知無惡意相厄","相厄"爲旁注字。蔣紹愚校同。

14.2　凡人得他一食,慚人一包(飽)。

蔣禮鴻校"包"爲"色",極是。原卷"包"字實作"色"(蔣紹愚校同),即"色"之俗字。24頁5行"慚人一包"中"包"字亦同。"色"在敦煌寫卷中主要有"色"、"邑"兩種俗體。《搜神後記》稗海本卷一:"南面坐人語北面坐人曰:'夫人食他一物而有愧色。'"此即"慚人一色"之意。

14.6　璧玉荆珍,將充所貴。

"貴"字原卷如此,當是"費"字之誤。《捉季布傳文》"深勞破費味如珍"(65頁)中的"費"字,丁、庚二卷皆誤作"貴"。"將充作費"即"將充作路上的費用"。

14.8　雖是君王寶物,知欲如何,遂擲劍於江中,放神光而焕爛。

"知欲如何"下應用感歎號。又"焕爛"丁卷作"燦爛","燦"即"燦"之變體,爲"燦"之俗字。《廬山遠公話》"文詞璨瓓"(185頁),"璨"字原卷實作"琮",即"璨"之俗字,"璨"同"燦"。又《太子成道經》"爛滿錦衣花琮琮"(288頁),末二字亦爲"璨璨"之俗字,同"燦燦"。俗書從"火"從"玉"可通,"天"底"示"

底不分。

14.10 懼怕乃相分付。

“懼怕”原卷實作“伯懼”，丁卷殘佚。“伯(怕)懼”一詞常見。

14.10 雪開霧歇。

“雪”字原卷實作“雲”，《變文集》誤録。

14.11 浦側不見承船，泛客又無伴侣。

項楚校：“‘承’，《敦煌變文匯録》作‘汖，疑當作‘來’。”按原卷實作“承”，即“承”字手書。“承”當是“乘”之借字。13 頁：“迴在江旁浦側，不見乘船泛客，又無伴侣蕭然。”據此則上文“承船泛客”應連讀，“浦側”前、“伴侣”後皆有遺漏。

14.12 迴盼故鄉，拭淚沾衣，心懷鬱燠。

“迴”字原卷實作“迴”，又“燠”字原卷實作“炴”，即“怏”的俗字。“央”寫作“央”，其來已久，如《魏元緦妃李瑗華墓誌》即有此字。又本篇丙卷(即“怏”所在這卷)“英”作“英”，“兄”作“兄”，較正字多一横，足證“央”之爲“央”。又俗字有偏旁互易規律，心旁、火旁互易例極多，如《捉季布傳文》“生死榮華九族忻”(70 頁)，“忻”庚卷即作“炘”。“鬱怏”爲雙聲聯綿詞，同“鬱悒”。伯 2555《感叢草初生》：“春色縱芳菲，片心終鬱怏。”即其例。

15.7 大江水兮淼無邊。

“淼”字原卷實作“森”，形誤字。又“水”丁卷作“海”。

15.9 自古人情有離别，生死富貴總關天。

“古”丁卷作“故”，通用字。“關”丁卷作“開”，形近而誤，原卷“關”作“開”(常用俗字，同関)，與“開”僅一筆之差。

15.12 途中不禁淚沾襟。

“途”丁卷作“逄”。該卷抄手屢將“余”旁寫作“夆”。“不禁”丁卷作“不覺”。

15.13 思帝鄉兮懷恨深。

丁卷"懷恨"作"恨懷"。

15.15　晨省無憊。

"晨"字丁卷作"辰"。"憊"原卷實作"僁",丁卷作"㥛",皆不出頭(出頭者亦俗字,但敦煌寫卷中不常見),即"愆"之俗字。項楚謂"省"當是"昏",是。斯5706卷即有"晨昏匪怠"一語,與之義同。

16.1　子胥帶劍,途步而前。

"帶"字原卷、丁卷皆作"遰"(遞的俗字),誤增偏旁。俗字中往往有增加偏旁的,如"垂"字即多有增加"辶"旁者,有的不引起誤會,有的則易引起誤會。"途步"丁卷作"逄(逢的俗字)步",原校"途"疑應作"徒",甚是。然又謂"逄"應讀"龐","龐步"是俗語,則非是。又陳治文校"途步"爲"[illegible]",訓爲"伏地"、"匍匐",似嫌過迂。今按"逄"即"途",可以無疑。15頁12行"途中"即寫作"逄(逢)中","逢中"不辭,必當作"途中"。又17頁5行"更復前行"丁卷作"更進前逄","逄"亦當校作"途"。又17頁7行"塗"字丁卷作"塳",亦説明抄者并非偶然筆誤,而是混用"夆"、"余"。又"徒步"一詞亦有他例,如《秋胡變文》:"阻隔孃孃,孤惸寂寂,徒步含啼。"(154頁)是其例。

16.1　至漭蕩山間,石壁侵天萬丈,入地騰竹縱横,遥望松羅,山崖斗(陡)暗,蟲狼離合,百鳥關關。

"漭蕩"丁卷作"漭湯","漭"、"漭"皆即"漭"之俗字。"湯"爲"蕩"之省。此二字本字當作"芒、碭",詳前文4.6條校。"入地"下原有"潭"(《變文集》誤録爲"滔")字,似爲"潭"的俗體而稍有訛變,大概因與下文"騰"音近而衍。"入地騰竹"與上句不對,當乙作"騰竹入地"。"騰"、"羅"徐震堮校作"藤"、"蘿",是。"斗"字項楚謂本有"陡然"義,不煩校改。又"入地"之"入"字,原卷如此,當是"卜"之誤。"卜"爲"赴"字聲符，故可替代；“赴”爲“覆”之假借字。《降魔變文》：“六師忿怒情難止，化出寶山難可比，嶃嚴可有數由旬，紫葛金騰而覆地。”（383頁）“覆地”又作“赴地”，如《廬山遠公話》：“脩竹蕭蕭四序春，交橫流水净無塵。緑墻弊例（薜荔）枝枝渌，赴（鋪）地莓苔點點新。”（169頁）“赴”原校爲“鋪”，未確，當校作“覆”，同音假借。

16.5　父兄冥莫知何在，零丁遺我獨栖惶。

“栖”丁卷作“悽”。項楚校“栖”爲“悽”，正與丁卷合。

16.13　躡影藏形恒夜遊。

“躡”當作“匿”，10頁有“潛形菵草，匿影藜蘆”句可證。又“躡影”亦有其詞，如伯3169劉希移（夷）《死鳥賦》：“昔者浮光疑曳練，常時躡景（影）如流電。”但例中“躡”爲追趕之意，與變文不合。

16.16　行無滯礙得通流。

“礙”字原卷、丁卷實皆作“㝵”，即“礙”的俗字。《集韻》：“礙，牛代切。《南史》引浮圖書作‘㝵’。”可見此字沿用已久，寫卷中如伯3803：“但行前路，雲奔雨飛，無滯無㝵。”斯4243《念珠歌》：“無罣㝵，更無比，恒河諸佛從心起。”

17.2　山林摧滯。

“滯”丁卷作“礙”。此段亦有韻，“滯”或“礙”與“慨”、“會”、“㺃”、“隊”、“狒”押韻。

17.3　禽號姓姓，獸名狒狒。

丁卷作“禽子性性，獸名祔祔”。“子”當是“号”（寫卷中多作簡體）字手書之誤。“姓”、“性”皆“狌（猩）”之借，“祔”爲“狒”的偏旁互易字。

17.3　忽示心驚，拔劍即行。

“示”字原卷如此，劉堅、項楚、蔣紹愚、王鍈皆校作“尔”，是。寫卷中“爾”大多作簡體。又丁卷作“耳”，與“爾”通。

17.4 心雄慘烈,不懼千兵。

原卷“慘”實作“燦”。21 頁 8 行“風塵慘列(烈)”中,“慘”原卷作“傪”。“火”、“忄”、“亻”等偏旁常可互易。“慘烈”丁卷作“職”(熾)列(烈)”。又疑“燦”即“燥”字,二字殊難區分。

17.5 關津忽切,州縣嚴加,勒鋪(捕)交横,鎮代明續。

項楚校“鎮代”爲“鎮戍”,極是。原卷“越”皆寫作“越”,便是明證。由關津、州縣、勒鋪、鎮戍這四個詞排比使用,可知“勒鋪”不誤(當指哨所),不煩改字。

17.8 知是賢臣,奔走啓告吴王。

此句是據丁卷録的,丁卷原作“知是賢臣遺奔走啓告王知”,中間“遺”爲“貴”之誤。項楚據原卷校出五言律詩一首,則丁卷實有漏略。

17.8 適别龍顔,……泥塗而獐狂,披髪悲啼,東西奔走。

丁卷“適”作“職”,當是“識”之誤,通“適”,又丁卷後句作“泥塗其面,獐狂大走,被髪在市”。原卷“泥塗”下亦有“面”字。

17.9 臣以旁觀的審監貌可知,望陛下追問逗留。

丁卷前句作“臣以旁觀者審貌監可知”,後句“望陛下”作“願王”。徐震堮校“的審”屬上讀,似未確。丁卷“監(鑑)”下疑奪“相”字。

17.10 朕昨三更,夢見賢人入境,遂乃身輕體健,踴躍不勝,卿等詳議,爲朕解其善惡。

丁卷“不”下殘四格,然後接以“某乙聞:‘昭王膺(應)瑞,釋風從此流輝;漢主通祥,大教方爲廣[傳]。’”(下殘)這段文字原卷無。

17.15 奈何荼毒,悽愴難論。

原卷“毒”字從草頭,涉“荼”而類化;“悽愴”從木旁,偏旁互替字。

17.15 遠涉風雲。

"雲"當作"霜"。2 頁有"冒涉風霜"句,《孟姜女變文》有"冒涉風霜捐氣力"句(32 頁),皆可證。"雲"、"霜"形近而誤。

18.3　立卿今欲爲臣屈節,莫將爲所耻?

徐震堮校此句爲:"今欲立卿爲臣,屈節莫將爲所耻?""屈節莫將爲所耻"不合句法,似當作"今欲立卿,爲臣屈節,莫將爲所耻?""立"即"舉立",下文"更蒙舉立"可參讀。

18.7　語乃合光。

"合"原卷實作"和"(蔣紹愚校同)。2 頁有"萬國和光善事",可證"和光"爲是。

18.8　八方安拈。

"拈"原卷實作"怗"(蔣紹愚校同)。"怗"亦"安","安怗"不誤。

18.9　咸云我皇有感,聖日巍巍,乾川再明。

徐震堮校"乾川"爲"乾坤",是。宋人洪适所編《隸釋》卷一《濟陰太守孟郁脩堯廟碑》:"魏魏之盛,乾巛見徵。"洪适按語曰:"其中'乾巛'與'穎巛'字相類。《家語》有'乾川',猶'天淵'也。然隸書未嘗有'坤'字,此用'乾坤'爾。"在敦煌寫本中"川"多作"巛",與"坤"之古字"巜"相近,故此處之"乾川"當即《隸釋》之"乾坤"。

19.8　天道相饒,讐心必宄。

蔣紹愚校:"'宄'丙卷作'宂',即'穴'字,18.12'猫鼠同穴'可證。'穴'通'雪'('穴'屑韻,'雪'薛韻)。"此字僅存丙卷(即本文的原卷),爲"穴"之俗字無疑,但穴、雪二音清、濁不同,又不同部,未見有通假之例,故所校之字未確。又袁賓校作"允",亦恐未確。

19.12　飛騰千里,恰似魚鱗;萬卒行行,猶如雁翅。

此段當作:"飛騰千里,猶如雁翅;行行萬卒,恰似魚鱗。"

19.13　長槍排扆,直竪森森,刺天屑角,對掌開弦,彎彎如寫月。

徐震堮校此段爲:"長槍排肩直竪,森森刺天;屑角對掌開弦,彎彎如月。"陳治文校"屑"爲"眉",通"弭","弭角"倒爲"角弭",即角弓之義。項楚校"屑"爲"犀","犀角"指以犀角裝飾之弓,近是。今按原卷"肩"實作"肩",字當即"眉"的俗體,《魏三級浮圖頌》即有此體。又《燕子賦》:"雀兒煩惱,兩眉不皺。"(250 頁)"眉"字丁卷即作"肩"。然"排眉"不辭,必非。《龍龕手鏡》尸部:"肩,虛器反,贔肩,壯士作力貌。"施於此亦不合。俟再校。又"寫月"亦有他例,如斯 1441《燃燈文》:"籠懸寫月,焰起分星。"即以"寫月"比喻燈籠。

19.13　白旌落雪,戰戟如霜,弩發雷奔,抽刀劍吼。

"落"當作"若",形音相近而誤。"弩"原作"努"。

19.15　金甲肣朧,銀鞍煥爛。

"肣朧"當即"玲瓏",偏旁互易字。"玲瓏"有"明徹"義,與"煥爛"同。

19.15　驚龍蛇而競竄。

原卷實作"龍蛇驚而競竄",蔣紹愚校同。

20.1　即至黃河東北岸。

原卷"黃河"作"潢河","潢"爲類化字。

20.2　先鋒引道路奔騰,排批舟船橫軍渡,水所由脩造楧水蓬飛。

此段原録者即疑有誤,陳治文校爲"先鋒引道路奔騰,排批舟船,橫軍渡水,所由脩造楧水蓬飛",并校"楧"爲"撲"。"撲水蓬飛"疑爲類似舊式滅火所用之唧筒一類器械,所謂"水槍"者是也。又項楚校爲"先鋒引道,□路奔騰,排批舟船,橫軍渡水,所由脩造,楧水蓬飛"。又校"批"爲"比";"楧"爲"模",通"驀","驀水"即"渡水";"蓬飛"形容快速。又蔣紹愚校:"丙卷'排批舟船橫軍渡水'爲一句,'所由脩造模水蓬飛'爲另一句。又:'楧'丙卷作'模',即'模'字,'模'通'驀'。"今按各家所校,各有得失。項校句讀是,"排批"應作"排比(其實

‘批’是類化字)”是,“蓬飛”釋義是;陳校“楧”爲“撲”,是;蔣校“排批舟船横軍度(原卷如此)水”爲一句,是(符合原卷實況)。“楧水蓬飛”原卷實作“模水蓬飛”,蔣校誤“模”爲“楧”。“模”即“樸(撲)”,而項校引爲證據的“捻脚攢形而暵(映)樹”中“暵”字(4 頁 16 行),原卷實作“暵”,與“模”字右半不同(參見本文該條校),其他如 5 頁 11 行“僕”作“僕”(餘皆同),又如伯 2564《齖齗新婦文》有“入厨惡發,翻礬模鞭(羹)”一語,“模”即“撲”也。“模水蓬飛”下有“軍官食了,便即渡江”的話,可見尚未渡江。那麽,“撲水蓬飛”應作何解?“撲水”當是“撲火”之誤,“水”、“火”形近,極易誤寫。下文“子胥遂(逐)後奔馳,狀如蓬飛撲火”句中有“撲火”一詞,而且“蓬飛”在前。據此可知“蓬飛”與“撲火”並列爲詞,二詞都是形容快速、緊急。二詞既以“狀如”領之,可知爲比喻詞。“所由脩造,撲火、蓬飛”,蓋謂所由(吏卒)修造船艦,如同救火一般緊急、飄蓬一般迅速。

20.5　大須存心捉溺(搦)。

“溺”字原卷即作“搦”。蔣紹愚校同。

20.5　此是平王之境,未曾諳悉山川,險隘先登,遠致虞候;長巡子將,絞略横行。

“長巡”當作“都巡”,與“虞候”皆爲巡邏兵。《破魔變文》:“更有夜叉虞候,羅刹都巡,……”(347 頁)又 357 頁注⑱録乙卷:“先鋒踏自(道)須遠探,收後都巡看便宜。”“絞略”項楚校爲“剿(抄)略”,“謂掠取財物也”。今按“絞略”似當作“挍略”,是騷擾之義。《燕子賦》:“睹燕不在,入來皎掠。”(249 頁)“皎”《變文集》括號内校作“挍”,甚是。“皎”、“絞”皆“挍”之音借,“挍”即“攪”之俗字,《集韻》皆釋爲“亂”。“略”、“掠”通用。根據上述考證,這段話應標點爲:“此是平王之境,未曾諳悉山川,險隘先登;遠致虞候、都巡,子將挍略横行。”

20.9　城上脩營戰格，門門格立，抛車更伏，作冶鎔銅。

此段當標點爲："城上脩營戰格，門門格立抛車，更伏作冶鎔銅。""伏"、"復"同音通假，如 15 頁"更復向前"，原卷"復"即作"伏"。

20.9　四面多安擂木。

"擂木"爲守城用的木材工事。"擂"又作"擂"等形。《集韻》："擂，《埤倉》：'推石自高而下也。'"《破魔變文》："擎山攝海騁神通，方梁欄木遍虚空。"(349 頁)"欄"同"擂"。

20.10　子胥乃布兵列陣，一似魚鱗，跋羅迴吼唤，三聲大鼓，揚名即發。

蔣紹愚校："丙卷無'唤'字。標點應爲：跋羅迴吼三聲，大鼓揚名即發。"蔣校誤，原卷實有"唤"字。此處"迴"不可作"迴轉"解，"跋羅迴"爲一詞，可能是外來詞，故又可作"勃羅迴"，《歷代笑話集》(王利器編)敦煌本《啓顔録》："主人問云：'客解作何音聲？'白云：'並解吹勃羅迴。'主人既嗔且笑，發遣令去。""跋羅迴"、"勃羅迴"究爲何物，尚難考定，然必是吹而有聲之器，蓋可無疑，似爲號角之類。

20.11　槍沾汗血。

蔣紹愚校："'汗'丙卷作'汙'。"今按"汗"原丙卷右半的一竪稍帶撇勢，仍當録作"汗"。

20.13　子胥遂後奔馳，狀如蓬飛撲火。

"遂"爲"逐"之形誤，25 頁有"從後奔馳"句重述此事，"從"、"逐"爲同義詞，可證。

20.14　狀□熱湯撥雪。

蔣紹愚校："丙卷'狀'下不空。"今細審原卷，"熱"字右有小字"似"，字跡甚淡。寫卷中補字、改字有寫於右側的，也有寫於卷端的，還有寫於卷底的(極少)，極易疏忽，"撥雪"之"撥"，各家皆校改爲"潑"。今謂"撥"字從"手"、"發"聲，較"潑"字從“水”更能表示“潑”的動作，因而可視爲偏旁互换俗字。用“撥”的例子如伯 2551《殘道經》：“或引水入穴，煞害衆生；或熱湯撥地，煞害衆生。”又《破魔變文》：“後降潑墨之雨。”（348 頁）“潑墨”乙卷即作“撥霖（墨）”。

21.3　昭王被考，喫苦不前，忍痛不勝。

“前”當作“禁”。《漢將王陵變》：“陵母乃喫苦不禁，撲却槍枷而倒。”“不禁”、“不勝”同義。又如《孟姜女變文》：“辛苦不襟（禁）俱役死。”（34 頁）又云：“遠築長城，喫苦不襟（禁）。”皆其例。

21.8　自把劍結恨之深，重斬平王白骨。

“自”前原有一字，模糊不辨。此句當標點爲：“□自把劍，結恨之深，重斬平王白骨。”“之”字項楚校爲“尤”，近是。

22.2　行至鄭國，四城門罕閉。

“罕”字原卷實作“窂”，即“牢”之俗字（蔣紹愚校同）。18 頁：“牢獄無囚。”“牢”字原卷正作“窂”。“牢”的俗字最常見的是“窂”，《干禄字書》、《龍龕手鏡》皆有收録。又作“窂”者尚見於《隋爾朱端墓誌》等碑刻。此字劉堅校作“咸”，項楚校作“關”，潘書録作“罕”，皆不確。

23.2　即伐天兵。

“伐”字原卷實作“發”（蔣紹愚校同）。項楚校作“代（帶）”，未確。

23.16　黄泉能莫生㥄嗟。

“㥄嗟”原卷實作“嗟㥄”，“㥄”當爲“悼”字之誤。悼、抱、告、道、報五字爲韻脚。

24.6　隔墻遥譍，不相容内（納）。

“譍”即“應”之别字，見於原本《玉篇》及大徐本《説文》。又“不相容内”之“内”，原卷左側還有一竪畫，即“納”之俗字。原卷“納”字皆作此形，如 17 頁“楚王不納忠諫之詞”中

“納”字。

24.15　提戈驟甲遠從戎。

“甲”疑當作“馬”,形近而誤。

25.1　神族集鶴發陵空。

項楚校“族”爲“旌”、“陵”通“凌”,極是。原卷“族”正作“旌”。

25.4　尋途逐(遂)乃入吴中。

原卷“逐”實作“遂”。

25.6　遂即從騎迎來。

“即”原卷作“將”,“將”爲率領之義,合於句義,當據正。

25.10　俗捧崑崘之押(壓)卵,何得不摧;執炬火已(以)燎毛,如何不盡?

“俗”字項楚校作“俗言”或“俗謂”等;江藍生校爲“裕”,通“喻”;袁賓校爲“欲”;王鍈校爲“似”。江説較長,同句法者如伯4646《頓悟大乘正理决》:“若清風之卷霧,豁觀遥天;喻寶鏡以臨軒,明分衆像。”又“盡”疑當作“燼”。隋文帝《相州戰地立佛寺制》:“如火燎毛,殆無遺燼。”蘇軾《玉堂硯銘》:“燼南山之松,爲煤無餘。”即用“燼”字。

26.15　老臣監監,光呪我國。

蔣紹愚校:“‘光’丙卷作‘宄’,當爲‘先’字。200.1‘有宄峰馬探得蕭磨呵領軍二十餘萬’可證。”“光”、“先”形近易誤。又“監監”袁賓校作“尷尬”,義爲“行不正”。此説疑非,“監”可通“鑑”,17頁“的審監(鑑)貌”即其例。

27.13　路逢一努蝸(怒蛙)。

原卷“努”實即作“怒”。

27.16　有一人上王瓠之酒。

原卷“瓠”上有“一”字,當據補。

《敦煌變文集》底本選擇不當之一例(附校議)

本篇係由向達先生校録。校記云:“原凡兩本均無標題,據伯2292號補。原卷:北京光字94號。甲卷:伯3079號。”按:伯2292號《維摩詰經講經文》標題亦係編者擬加,此稱“據伯2292號補”是不妥當的。兩本卷首均題“持世卄弟二”。底卷末題“持世卄弟二卷”;甲卷無尾題,但卷背有此題。考本卷所演繹的經文爲鳩摩羅什譯《維摩詰所説經·菩薩品第四》持世菩薩推辭詣維摩問疾之部分内容,前缺一段經文及講説部分,後缺維摩詰教化魔女的一大段經文及講説部分。項楚先生認爲寫卷原題“弟二卷”是指持世菩薩問疾故事卷次,而非全部《維摩詰經講經文》卷次;前缺部分爲《持世菩薩》第一卷内容,後缺部分爲《持世菩薩》第三卷(也許還有第四卷)内容,其説良是。又原校者以北京光字94號作爲校録的底本(簡稱底卷),而實際上底卷是據甲卷抄録的,兩本行款相同,假借字、俗字、錯字、脱字相同,但甲卷錯誤較少,而底卷因形近誤辨、不察書寫特點及傳録偶誤之處較多,據以作底本,因而導致了一些本可避免的錯誤。如:

[例一]629頁:“蒙宣法味令齋解,又沐談揚决乘懷。”(“沐”字“揚”字從徐震堮校)又630頁:“副乘情誠察乘懷。”(“副”字“誠”字從蔣禮鴻校)其中的幾個“乘”字,學術界聚訟紛紛。徐震堮首先指出“乘”字有誤;蔣禮鴻則認爲“乘”字不誤,“乘”通作“朕”,其義同“我”。陳治文認爲“乘”、“朕”古韻不同部,通假説不成立,而懷疑“乘”爲“我”字誤植。項楚的看法與陳説大抵相同,他認爲“乘”、“我”是草書形近而訛。今覆按底卷,這三個“乘”字

俱作“椉”，即“乘”字俗書當無疑問。甲卷則俱作“𢦏”，即“我”字草書。底卷作“乘”，乃抄手傳抄之誤。何以明之？蓋因甲卷“我”字多作楷書“我”字，偶或誤書作“乘”，而皆旁記“我”字（628 頁“我聞修行之者”等四個“我”字，甲卷始俱誤作“乗”形，應即“乘”字，但每字右旁注“我”字，表示應改作“我”字），或亦作草書“𢦏”字，如 629 頁“我今時固下天來”，“我”字甲卷作“𢦏”，旁注一“我”字，應指“𢦏”即“我”字。這些“我”字，或本作楷書“我”字，或有旁注楷書“我”字，故底卷俱録作“我”字，不至錯成“乘”字。但我們前面提到的三個“乘”字，因爲甲卷只作草書“𢦏”，而没有旁注“我”字，底卷抄手以爲是“乘”字草書，遂誤録爲“乘”字（“乘”字草書或作“禾”，與“𢦏”形近易誤。如 631 頁“真乘差錯爲他牽”，“乘”字甲卷作“禾”，即草書“我”字之訛變，當校作“我”，底卷誤録爲“乘”字）。又 628 頁“棄居上界，來下天宫”，629 頁“與棄受，莫疑猜”，其中的二“棄”字及 630 頁“乘道力，乞慈哀”的“乘”字，甲卷本亦俱作草書“𢦏”，亦當是“我”字。二“棄”字底卷作“乘”，即“𢦏”字誤録，作“棄”則是《變文集》傳録的錯誤。

［例二］628 頁：“繡成盤鳳，對芙蓉而争承嚬羞；刺出鴛鴦，並芍藥而豈無慚耻。”又云：“我今定以捨之，天上承能將去。”629 頁：“與我受，莫疑猜，上界從今承願回。”630 頁：“禪堂内，没支排，寂寞應知承易偕。”（“没”字據甲卷、底卷正）例中的幾個“承”字意不可通。其中前三個“承”字袁賓、蔣禮鴻分别校作“不”，極是。這四個“承”字甲卷俱作“不”，即“不”字俗書。底卷的抄手不加辨察，遂俱誤録爲“承”字（628 頁“禪堂掃洒，清風而不起埃塵”，“不”字甲卷亦作“不”，底卷録作“不”字不誤）。又 630 頁：“有斜指，巧難裁，供養祇承順意懷；分禪補坊兼刺繡，更能逐日辦香齋。”其中的“分禪補坊”不可解，“分”字甲卷作“尒”，實亦即“不”字俗書（伯 3618《秋吟》“不”字俱書作“尒”），底卷誤録作“分”。又“禪”當讀作“憚”、“坊”當讀作“紡”。“不憚補紡兼刺繡”

即上文“巧裁縫，能繡補”之意。

［例三］627 頁：“莫生憂慮，我清疑猜。”（“猜”原作“積”，從徐震堮校。）“我清”二字費解，也是釋之者衆，紛如聚訟。徐震堮謂“我清”二字有誤。項楚、袁賓並謂“我清”當作“不請”。袁氏謂“清”即“請”的借字，而“不”字俗作“丆”，抄手誤録作“禾”（袁氏謂是“乘”字簡寫），又誤作“我”。潘校則云：“伯 3079‘不’原作‘我’，塗改爲‘不’。《變文集》從原卷作‘我’。規疑‘不清疑積’當作‘請不疑猜’。”按：以上諸説，項校、袁校“我清”爲“不請”，最爲卓見。潘校核之於寫本底卷，頗爲可貴，惜其説之未了，猶未達於一間。今覆按甲卷，“我”字右側注一“不”字，指“我”爲“不”字誤書，當改作“不”字（甲卷“我”字并無塗改，潘校謂“我”塗改爲“不”，未確）。“清”字甲卷實本作“請”（“請”的言旁作簡體“讠”，各家誤辨爲水旁），故甲卷實本作“不請疑猜”，底卷抄手不察旁記字，照録“我”字，“請”又誤録爲“清”，致文意扞格難通了。至於“不請”之意，項氏謂猶言不必，乃唐人俗語。潘氏謂“不請”疑當作“請不”，未確。

［例四］626 頁：“爾時魔王告持世因曰……”潘校：“伯 3079‘因’，塗去改‘曰’。《變文集》從原卷作‘因曰’。”按：底卷“因曰”只作一“因”字，無“曰”字；甲卷本作“因”，“曰”字注於“因”字右下側，此指“因”爲“曰”字誤書，當改作“曰”（甲卷“因”字無塗改）。底卷抄手不加察辨，録“因”而去“曰”，可謂疏於裁擇了。

［例五］628 頁：“欲發萌芽之種，須洒春雨膏；欲開蟄户之門，應時雷震。”潘書第二句作“欲洒春膏”，校云：“伯 3079 原作‘須洒春雨膏’，‘雨’字塗去。《變文集》作‘須洒春雨膏’，但原卷作‘須春雨膏’。”按：潘校第二句作“須洒春膏”是對的。但底卷本作“須洒春雨膏”，“洒”字有塗改，或當删去。蓋底卷抄手據甲卷抄録時，没有注意“雨”字有塗抹當删去，仍照録之。但與下文“應時雷震”相比，此句當是四字，故又臆删一“洒”字（“洒”字爲句中動詞

謂詞，不可删），可謂一誤而再誤了。又末句“時”疑當作“待”，形近而誤。

［例六］622 頁：“妖桃强逞魔菩薩，羡美質徒惱聖懷。”蔣禮鴻謂上句“逞”字當乙至句首，“徒”通作“圖”，未確。潘書下句作“美質徒誇惱聖懷”，校記云：“原卷作‘羡美質徒誇惱聖懷’，圈去‘誇’字。伯 3079‘美’原作‘羡’，旁注‘美’，似改‘羡’爲‘美’。《變文集》從原卷。”按：潘校是。甲卷“羡”字右下側注“美”，正是指“羡”爲“美”字誤書，當改作“美”。底卷抄手不達，以爲“美”字是旁記脱字，便補入正文，遂致誤衍一字，而又妄删“誇”字（“誇”字與上句“逞”對偶同義，决不可删。本頁下文及 625 頁並有“誇”、“逞”對偶之句，可資旁證）。

［例七］631 頁：“垢染之穢，纖瑕不巧，塵濛之小，許難沾智。圓與看澄，莚漏盡，何欲明法眼。”這一段話衍文誤字頗多，標點亦多誤，素稱難懂。“莚”甲卷作“卄”，即“菩提”的合文，底卷誤録爲“卄”。《變文集》録作“莚”，不確。徐震堮校云：“智”疑是“着”字之誤。蔣禮鴻謂當校讀作：“垢染之穢，纖瑕不污；塵濛之□，小許難沾，智圓與看證菩提，漏盡何欲明法眼。”後面兩句蔣校斷句是。前幾句潘書校點作“垢染之纖瑕不污，塵濛之小許難沾。”但没有説明理由。今謂潘讀是。查甲卷，“穢”字有塗改，蓋當删去之。甲卷、底卷“污”字下、“沾”字下、“菩提”下各空一格左右的距離，明明告知當讀斷。惜校録者不察，致録文斷句多誤。又“小許”當讀作“少許”；“與看”之“與”當讀作“而”，“看”與下句的“欲”對文近義（“看”有將，欲之義，變文中習見，如同篇下文“紅日看將山上没”、上文“如今看即證菩提”，“看將”、“看即”並爲同義連文）；“何欲”之“何”疑爲“向”字（或“自”字）形誤。“智圓而看證菩提，漏盡向（自？）欲明法眼”，上下儷偶，文義愜當。蔣校謂“何欲”的“欲”字誤，未確。

620.2　經云：時魔波旬從萬二千天女狀，帝釋鼓樂弦歌，來詣我所。

潘書斷句同上，未當。《敦煌變文字義通釋》"狀"條以"狀"字屬下讀，極是。姚秦三藏鳩摩羅什所譯《維摩詰所説經》經文作"狀如帝釋"，可資比勘。

620.3　是時也波旬設計，多排彩女嬪妃，欲惱聖人。剩烈奢華，艷質希奇，魔女一萬二千，最異珍珠千般結果。

本段斷句多誤。潘書於"珍珠"後逗，然仍誤處尚多。蔣禮鴻以"艷質"屬上讀，極是。項楚進而謂"嬪妃"後用分號，"聖人"後改施逗號，"艷質"後施句號，"希奇魔女"連讀，後用逗號，並可從。今檢甲卷、底卷寫本，"也"、"計"、"妃"、"人"、"二千"、"珠"、"果"諸字後並空一格左右的距離，表示當讀斷。校録者不察，遂多誤斷。又"剩烈"二字原校作"盛裝"，潘校則謂似當爲"盛列"。按："烈"當作"列"，徐震堮校及蔣校皆已發之；"剩"字則不煩改。"剩"有多、盛義，詩詞曲語中經見。本篇下文"莫不剩裝美貌"，"呈珠顔而剩逞妖容"，原亦校"剩"爲"盛"，潘書從之，其誤同。又"果"字項校作"裹"，應從之。

620.7　薄緻(引者按：當作縠)掛身，曳殊常之翠彩。

"縠"當即"縠"的俗字。"縠"字本已從糸，但因爲這個表示意義的偏旁是在字的左下側，於義不顯，故俗書復加一糸旁。同理如"然"字加火旁，"梁"字加木旁，"粱"字加米旁，並其比類，贅加偏旁是俗字的特點之一。

620.9　合玉指而禮拜重重，出巧言而詐言切切。

"巧言"潘書作"巧語"，校云："原卷'語'字，《變文集》作'言'。"按：甲卷亦作"巧語"，作"巧言"乃《變文集》校者涉下"詐言"之"言"而誤録。

620.12　任伊修行緊切，税調着必見回頭。

劉凱鳴校"着"爲"者",未確。"着"字不誤。上文:"若見時交巧出言詞,税調者必生退敗。""者"乃"着"字之誤(底卷、甲卷皆作"着",作"者"乃《變文集》傳録之誤,潘書已改正)。劉氏校"着"爲"者",所據蓋即上文誤字。

620.12 魔王道:"我只伇去,定是卄識我。不如作帝釋隊仗,問許伊時卄。

例中"卄"字底卷、甲卷俱作"菩薩",不應改正而從俗。"只伇",徐震堮疑當作"只没",確。"伇"應是"役"字俗書("伇"爲"役"之古字,見於《説文》),文中則爲"没"的形誤字。又"問許伊時菩薩"一句費解,"許"當作"誶"("誶"字俗作"𧬈",與"許"形近)。"問誶"同"問訊"。下文:"問誶莫教生驚覺。"("誶"字底卷、甲卷並作"𧬈")"問誶"義同。"時"字甲卷作"持","持"字是,下當脱一"世"字。原文當作:"問誶伊持[世]菩薩。"又"魔王"語至此句止,句末當加後引號。

620.13 周回捧擁,百匝千連。

蔣禮鴻校"連"爲"遭",極是。"遭"字俗書作"遭",與"連"形近易誤。《捉季布傳文》:"九族潘遭違敕罪。""遭"字己卷誤作"連",是其比。

621.6 天女咸生喜躍,魔王自己欣歡。

徐震堮校:"自己"恐當作"已自"。按:"己"當作"已"(原卷、底卷本作"已"字)。句意謂天女(即魔女)之美,魔王自己也已覺欣歡了。"自已"不必乙。

621.15 胡亂莫能相比並,龜兹不易對量他。

"亂"字徐震堮、蔣禮鴻並校作"部",極是。"胡部"與"龜兹"對偶,當並指樂曲而言("龜兹"即龜兹樂曲的省稱,隋時有所謂"九部樂",即清樂、西凉、龜兹、天竺、康國、疏勒、安國、高麗、禮畢,"胡部"當即指九部樂而言)。上文亦有"胡部之豈能比對"之語。

623.1　隊杖恰如帝釋下，威儀直似梵王來。

徐震堮校“杖”作“仗”，確。“隊仗”變文中習見。上文“不如作帝釋隊仗”，即有“隊仗”一詞。

623.2　須隱審，莫教積，詐作虔誠禮法臺。

“隱審”甲卷作“穩審”，潘書從之。按：“穩”字見於《説文新附》，是“㥯”、“隱”的後起俗字。凡“安穩”、“穩審”之字古書多作“隱”。敦煌寫本中則“穩”、“隱”並見，可見當時在安穩、穩妥意義上由“隱”向“穩”的轉變并未完成。底卷作“隱審”可謂得其字形之朔，而潘氏以今例古，改從甲卷作“穩審”，則是本末倒置了。潘校又謂“積”似當作“猜”，是。然徐震堮校即已發之。

623.3　問誶莫教生驚覺，慇懃勿遣有遺乖。

潘校“誶”字云：“原卷及伯3079均作‘誶’，當是‘訊’字，《變文集》作‘誶’。”按：從字形上説，“誶”顯然是“誶”字（“卒”字或“卒”旁俗書作“卆”，如上文“如抛碎玉於盤中”，“碎”字甲卷作“砕”，可以爲證）。“問誶”同“問訊”，古籍中“訊”、“誶”混用。

623.12　經云：與其眷屬啓首我足，合掌恭敬，及至而修堅法。

“啓”當讀作“稽”。《維摩詰所説經》經文正作“稽”。又“及”似爲“乃”字增筆之誤。“乃至”爲講經文節引經文時習見之語。

624.11　經言：我言爲是帝釋，而語之言：善來，嬌尸迦！乃至與修堅法。

《維摩詰所説經》經文“言爲”作“意謂”；“嬌尸迦”作“憍尸迦”。又“與”當讀作“而”，經文正作“而”字。下文：“似箭射空，勢盡而終歸墮地。”“而”字底卷、甲卷本作“與”字，“與”亦爲“而”的借字。《變文集》及潘書徑録作“而”字，則於例未安。

626.8　須記取，傾心懷，上界天宫却請回。

潘書改“傾”爲“領”，校云：甲卷作“領”，《變文集》作“傾”。

按:底卷亦作"領"字。作"傾"乃《變文集》誤録。

626.15 以感千生之便,得漸萬善之恩。

"漸"字潘書據底卷、甲卷改作"慙",是。"慙"蓋爲"慚"字别構,"慚"與上句"感"對文同義。伯3618《秋吟》:"滿面慙顏陳瑣薄。""慙"亦即"慚"字。

626.16 且令逐日祇供,可備晨昏驅使。

"晨"字潘書同,底卷及甲卷俱作"辰"。下文:"晨昏須遣樂咍咍。"底卷、甲卷亦作"辰昏"。"辰"通作"晨",然不得徑改作"晨"。上文"想知辰夜寂寥","辰"亦通作"晨"。校者或改或不改,於例亦未能一致。

627.7 一万二千天上女,師兄收取且祇恭。

"收取"潘書同,誤。底卷、甲卷本作"留取",應據改。"恭"當讀作"供","祇供"爲侍奉、供奉義。上文"且令逐日祇供,可備晨昏驅使",字正作"供"。本篇628、629、630頁又有"祇承"一詞,"祇供"、"祇承"義近。又631頁:"山林中無可交恭,幽室内慚虧看侍。""交"字潘書據底卷、甲卷改作"支",校云:"支恭"猶"支供"。按:據本篇的用詞習慣,"支"似亦當讀作"祇"。"祇供"與下句"看侍"近義。

627.9 躭迷者定入生死,趨向者必沉地獄。

"躭"即"耽"的俗字(見《玉篇》)。"趨"底卷、甲卷俱作"趣","趣向"不誤,不得徑改爲"趨向"。又"生死"底卷、甲卷俱作"死生",應據乙。

627.10 不居塵世之中,不尋事情之内。

"事情"底卷、甲卷實作"世情",應據改。"世情"上文已見。

630.9 經云:我言嬌尸迦,無已此非法之物,邀我沙門釋子,此非我宜。

"嬌",《維摩詰所説經》經文作"憍"。"已",原校作"以",確,經文正作"以"。"邀",經文作"要","要"指要挾、强迫(《廣韻

·宵韻》："要，俗言要勒，於宵切。"），於義爲長。又"宣"當校作"宜"，經文正作"宜"字。

630.13　况此之女等，三從備體，五障經身。

徐震堮校："三從"在此處無義，疑當作"三徒"，乃"三塗"之同聲字。按：徐校非是。"三從"即"三從四德"之"三從"。《超日明三昧經》卷下曰："女有三事隔五事礙，何謂三？少制父母，出家制夫，不得自由，長大難子，是謂三。"《法句譬喻經》卷二亦云："我等稟形生爲女人，從少至老爲三事所監，不得自由。"佛教以"三從五障"（"五障"指女人身不得作梵天王、帝釋、魔王、轉輪聖王、佛身等五障）爲女人修行的障礙。下文"三從五障在身邊"，文意正同。又"經"字潘校據甲卷改"纏"，確。

630.14　如今看即證蓵。

"蓵"甲卷作"𦬊"，即"菩提"合文（見《龍龕手鏡》），底卷誤作"𦬇"（"菩薩"的合文，亦見《龍龕手鏡》）。《變文集》録作"蓵"，不當。

631.8　我以超於生死，不住愛河，向出塵勞，抛居障海。

"向"當作"逈"，"逈"即"迴"的俗字（見《干禄字書》）。敦煌寫本中"迴"字多書作"逈"。"逈"省去偏旁則爲"向"。敦煌寫本中有省略偏旁的通例。如同頁以"曹"爲"遭"，即其例。故"向出塵勞"應即"迴出塵勞"。敦煌寫本唐太宗《大唐三藏聖教序》有"起六塵而逈出"之語，更其切證。《敦煌變文字義通釋》"詞乖　詞向"條釋"向出"爲違離，照字直解，恐非其當。

632.8　室中不清更遲疑，上界程遥去是時。

潘校"不清"疑當作"請不"。按：潘校"請"字是。"不請"即不必義，二字不當乙。又上文："不情室中久住，速望回歸。"徐震堮疑"不情"當作"請勿"，非。項楚校"不情"作"不請"，是也。

敦煌變文詞語校釋

敦煌變文的發現,爲研究語言和文學的人們提供了嶄新的材料。其中變文詞語的訓釋,取得的成績較大,最爲世人矚目。蔣禮鴻先生的《敦煌變文字義通釋》[①] 是這方面的開山之作,取得的成績也最大。其後徐復、吴小如、項楚、陳治文、王鍈、袁賓等先生續有考釋,探賾索隱,成就亦復可觀。唯因敦煌變文記以口語,書以俗字,其詞語蒙上了一層俗書音變的迷障,具有一種特殊的複雜性,所以各家所釋,容有不逮。加上《敦煌變文集》傳録多誤,補訂者又多未能取變文寫本原卷相覆驗,所以一些本當在探討之列的詞語迄今還没有人作出滿意的解釋。去年春夏以來,我們因進行《敦煌變文集匯校》的工作,認真核對了敦煌變文的寫本原卷,并在此基礎上,對變文的一些疑難詞語進行了考釋。這里選録二十七條,盼祈方家教正。

校分　交分

"非但百金爲上價,千金於口合校分。"(《捉季布傳文》,頁62)

王重民先生校記:"戊、庚兩卷'校'作'交',辛卷作'支'。"《敦煌變文字義通釋》云:"按:《陸宣公翰苑集》卷十,賜吐蕃將書:'贊普若須繒帛,朕隨要支分。'據陸集以校變文,可知'校'是枝字之誤,'交'是支字之誤。支分就是支付、給與。"按:蔣校確。寫本原卷伯 3697"校"本作"枝",實即"枝"字俗書;戊卷斯 5440 作"攴",

庚卷斯 5439 作“⿰支”，並係“支”字俗書；作“校”作“交”，都是《變文集》校者傳録之誤。“枝”是“支”的增旁字（偏旁或增或減亦是俗字的特點之一）。《大目乾連冥間救母變文》：“（目連）欲往他國興易，遂即支分財寶，令母在後設齋供養諸佛法僧及諸乞來者。”（頁 714）“支分”也是支付、給與之意，可爲蔣説助證。

苒惹

“牛香苒惹，魚梵虚徐。”（《長興四年中興殿應聖節講經文》，頁 414）

劉凱鳴先生校：“‘苒惹’不詞。今謂‘苒’乃‘燃’之音近而訛；‘惹’爲‘熱’之音近而訛。‘燃熱’同義連文。”② 按：“苒惹”與下句“虚徐”對偶，並爲聯綿字，其義爲裊裊昇騰的樣子。③ 杜牧《望故園賦》云：“月出東山，苔扉向關。長煙苒惹，寒水注灣。”“牛香苒惹”“長煙苒惹”文意相類，何不詞之有？劉説未確。

罪會

“亦如我皇帝每逢金節，迴□天庭，見天顔於上界宫前，排罪會於九重殿内。”（《長興四年中興殿應聖節講經文》，頁 415。《變文集》“節”下失逗，“迴”誤作“迴”，此據原卷并參用徐震堮先生校改。）

劉凱鳴先生校：“‘罪會’殊費解。今謂‘罪’乃‘罰’字之訛，‘罰’又是‘法’之音近而訛。”④ 按：劉氏未核原卷，臆説不可從。今檢核寫本原卷（伯 3808）“罪”字本作“罛”，當爲“衆”字。“衆會”，佛教語，指諸衆之會聚。《幻士仁賢經》云：“於時目連在衆會前。”《法華經・序品》：“天龍鬼神等衆會之心。”“衆會”屢見於佛典，不贅舉。

結周

“生涯不結周，不求於利養。”(《佛説阿彌陀經講經文》，頁451)

《變文字義待質録》收此詞，校云“未詳”。此後考釋者衆。質而言之，約有三説：一、“結”爲“給”字之訛，“結周”爲倒文，互乙爲“周給”。慧琳《一切經音義》卷二十二“一切周給”條云：“謂周匝供給，故云周給也。”持此説者爲陳治文，説見《敦煌變文詞語校釋拾遺》。[⑤]二、“結周”是“繫舟”的假借字，“不繫舟”語出《莊子・列禦寇》。“生涯不繫舟”是比喻行僧“虚而遨遊”的生活。持此説者爲袁賓，説見《〈敦煌變文集〉詞語拾零》及《敦煌變文校勘零札補記》。[⑥]三、“結周”爲“結界”形訛，“結界”，佛家語。“不結界”即不限一定地界之義。持此説者爲楊雄，説見《〈佛説阿彌陀經講經文〉補校》。[⑦]按：以上三説，陳説差爲得之，其以“結”爲“給”字之訛，最爲卓見(“結”“給”形音並近)。但陳氏引慧琳釋其義爲“周匝供給”，則有未安。今謂“結周”即“給賙”。《玉篇・貝部》：“賙，給也，贍也。”《周禮・地官・大司徒》鄭注：“賙者，謂禮物不備，相給足也。”《説文・糸部》：“給，相足也。”段注：“相足者，彼不足此足之也。”是“給賙”爲同義複詞，“生涯不給賙”即衣食等生活用品不豐贍、不具足之意，故下文云“不求於利養”(“利養”，佛教語，指以利養身)，云“隨分且過時”也。慧琳音義的“周給”似亦爲同義複詞。慧書卷四十一、希麟《續一切經音義》卷一並有“賙給”之目，“周給”實即“賙給”(“賙”是“周”的後起分化字)，慧氏以“周匝”釋“周”，恐爲失之(“一切周給”，“一切”已有“周匝”之意，無庸再贅“周匝”之“周”)。

鋆冠

“後教獄卒下鋆冠。”(《佛説阿彌陀經講經文》,頁 462)

《敦煌變文字義通釋》云:“《變文集》校‘鋆’作‘鑒’,這是錯的。‘鋆’字應該是‘犁’的異體,‘鋆冠’就是《説文》裏的‘犁冠’。”按:蔣校“犁冠”甚是,但謂“鋆”字是“犁”的異體,則未盡安。考原卷其字本作“鋫”,疑爲“黎”字别體。“黎”見《龍龕手鏡》,正作“鑗”(“鑗”見《説文》)。“鑗”“犁”《廣韻》並音力脂切,音同通用。

彼立

“三番結磨五彼立,從此僧尼遣斷酒。”(《佛説阿彌陀經講經文》,頁 470)

“結磨”即“羯磨”,意爲“作法辦事”,已詳《敦煌變文字義通釋》。又《敦煌變文集》校記云:“彼立”二字原缺下半截,不知何字。《變文字義待質録》收此詞。項楚先生謂“彼立”是“毗尼”的音訛,“毗尼”是佛所説的戒律,文煩不具録。[8] 今驗寫本原卷,“五彼立”,“五”字原卷實作“立”;“彼”字本作“倐”,實爲“條”字;“立”字本作“亯”,下截模糊不可辨識,據殘存字形并推以文意,其字應是“章”字。“立條章”指定下規矩章法,合於文意。[9]

向 於

“修行凈行不貪嗔,向佛於僧意自純。”(《妙法蓮華經講經文》,頁 508)

《敦煌變文字義通釋》云:“‘於僧’和‘向佛’相對,是厚待僧人的意思。‘向佛’的‘向’,有敬愛的意思,見《詩詞曲語辭匯釋》卷三……《目連變文》:‘其人遥見尊者,禮拜於謁再三。’(頁 759)‘於謁’應是厚禮拜謁,這正是‘於僧’的事。”按:“於”“向”有厚待、敬愛之意,誠爲確論,[10]但《通釋》上面所舉二例中的“於”“向”却恐非其義。前例“向佛於僧”,“於”爲對待之意,“向”亦猶“於”。“向”有“於”義,敦煌變文中屢屢可見,如《父母恩重經講經文》:“皆因不孝於慈父,盡爲辜僥向母親。”(頁 675)又云:“不於女處生嫌厭,不向兒邊起愛親。”(頁 688)又《故圓鑒大師二十四孝押座文》:“切要撫憐於所使,倍須安恤向孤孀。”(第 836 頁)《難陀出家緣起》:“此間鑊湯,爲待佛弟難陀。不求佛教,戀着色身,合向於此鑊湯煎煮。”(頁 402)前三例“向”“於”對文同義,後一例“向於”連文同義,並其證。故“向佛於僧”猶言“於佛於僧”,亦猶“對佛對僧”,《通釋》以“於”“向”爲厚待之意,蓋未然也。至於《目連變文》的“於謁”,“於”疑爲“相”字之誤。“相”字草體和“於”字草體形近,變文中每致互誤,如《歡喜國王緣》“相”字類皆作“於”,例多不贅舉。“禮拜相謁”文意順適;《通釋》釋“於謁”爲“厚禮拜謁”,别無佐證,恐亦未然也。

頭頭

“還須念念發精勤,莫使頭頭行遊逸。”(《維摩詰經講經文》,頁 519。“使”原卷作“遣”,當據改。)“阿難名字頭頭唤,囑付言音處處陳。”(同上,頁 526)“在毗耶城内,頭頭接物,處處利生,處城中無不歸依,在皇闕尋常教化。”(同上,頁 553)

《敦煌變文字義通釋》有“頭頭”一條,釋云“猶如説事事、樣樣、件件”。但上述諸例中的“頭頭”釋爲事事、樣樣、件件似未盡安,而以解作“時時”爲切。《通釋》所舉《父母恩重經講經文》:“處處提拔教出離,頭頭接引越迷津。”“頭頭”“處處”對偶,“處處”以地言,“頭頭”以時言,“頭頭”亦以解作“時時”爲對勁。

斧側

“既聞時，須斧側，勤把經文與尋□。”(《維摩詰經講經文》，頁520)

《變文字義待質録》收此詞。陳治文先生校云：“‘斧’爲‘頫’訛，‘側’爲‘夨’之訛，……各爲同音替代字。《廣韻》麌韻：‘頫，説文：低頭也。’職韻：‘夨，説文云：傾頭也。’”[11] 袁賓先生謂陳校“頫”(即“俯”)字是，“俯”爲躬身義，表示敬意；“側”本爲側立、側身的意思，亦表敬意；“俯側”似爲俯身側立的省説。[12] 今按：陳校、袁校並未諦。寫本原卷斯4571“斧”字實作“發”(“發”與“斧”稍近，校者因致誤録)。“發側”似當讀作“發惻”。“側”“惻”古通用。《説文通訓定聲》：“側，假借爲惻。”“惻”有懇切之意。《後漢書·張酺傳》：“張酺前入侍講，屢有諫正，誾誾惻惻，出於誠心，可謂有史魚之風矣。”李賢注：“惻惻，懇切也。”同篇下文：“經文正引好修行，只是徒心發赤誠。”(同頁，“正”原卷本作“止”，通作“指”；“徒”當讀作“圖”。)“發惻”，殆即此所謂“發赤誠”也。

刖

“只緣自己多邪曲，刖着言詞請世尊。”(《維摩詰經講經文》，頁526。“多”字《變文集》誤作“自”，此據原卷訂)

“刖”謂斷足，在文中非其義。審視原卷，其字似爲“剛”字(原卷此字不甚清楚)。“剛”爲偏偏之意，切於文意。《敦煌變文字義通釋》“剛”條云：“《妙法蓮華經講經文》：‘有何意，捨榮華，剛要求聞《妙法花》？’(頁490)‘剛要’就是偏要。本條見《詩詞曲語辭釋匯》卷二，變文裏只見到一處。”按：上例可補《通釋》舉證之未備。[13]

情誠

“遥知我佛説真經,各發情誠來禮拜。”(《維摩詰經講經文》,530 頁)

劉堅先生校:“情應作精,情、精形音並近。”[14] 按:“情”字不煩改。“情誠”同義連文,“情”亦猶“誠”。《管子·形勢解》:“與人交,多詐僞情實。”“情實”猶“誠實”。《維摩詰經講經文》又一篇:“乘道力,乞慈哀,赴乘情成察乘懷。”(頁 630)文中的三個“乘”字都當校作“我”,“赴”字“成”字《敦煌變文字義通釋》校作“副”“誠”,則“情誠”也是同義連文。“情”有“誠”義,孫詒讓《墨子閒詁》已發之,蔣禮鴻先生《咬文嚼字》[15]“《曹劌論戰》‘必以情’説”條亦有説。

多

“回身往往合雙眼,喘息頻頻皺多眉。”(《維摩詰經講經文》,頁 555)“身上一條雲作被,面門多點雪成眉。”(同上,頁 532)“勸君速解架頭鷹,從他多翼飛雲外。”(《妙法蓮華經講經文》,頁 503)

項楚先生《敦煌變文語辭札記》[16]“多”條列舉以上三例,謂“‘多’是兩、雙的意思,乃數詞”,“多眉”就是雙眉,“多點”就是“兩點”,“多翼”就是兩翼或雙翼。他説:“通常數目超過二個以上就可以稱作多,而這裏是特指二(雙、兩),可以看作字義的縮小。不過這種用法以後并未得到發展,因而成爲語言現象中的特例了。”按:語言是社會的産物,語言現象中的特例同樣是被社會制約着的。“多”表示兩、雙,在古今漢語中都未見運用,與敦煌變文時代相近的曲子詞、詩及其他文獻中也未見他例,這種用法是值得懷疑的。正如王力先生所説："如果某詞只在一部書中具有某種意義，同時代的其他的書并不使用這種意義，那末這種意義是可懷疑的。"[17]我們檢核了以上三例的寫本原卷，前二例"多"，原卷斯4571號皆作"[illegible]"，實爲"兩"字草書。《草書大字典》(上海掃葉山房石印本)載宋蔡襄等人草書"兩"字頗有作此形者。本卷書手"兩"字亦多書作此形，如同篇："能將機櫓身邊揉，解把篙撑來往撼。"(頁520)又："經曰'我聞'，此唱分多段，先回答'我'義，後'我聞'合釋。"(頁521)"面上五條光彩彩，眉邊萬道色皚皚。"(頁552)"善惡多般須攝治，莫交回回見蹉跎。"(頁558)上舉四例中的"身"字、"多"字、"萬"字原卷本皆作"[illegible]"，實亦爲"兩"字草書。校者不察草書，乃誤而爲"身"、爲"多"、爲"萬"，竟致文意難通了。"多"字敦煌寫本中通常作"乡"，與"[illegible]"字是不混用的。至於《妙法蓮華經講經文》的"多翼"，"多"字寫本原卷伯2133號本作"[illegible]"，我們懷疑這是"雙"字而不是"多"字。可見，項氏所據以推論的三個例證都是靠不住的，因而他所據以得出的結論自然也是無法成立的。

德質

"一堆德質爲根本，三尺荒墳是去程。"(《維摩詰經講經文》，頁555)

蔣禮鴻先生把"德質"列入"不能解釋"的《變文字義待質録》，他説："'德質'疑是'隱質'之誤，文意謂一個墳堆埋葬了形體。《佛説阿彌陀經講經文》：'忽涌身於霄漢，頭上火焰而烙烙；或隱質於地中，足下清泉而浩浩。'(頁455)"按：蔣先生釋"質"爲形體是對的(《佛説阿彌陀經講經文》例"質"與上文"身"對文同義)，但校"德"爲"隱"則未確。考寫本原卷(斯4571)"德"字本作"壞"，實是"壞"字俗書。同篇下文:"偃卧高床,尪羸壞空。"(頁 557。"空"字原卷本作"室",應據改)"壞"字原卷亦作此形。"壞質"指壞爛之形體。上文云:"究竟不净,終歸敗壞。"(頁 552)又《不知名變文》:"將爲化生來説法,定證金剛不壞身。"(頁 815)《佛説觀彌勒菩薩上生兜率天經講經文》:"慚愧慈尊戒定身,修心練行出埃塵,堅貞豈算千千劫,不壞何論萬萬春。"(頁 648)又《大方便佛報恩經》卷二:"今我此身當歸壞敗。""壞"字義並同。

撮摩

"是身如聚沫,不可撮摩。"(《維摩詰經講經文》頁 582)

徐復先生云:"'撮摩'就是'撮磨'。……釋慧琳《一切經音義》卷七十八:'撮磨,上纂括反,又音竄括反,二者訓同用。[18]《考聲》云:撮,牽持也,《字林》,手撮取也。'又卷八:'撮磨,下墨波反,《考聲》,磨,礪也,研磨也,《説文》作䃺。'又《禮記·樂記》:'相親而善之謂磨。''撮磨'連文,是'持取研磨'的意思。"[19]按:慧琳《音義》卷四十一云:"撮磨,……此言水之聚沫浮幻虚脆,不可撮持而磨也。"希麟《續一切經音義》卷一亦云:"是身如聚沫,不可撮磨,言浮幻虚脆,不可撮持而磨也。"諸説並以"磨"爲"研磨",徐氏從之,恐爲望文生訓。同篇下文云:"是身如聚沫,不可能摩撮。"(同頁)倘從其説,則"摩撮"豈不是應解成"研磨而撮取"(與"撮持而磨"相反)了! 實則"摩撮"同"撮摩",撮謂撮持,摩謂觸摸,"撮摩"是一個義近合詞,故可倒言之曰"摩撮",而其意不變。希麟《續一切經音義》卷九云:"捫摩,下莫何反,《韻英》云:摩挲,亦捫摸也。"而"撮磨"之"磨"反倒是"摩"的借字。慧氏《音義》卷十三、四十二、七十三並有"撮摩"條目,字固作"摩"也。

排諧

“汝今便請速排諧，萬一與吾爲使去。”（《維摩詰經講經文》，頁 636）“汝依吾敕，汝禀我言，速便排諧，速須往彼。”《敦煌變文論文録》所附《維摩經講經文》，頁 866）“王孫這日便排諧，置（蔣校作“致”）得九宫人浩浩。”（同上《維摩碎金》，頁 863）

“排諧”一詞，辭書未載。項楚先生謂“諧”當作“比”，“排比”爲整備之義，變文中屢見。[20]按：“排比”爲整備之義，《敦煌變文字義通釋》繁有舉證，自無可疑。問題在於“諧”“比”形音並殊，何以“比”得以屢屢訛作“諧”字？前二篇文中亦有徑作“排比”的，如前篇：“遂設威儀，排比行李。”（頁 643）後篇：“事須排比入毗耶，殷勤致問維摩病。”（《敦煌變文論文録》，頁 866）爲什麽作者或傳抄者放着簡單的“比”字不用而會錯成複雜得多的“諧”字呢？是亦不可解。我們覺得“排諧”的“諧”是“偕”的假借字（“諧”“偕”形亦近），“偕”義同“比”（“偕”有“比”義，《敦煌變文字義通釋》舉證甚富，此不贅引），故“排諧”亦猶“排比”。《維摩碎金》又有“排斂”之語：“發言既了，排斂威儀，各擎龍鳳之衣，别换新鮮衣服。”（《敦煌變文論文録》，頁 861）“排斂”義同“排偕”、“排比”。“排偕”與“排比”、“排斂”詞語的組合及其所體現的詞義都是相近的，顯然不見得是“排比”之誤。

聞樣

“或經營，或工巧，聞樣尖新呈妙好。”（《无常經講經文》，頁 657）

“聞樣尖新”怎解？《敦煌變文字義通釋》云：“中古音微紐明紐不分，現代浙江方音嗅氣的‘聞’仍讀明紐，‘聞樣’也是模樣。”

按:《通釋》謂中古音微紐明紐不分自無問題,但上例的"聞樣"却不是"模樣"的音假。寫本原卷(伯 2305),"聞"字本作"闘",實爲"鬬"的俗字。《干禄字書》載"鬬"俗作"鬪",《集韻》去聲候韻又謂俗作"鬪",敦煌寫本則多作"闘",如同篇下文:"鬬艷争輝呈面俏。"(頁 667)"鬬"字原卷即作"闘",例多不贅舉。"鬬樣尖新"即比樣子的尖新,"鬬"指競、比,"樣"指色樣,文暢意適。《變文集》傳録失真,《通釋》據以索解,自難得其達詁。

準望　修致

"莫推男女成行,準望他家修玻。"(《无常經講經文》,頁 662)

《敦煌變文字義通釋》"準擬　鈍擬　準承　鈍録"條附有"準望"一詞,并引歐陽修《乞詔諭陝西將官劄子》一文爲證,而缺少敦煌變文的內證。按:上例"準望"爲希望、承望之意,可補其舉證之不足。又"修玻","玻"字原卷(伯 2305)作"玻",當是"致"的俗别字。下文"皆道世塗難辦致"(第 666 頁),原卷"致"作"玻",可資比勘。"修致"當讀作"修持"("致"、"持"並爲止攝字)。"修持"變文中習見(如第 518、566 頁並有用例),爲修行持戒之簡縮。

懷躭

"不會懷躭(胎)煞苦辛,豈知乳哺多疲倦。"(《父母恩重經講經文》,頁 674)

"躭"字不見於字書。原校"躭"爲"胎",大誤。"躭"應是"躭"的俗字。在敦煌寫本中,"躭"字類皆書作"躭"。如《維摩詰經講經文》"莫躭富貴不修行"(頁 626)、"躭迷障岳逐時摧"(頁 626),寫本原卷北圖光字 94 號及伯 3079 號"躭"字俱書作"躭",例多不贅舉。《龍龕手鏡・身部》:"躭,俗;躭,正:丁含反,好也,翫也。"

根據這個音切和釋義，其實就是“耽”字。《玉篇·身部》“躭”字丁含切，便以爲即“俗耽字”。《華嚴經音義》卷上“耽味”條亦云：“耽，都含切。……今經本作躭字，時俗共行，未詳所出也。”但“耽”字與懷孕無關，在文中應讀作“擔”。《燕子賦》：“正見雀兒卧地，面色恰似坌土，脊上縫(膖)個服子。”(頁251)據校記，甲、乙兩卷“縫”作“躭”，戊卷作“擔”。作“躭”者也是“擔”的借字。《齖䶗書》：“翁婆罵我，作奴作婢之相，只是擔眠夜睡。”(頁858)則是借“擔”爲“躭”，[21]亦可資比勘。“懷擔”是近義複詞，今人稱懷孕有云“擔身孕”的，即此“擔”字。伯2044《勸善文》：“第一囑：發願耶孃長萬福。懷擔十月受苦辛，乳哺三年相鞠育。”又臺北圖書館藏敦煌卷子《盂蘭盆經講經文》：“想得當初養育我，受苦懷擔不可論。”又云：“第一懷擔守護恩，十月之中常負重。”字正作“懷擔”。但在敦煌寫本中，更爲常見的則是“懷躭”。同篇下文及北京河字12號《父母恩重經講經文》“懷躭”一詞又出現了十九次之多，《變文集》一皆徑改作“懷胎”，却又未加任何説明，殊乖原定體例。“懷躭”一詞後世亦尚見運用，如《梨園按試樂府新聲》[22]卷上王伯成《哨遍》套《耍孩兒》：“三年乳哺，十月懷躭。”是也。蓋“擔”字久假作“躭”，約定欲成，遂有積重難返之勢。且“躭”(或作“躭”)字從“身”，較之“擔”字從手，更能會婦女懷孕之意。所以俗間便徑以“躭”爲懷擔字，而不以爲是“擔”字之假也。

又《敦煌歌辭總編》[23]卷三《十恩德》，其一爲“懷躬守護恩”，任半塘先生校云：“標題内‘躬’，甲戊癸等原寫‘躭’，己寫‘躭’，壬寫‘㼖’。……查下文〔〇三一五〕曰‘第八爲避惡業緣，躭輕負重陌關山’，‘躭輕’明是‘躬親’之訛(引者按：着重號爲任校原有)，不能作‘胎輕’，‘躭’之爲‘躬’，乃無從否認。”按：任説殊誤。三一五首《十種緣》“躭輕負重”，“躭”正是“躭”的俗字，亦即“擔”的假借字。其文“擔”、“負”義同，“輕”、“重”義反，詞意甚明。任氏乃謂“明是‘躬親’之訛”，可謂是明眼人説瞎話了！至於《十恩德》各卷之“躭”之“躭”，顯亦即“擔”字；壬卷的“龕”，原本實是“貪”字，“貪”亦當讀作“擔”（“貪”之與“躬”則無緣致誤）。任氏既校“躭輕”爲“躬親”，又據此謬説校“懷躭（躭）”爲“懷躬”，而不知“懷躬”義之不可通也！[24]

恩會　　憐會

“如斯恩會最多，争忍抛離出外。”（《父母恩重經講經文》，頁674）“三千國土釋迦尊，憐會衆生不可論。”（同上，頁688）

徐震堮先生於前例出校記云：“會”同“惠”。《敦煌變文字義通釋》則云：“‘會’應解作愛。……《敦煌雜録·十恩德》，第十是‘究竟憎慜恩’，‘憎’就是這裏的‘會’。”按：“會”是否可以解作“愛”，這是一個有待研究的問題，這裏不想多加討論。但上舉幾例的“會”、“憎”却不能作爲“會”可解作“愛”的證據。第一例的“恩會”，寫本原卷本作“恩㑹”，實爲“恩念”二字。該卷“念”字多書作此形，如下文“怕被無常一會催”（頁677）、“不會重德”（頁691、又頁692），“會”字原卷皆作此形，亦即“念”字。校者不加辨察，以爲是“會”的簡體，復改爲繁體“會”，以致一誤而再誤。其實敦煌寫本中“會”字通常是不書作簡體“会”的。第二例的“憐會”原卷本作“憐㑹”，實亦爲“憐念”二字。“恩念”、“憐念”即“恩愛”、“憐愛”，“念”是愛的意思，《變文集》作“會”却是個錯字。元曲《虎頭牌》一：“你如今峥嶸發達呵，你可休忘俺兩口的恩念。”《貨郎旦》三：“孩兒也，你久以後不可忘了我的恩念。”又《大唐三藏取經詩話》卷中：“僧行七人，深謝國王恩念，多感再三。”這些“恩念”也都是恩愛之意，和變文中的用法是一脉相承的。變文中又有“恩憐”之語（如同篇頁672、687），與“恩念”同，也是恩愛的意思。“憐念”是同義連文。同篇：“故知慈母惜嬰孩，憐念交招役意懷。”（頁684）“似世尊憐念法界内一切衆生，……一個個交出離苦源。”（頁687）又《目連緣起》：“願佛慈悲憐念。”（頁710）元曲中“憐念”連文的就更多，茲不贅舉。

至於《十恩德》的“憎慜”，據辭書，“憎”，惡也，與“愛”義無涉。考該篇凡存十個敦煌卷子，其中斯0289作“憐慜”；斯4438殘存“令敃”字樣，應是“伶愍”二字；斯5591、5687作“鄰愍”；伯2843作“唯愍”；伯3411作“年慜”。“鄰”“年”應是“憐”字音誤這應該是没什麽問題的，“憎”則疑是“憐”字之誤（“憎”字草書與“憐”字形近）；“唯”當讀作“會”，“會”又是“令”字形誤，抑或“憎”（憐）字省誤也。唐大足石刻有《父母恩重經變像》，最後一幅石上題字有云：“究竟憐憫恩，頌曰：百歲唯憂八十兒，不捨作鬼也憂之。”[25]字亦正作“憐”，可資比勘。

辜繞　辜僥

“不念二親恩養力，辜繞弃（養）育也唱將來。”（《父母恩重經講經文》，頁675）“皆因不孝於慈父，盡爲辜僥向母親。”（同上）

《變文字義待質録》收此詞，校云：“這個詞與不孝同意，大概就是辜負的意思，‘繞’、‘僥’疑即‘饒’字，就是《左街僧録大師壓座文》的‘饒俊須遭更姓字，任姦終被變形儀’（頁840）的‘饒’。”按：“饒俊”的“饒”與下句“任”對偶同義，都是表示讓步的連詞，與“辜僥”的“僥”詞性是不一樣的，不宜相提並論。“辜繞”的“繞”寫本原卷（伯2418）實亦作“僥”字，[26]所以“辜繞”“辜僥”實只“辜僥”一詞。“辜”指辜負，應該是没什麽疑問的。《目連緣起》：“忽若得見慈親，生死不辜恩德。”（頁703）“辜”字用法同。“僥”則似當讀作“嬈”，《集韻》去聲三十四嘯韻：“嬈，不仁也。”“辜嬈弃育”，“育”字原卷實作“背”，當據改；原校“弃”爲“養”，是錯的。“辜嬈弃背”是四個近義詞連用，跟上下文義正相吻合。

底漠

“但保宣空門薄藝，梵宇荒才，經教不便於根源，論典罔知於底漠。”(《頻婆娑羅王后宮彩女功德意供養塔生天因緣變》，頁769)

《變文字義待質録》收此詞。按：“漠”當讀作“謨”。“底謨”與上句“根源”儷偶，指根本之道理。《碧巖録》普照序有云：“剔抉淵源，剖析底理。”“底謨”與“底理”義近。又“便”字當讀作“辨”，“便”“辨”音近通用。“不辨”與下句“罔知”對偶近義。

詞乖　詞向　向

“臣今歌舞有詞乖？王忽筵中淚落來。”(《歡喜國王緣》，頁773)“怨死屍在生日，於父母受不孝中親處無情；兄弟致詞，向姊妹處死義。”(《地獄變文》，頁762)

《敦煌變文字義通釋》“詞乖　詞向”條引上二例，釋爲“背謬違戾的意思”。蔣先生於前例下云：“‘詞’字用法很特别，所以徐震堮校疑‘詞’字當作‘何’字，這其實是揣測之談，未必可信。”後例《通釋》校讀作：“怨死屍在生日，於父母處不孝，宗親處無情，兄弟處詞向，姊妹處無義。”蔣先生説：“‘受’、‘致’都是‘處’字簡寫‘処’形近之誤。‘兄弟’‘姊妹’兩句就是後文的‘姊妹如參辰，兄弟如水火’的意思，可見‘詞’有背謬違戾的意思，‘詞乖’猶如説‘違乖’。《維摩詰經講經文》：‘我以(已)超於生死，不住愛何(河)，向出塵勞，拋居障海。’(頁631)‘向出’的‘向’在這裏也有違離的意思。由此可知，‘詞乖’、‘詞向’都是詞素意義相似的聯合式複合詞。”按：《通釋》所釋，别無他證，似難成立。前一例“臣今歌舞有詞乖”是疑問句，是不知而問，意思是説我今天歌舞時有什麼不當的地方嗎？爲什麼國王您突然在筵席上掉起眼淚來了呢？上文云"有相夫人見王垂淚，不測事由"，下文云"爲復言詞相觸牾，爲當去就拙旋回？希王善惡如今説，莫使宫嬪總亂猜"，都可證"臣今歌舞"兩句是不知而問。而原作"詞乖"與文意不合，所以徐震堮先生校"詞"爲"何"，[27]是很有見地的（敦煌寫本中"言"旁多作簡體"讠"，與"亻"旁形近易訛）。後例"致"與"処"形并不太近，變文中亦未見互誤之例，形誤説難於成立。其實《敦煌變文集》以"兄弟致詞"爲一句并没有錯。"致詞"即"置詞"，"致"是"置"的假借字。敦煌變文中致、置通用的例子很多，如《醜女緣起》："自嘆前生惡業因，置令醜陋不如人。"《變文集》校"置"爲"致"，是其例。"置詞"是埋怨、多話的意思。《不知名變文》："娘子今日何置言？貧富多生惡業牽。"《通釋》"置言"條釋爲"責問、埋怨"。"置詞"顯然亦即"置言"。而"向姊妹處無義"的"向"是"於"的意思。"向"可解作"於"，説已見上。所以"向姊妹處無義"就是於姊妹處無義，這和上文"於父母處不孝"句式正復一致。至於《維摩詰經講經文》的"向出塵勞"，"向"應爲"逈"的省旁字。敦煌寫本中有省略偏旁的通例，如同篇之以"曹"爲"遭"，《廬山遠公話》"豕令同行與我唤此老人"（頁170）之以"豕"爲"遂"，《佛説阿彌陀經講經文》"任軍無之惡業"（頁452）之以"軍"爲"運"，是也。例多不贅舉。故"向"應即"逈"之省。"逈"即"迥"字俗書，見於《干禄字書》。敦煌寫本中"迥"字亦多作"逈"，如《廬山遠公話》"一體逈超三界"（頁183），《佛説觀彌勒菩薩上生兜率天經講經文》"龍王逈出鬼神前"（頁650），"逈"並即"迥"字。故"向出塵勞"實即"迥出塵勞"。敦煌寫本唐太宗《大唐三藏聖教序》有"超六塵而逈出"之語，[28]兩相比較，"向出"之當作"逈出"（亦即"迥出"），殆無煩辭費。所以《通釋》"詞乖　詞向"條釋義乃至條目的設立都是有待斟酌的。

祝娉　囑娉　竹娉　爲娉　爲娉

"説着尚猶皆驚怕,如何祝娉向他門。"(《醜女緣起》,頁 791)

王重民先生校記:"乙卷'祝娉'作'囑娉'。"按"祝娉"甲卷(斯 4511,即《變文集》校録的底本)實作"竹娉",作"祝娉"是校者據丙(斯 2144)、丁(伯 3592)、戊(伯 2945)三卷所改。"祝娉"、"竹娉"、"囑娉"爲詞,辭書未載,其義殊爲費解。今謂"祝""竹"當讀作"屬"。《廣韻·燭韻》:"屬,付也。"《漢書·張良傳》"韓信可屬大事"顔注:"屬,委也。"《尚書·梓材》"至於屬婦",孔疏:"以妾屬於人,故名屬婦。"宋蔡沈傳:"婦之窮獨者則聯屬之,使有所歸。""娉"通常指娉問(《説文·女部》:"娉,問也。")、娉娶(《玉篇·女部》:"娉,娶也。");但也可用於娉嫁。如《父母恩重經講經文》:"長大了擇時娉與人,六親九族皆歡美。"(頁 686,"娉"《變文集》作"聘",誤,此據原卷改。説詳下文)又如敦煌曲子詞《鳳歸雲》:"娉得良人,爲國遠長征。"(見斯 1441)又《傾杯樂》:"一旦娉得狂夫,攻書業抛妾求名宦。"(見伯 2838)又一首:"堪娉與公子王孫,五陵年少風流婿。"(同上)"娉"皆娉嫁之義。是"屬"有歸屬、託付之義,"娉"有嫁義,"屬娉"連用,即指女子出嫁。乙卷作"囑娉","囑"乃"屬"的後起分化字。故"祝娉""竹娉"當從乙卷作"囑娉"爲是,而校者却改從丙、丁、戊卷作"祝娉",可謂不知别擇。"囑娉"蓋當時俗語。同篇下文:"私地詔一宰相,交覓薄落兒郎,官職金玉與伊,祝娉爲夫婦。"(頁 791)"祝娉"亦當讀作"囑娉"。又《父母恩重經講經文》:"從此女從幼小交(教)示成長了,須爲娉(聘)他門。"(頁 686)"爲"字寫本原卷伯 2418 實作"囑"字,當據改。"娉"則即"娉"的俗字。"甹"旁俗書類皆書作"㽕",如《干禄字書》載"騁"俗作"騁",《龍龕手鏡》載"聘"俗作"聘",敦煌寫本中其例亦甚繁,此不贅舉。原校作"聘",誤("聘問"及"聘娶"字古本作“娉”，經傳或以“聘”代之，參看《説文》段注。但“娉嫁”字未見有書作“聘”的)。又同篇下文：“是女纏盤求爲聘，是男婚娶致歌歡。”(頁 687)“爲聘”原卷實亦作“囑娉”，固不得憑臆輕加改訂也。

𩧢

“犬解報恩能𩧢草，馬能知主解垂繮。”(《故圓鑒大師二十四孝押座文》，頁 836)

《敦煌變文字義通釋》云：“𩧢”應作“驏”。按：蔣校確。本篇凡存三個敦煌卷子，原卷斯 7 作“𩧢”，甲卷同，乙卷作“驏”。“𩧢”即“驏”的俗字。“展”字或“展”旁俗書多作“𡱐”，如王梵志詩《他家笑吾貧》：“吾無呼喚處，飽喫長展脚。”斯 5474“展”字書作“𡱐”。又《大目乾連冥間救母變文》：“世間之罪由如繩，不是他家尼碾來。”(頁 730)伯 2319 卷“碾”作“𥖁”。例多不備舉。唐人李固言《續幽怪録》卷四“張逢”條：“投身草上，左右翻轉。既而酣甚，若獸𨂿然。”“𨂿”即“踱”的俗字，文中當是“驏”的偏旁互换字(偏旁無定是俗字的特點之一)，《通釋》謂“𨂿”是“驏”的誤字，恐欠妥。

趁

“新婦乃索離書，……翁婆聞道色離書，忻忻喜喜。且與緣房衣物，更別造一床氈被。乞求趁却，願更莫逢相值。”(《齖䶗書》，頁 858)

《敦煌變文字義通釋》“趁”條謂“趁”還有驅迫、驅逐的意思，并引白居易詩、《景德傳燈録》等書爲證。實則“趁”用於驅逐之義敦煌變文中并不乏其例，如上例即是。又《廬山遠公話》：“這遍若不取我指撝,不免相公邊,請杖决了,趁出寺門,不得聞經。"(頁187)《孝子傳》"薩(薛)苞"條:"父母怒,復更趂之。"(頁905)"趂"即"趁"的俗字(見《玉篇・走部》)。又王梵志《貧窮田舍漢》詩:"驅將見明府,打脊趁回來。"諸"趁"字並爲驅逐之義。按《龍龕手鏡・走部》云:"趂,丑刃反,逐也。"徐復先生謂"趁"借作"蹨",并引《集韻》上聲銑韻:"蹨,乃殄切,踏也,逐也。或作跈、趁。"以爲"趁"字讀音應以《集韻》爲正。[29]根據《集韻》的這個讀音,則"趁"即後來常見的"攆"、"撚"。

其

"河間有一家,姓趙名廣,櫪上有一白馬,忽然變作人面,其家大驚怕,往問先生劉安。安曰:'此怪大惡,君須急速還家,去舍三里,披髮大哭。'其家人大小聞哭聲,並悉驚怖,一時走出往看。合家出後,四合瓦舍,忽然崩落,其不出者,合家總死。"(《搜神記》,頁869)

《敦煌變文字義通釋》謂"其不出"就是如其不出,"其"是如其、假使之意。吴小如先生則云:"今按此語之'其'無'如其'意。'不出'下有'者'字,乃知是對上文出者而言,言出者不死,不出者則皆死。非謂假使出者不出則有死之可能也。"[30]按:蔣説是也。文中謂"四合瓦舍,忽然崩落"乃指趙廣家而言(下文謂此灾異乃因趙廣家堂屋西頭壁下三個石龍所致),固與他家無涉。趙廣家既已合家走出,則吴先生所謂"不出者皆死"何所指乎?"不出"下的"者"字,并非指示代詞,而是表假設的語氣助詞,略等於"……的話"。"其""者"用於假設,都是古已有之的用法,不煩舉證。斯525號敦煌卷子載上面這段話,末兩句作:"若不如此,合家並死矣。"雖字有小異,然亦用假設句式,斯其切證。吴氏云云,蓋未深考文意也。

老搖

“其天女得脱到家，被兩個阿姊皆罵老搖。”（《搜神記》“田昆侖”條，頁 884）

天上仙女姊妹三人下凡洗澡，小妹因天衣被田昆侖收取，回去不得，遂乃結爲夫妻，生下一子，五年後天女騙回天衣，乃得逃歸上界。這就是上面兩句話的來歷。其中的“老搖”一詞，殊爲費解。《敦煌變文字義通釋》收録此詞，釋爲“駡人的話，猶如説‘呆大’”，并證之以《方言》郭注的“伓儓，駑鈍貌”，元曲的“啉哘”，而以爲“搖”字的意義也應和“伓”、“啉”相同。然其説并無切證，恐尚難爲定論。陳治文先生則謂“搖”爲“猺”字之訛，“猺”爲“貓”之俗體，貓，獸名，似貍。[31] 然“老貓”不甚切於文意，其説恐亦未當。今考斯 5776 號寫本卷子收録此文，“搖”字作“媼”，即“嫗”的俗字。原卷的“搖”或爲“媼”字之誤。“老嫗”是對老婦人的稱呼，天女在人間過了五年夫妻生活，生兒育女，故被兩個阿姊駡爲“老嫗”，切合於文意。

①1959 年初版，上海古籍出版社 1981 年出增訂本，爲第四版。文中或簡稱《通釋》。

②見《敦煌變文校勘復議、補遺》，載《蘭州大學學報》1987 年第 1 期。

③“苒惹”别或作“苒弱”、“苒若”，都是同一聯綿字的不同變體，意思亦或小異。

④同②。

⑤載《中國語文》1982 年第 2 期。

⑥分别載《語文研究》1985 年第 3 期、《社會科學》（甘肅）1984 年第 4 期。

⑦載《敦煌學輯刊》1987 年第 1 期。

⑧見《敦煌變文語辭札記》，載《四川大學學報》1981 年第 2 期。

⑨參看拙作《〈佛説阿彌陀經講經文〉校議》。近閲潘重規先生《敦煌變文集新書》，此條已校正。

⑩《世説新語・賞譽》：“殷中軍道王右軍云：‘逸少清貴人，吾於之甚至，一時無所

後。'"《詩經·碩鼠》:"三歲貫女,莫我肯顧。"孔穎達正義:"我三歲以來事汝矣,曾無於我之處,肯以教令恩德眷顧我也。"二例中的"於"亦是厚待之義。又《目連變文》:"目連雖割親愛,捨俗出家,偏向二親,甚能孝道。"其中的"向"則是敬愛之意,並可資參證。

⑪同⑤。

⑫見《〈敦煌變文集〉詞語拾零》,載《語文研究》1985 年第 3 期。

⑬《敦煌變文集新書》"刖"字作"别",與原卷字形不合,非。

⑭見《校勘在俗語詞研究中的運用》,載《中國語文》1981 年第 6 期。

⑮浙江人民出版社 1982 年版。

⑯載《四川大學學報》1981 年第 2 期。

⑰見《訓詁學上的一些問題》,載《中國語文》1962 年第 1 期。

⑱此句引文有誤,日本獅谷白蓮社刻《一切經音義》作"二音訓用同",當據正。

⑲見《敦煌變文詞語研究》,載《中國語文》1961 年第 8 期。

⑳説見《〈維摩碎金〉探索》,載《南開學報》1983 年第 2 期。

㉑從《敦煌變文字義通釋》校。原校作"貪",非。

㉒《四部叢刊廣編》本。

㉓上海古籍出版社 1987 年版。

㉔參看拙作《〈父母恩重經講經文〉補校》,載《敦煌語言文學論集》,浙江古籍出版社 1988 年版。潘重規先生《敦煌變文集新書》亦校作"懷擔",與拙見暗合。

㉕轉引自《敦煌歌辭總編》卷三《十恩德》任校引。

㉖潘重規先生《敦煌變文集新書》已校正。

㉗見《敦煌變文集校記補正》,載《華東師大學報》1958 年第 1 期。

㉘轉引自伍德煦先生《敦煌寫本〈二聖序文〉校記》一文,載《敦煌學研究》(《西北師院學報》1984 年增刊)。按慧琳《一切經音義》卷一《大唐三藏聖教序音義》:"迴出……今俗從向者非也。"

㉙同⑲。

㉚見《讀蔣禮鴻〈敦煌變文字義通釋〉札記》,載《文獻》1980 年第 1 輯。

㉛見《敦煌變文詞語校釋拾遺》。

(本文是提交 1988 年第三届近代漢語討論會論文,與張涌泉、黄征合寫,收入《郭在貽語言文學論稿》)

敦煌變文釋詞

《敦煌變文集》的編集出版，爲近代漢語詞彙的研究提供了豐富的材料，蔣禮鴻先生的《敦煌變文字義通釋》以及一百多篇各家有關論文即是在此材料基礎上完成的。由於變文數量之多和原卷校録的複雜性，其中仍有許多字詞有待於校釋。這裏所考釋的詞語，就是我們在核對各篇變文原卷縮微膠卷的過程中輯録的。正確與否，祈讀者教正。

文中所引變文皆出《敦煌變文集》，爲便於覆核，皆標明頁碼。

疊　褺　牒　揲　緤　摺藝　緤襵

反訓詞，既有"折疊"義，同時又有"鋪展"義。字有多種寫法。《説文》："褺，重衣也。"段注："褺，讀如重疊之疊。"因此"疊"、"褺"義通。《廬山遠公話》："摺（折）藝衣服，四時湯藥。傳言送語，無問不答。""藝"當作"褺"。《説文》"褺"字下段注："《文選・王命論》：'思有短褐之襲。'李注引《説文》：'襲，重衣也。'《王命論》本作'褺'，李注時不誤，淺人妄改《文選》耳。《漢書・叙傳》作'短褐之褻'，師古釋以親身之衣，不知爲'褺'字之誤也。古書之難讀如此。""褺"字在變文中有用例，如《捉季布傳文》："典倉牒紙而吮筆，便呈字勢似崩雲。"（頁 62）"牒"同"疊"，庚卷作"褺"，丁卷作"褺"，丁卷正與《説文》同。字又作"緤"，同上篇："偏切按磨能柔軟，好衣緤襵着香勳（薰）。"（頁 61）"緤"字各卷皆同，"襵"同"摺（折）"。字又作"揲"，如《董永變文》："織得錦成便截下，揲將來，便入箱。""摤"從"手"旁表折叠衣服之動作,與"褺"從"衣"表折叠之物爲衣服,"牃"從"片"表折叠之物爲片狀,"緤"從"糹"表折叠之物爲絲織品,各有表意作用。在敦煌卷子中,真正以"叠"作折叠用的例子則較少見,王梵志詩《吾富有錢時》有"吾若脱衣裳,與吾叠袍襖"句,是其例。"叠"反訓爲"鋪展"義者,如上舉《捉季布傳文》:"朱解見誇如此藝,遂交書契驗虚真。典倉牃紙而吮筆,便呈字勢似崩雲。題姓署名似鳳舞,書年着月象焉(烏)存(蹲)。"此處是寫朱解觀看季布(典倉)寫字,因此季布鋪紙吮筆,當即寫給朱解看。"牃(或褺)"字宜作鋪展解。類似的例子,本文還有"咨"條(既有"問"義,又有"啓"義)。由於語境的不同,反訓詞的兩個相反意義一般并不混淆。當然,這要求我們讀者知道該詞爲反訓詞,否則便不免曲解。

服子　襆子

名詞,即"包袱"。《燕子賦》:"正見雀兒卧地,面色恰似坌土,脊上縫個服子,仿佛亦高尺五。"(頁 251)"縫"字原卷如此,甲卷作"躭",乙、戊二卷作"擔"。(《變文集》校記不確,兹據原卷重録。)"躭"即"擔"之俗字,從"身"表示以身擔負。由於字書中無"躭"作"擔"用之義,故多有人誤讀爲"胎"、"躬"等的。[①]《敦煌變文字義通釋》"脂子"條:"腫起的一堆。《燕子賦》:……按文義,這是雀兒被打後背上腫起的意思。'服子'没有意義,應是'脂'字形體相近之誤。……可見六朝和唐人叫腫作'脂'。照訓詁學上'依聲得義'的講法,'脂'就是堆,'魄'就是'塊'。……變文甲、乙、戊卷作'躭'作'擔','躭'和'擔'通用,形容腫起的情形,好像背上背個東西似的,意義比較貼切。作'縫'的寫本則應是'膖'的錯誤,'膖'是腫脹的意思(《太子成道經》:"膖脹壞爛。"頁 293),就發生的變化而言是'膖',就變化的結果而言就是'脂子'。"又江藍生

《敦煌寫本〈燕子賦〉二種校注（之一）》[②]：“航個襆子：不詳。A卷作‘縫個服子’，B、E二卷作‘擔個服子’，是‘襆子’應作‘服子’。蔣書謂‘服子’應爲‘胉子’，義爲腫塊，可備一説。”其他如張鴻勳等，皆從蔣説；潘重規於此條無説，異文亦失校。今按“腫塊”説雖不爲無理，但未契原文。核甲卷“服”作“襆”，江録是。然江校未確，“襆”實即“襆”字。敦煌寫卷“衤”旁皆作“衤”，省一點，幾無例外。“莫”、“莫”寫卷中亦多混用難别。如《伍子胥變文》：“君莫造次。”（頁14）“莫”字丙卷即作“莫”。“襆”即“襆”之俗字。《伍子胥變文》：“所由修造，樸水蓬飛。”（頁20，據原卷重録）“樸”字項楚、蔣紹愚等校作“樸”，通“驀”，未確。此字實即“撲”（木旁手旁通），“水”乃“火”之形誤，下文即有“狀如蓬飛撲火”句。又“襆”同“幞”、“複”，通作“服”，皆即今“包袱”之“袱”，説詳《敦煌變文字義通釋》“服”條。王梵志詩《夫婦相對坐》：“永離臺上鏡，無心開衣幞。”張錫厚校記：“衣幞，原作‘衣眠’，出韻，據文義改。”今核原卷（S.778），所謂“眠”者實作“服”，“服”即“幞”之同音借字。

以上可證“服子”、“襆子”實即“幞子”，即包袱。不僅如此，還有唐人所畫的《罪人擔襆圖》（名稱筆者擬定），可以作爲“包袱”説的鐵證。在敦煌卷子中有《十王經》彩色畫卷，編號爲P.2870（另有S.3961卷）。該卷以連環畫加頌偈的形式描繪了世人落入地獄後經受十個地獄王審訊和用刑的景象，圖文並茂，非常精彩。其中第14片“平正王”處，畫着平正王殿上端坐，殿下一穿黑衣之鬼卒將一罪人縛於銅柱，邊上一侍女手捧文案；在此之左，畫有一個上身裸露、跣脚、枷項的罪人，在枷（圓形的，同畫面内又有戴長形的）的後面畫着一個掛着的包袱，包袱縫綴於枷的鎖眼下的一個大圓環上，包袱上小下大像鐘形或喇叭形。可以確信，這就是“脊上擔個服子”的真實寫照。因爲在該畫卷中，刑具都與人間的一致，不是隨意虛構的。這個負擔着的包袱究竟有何作用或表達什麽意思，目前尚不能確知（圖上題：“第八百平正王讚曰：百日亡人更悽惶,身遭枷杻被鞭傷。男女努力修功德,免落地獄苦處長。"未言及服子)。但我們認爲這是與刑法或民俗有關的,很可能是爲了給罪人加刑。該圖即畫罪人兩手在前向下拉住枷盤,似乎脊後的包袱有些重,要往下墜。也有可能這是表示"擔愆負罪"的意思,"罪"與"墜"諧音。

翠幕 毳幕

名詞,即帳篷。《燕子賦》:"安不慮危,不巢於翠幕;卜勝而處,遂託弘梁。"(頁 249)"慮"字乙卷作"離",原校及江藍生校、潘重規校[3]皆未確。"安不離危"是,即"福兮禍所倚"之意。江校謂後一個"不"字衍,恐亦未確。又謂"翠幕"即"緑色帷帳","翠"字不一定實指。今按此説亦恐未確。《王昭君變文》:"屯下既稱張毳幕,臨時必請定門旗。"(頁 100)"幕"爲帳篷,文義甚明。《燕子賦》"毳幕"作"翠幕"者,蓋因與下句"弘梁"相對而誤("弘"甲卷作"紅",乙卷作"洪",皆當作"虹",詳另文)。

愜 切

動詞,義爲"滿足"、"符合"。"愜"常寫成簡化俗字"㥦",作"切"者爲通假字。如《妙法蓮花經講經文》:"國王聞語喜難偕,此事深將㑢(愜)我懷。"(頁 491)"亻"旁與"忄"旁形近替代。又《目連緣起》:"孃聞此語,深㥦(愜)本情。"(頁 701)"㥦"即"愜"之簡化俗字。用通假字"切"之例,如《漢將王陵變》:"今夜二將擬往[楚家]斫營,擬切我王本情。"(頁 36)原校謂甲卷無"我王"二字,不確;甲卷實作"擬切我情"。"愜某人情(或愜……本情,等等)"已成一種固定句型。如《秋胡變文》:"今日屬配郎君,好惡聽從處分。郎君將身求學,此快兒本情。"(頁 155)"快"字王鍈先生校作

“孺”，謂“孺兒”即“孺人”，“怏”當係“孺”之俗别體而致誤者。[④]今按王校未確，核原卷所謂“怏”者實作“怢”，即“愜”字。蓋《變文集》校録者（此篇王重民先生校録）未詳“愜”之俗字，遂因與“怏”形近而誤録。又《葉净能詩》：“……詔静能。奉詔行直至殿前，皇帝亦（一）見静能，便説道法清虚微妙，深懷聖情。”此處標點誤，當作“……皇帝亦（一）見，静能便説道法，清虚微妙，深懷聖情”（從蔣紹愚校）。“深懷聖情”費解。“懷”乃“愜”之形誤。此段蓋謂葉净能宣講道法深合聖上之情，非謂聖上懷有深情也。

掇　裰　綴

即“綴”字，動詞，義爲“綴掛”。“掇”爲“綴”之偏旁替代字。“裰”即“裰”之俗字，因俗字“衤”旁皆從簡作“礻”旁，二旁混而爲一，絶少見有從“衤”者（此處主要指敦煌俗字）。“裰”在此同“綴”。如《漢將王陵變》：“王陵脱着體汗衫，掇一標記：‘斫營，先到先待，後到後待，大夫大須審記，莫落他楚家奸便。’”（頁37，“便”字原屬下，今改正）“掇”字乙卷如此，甲卷實作“裰”（甲卷整句作“裰標一記”，“一”字爲旁補字，補在“標”字右下角，實當補在“標”上）。“掇”、“裰”皆即“綴”字。此段蓋謂王陵脱貼身汗衫綴於路旁作爲標記，因爲過此之後便有敵軍把守，特須小心。“莫落他楚家奸便”謂不要落入楚方暗設崗哨之姦計也。故後文有“二將斫營已了，却歸漢朝。王陵先到標下，灌嬰不來，王陵心口思惟：‘莫遭項羽獨（毒）手？’”劉士濤先生《敦煌變文裏的“掇”字》[⑤]一文謂：“‘掇一標記’即是‘刺一標記’，……這裏的‘掇’似應解作‘刺’，即以鐵烙刺。”我們且不問深更半夜於斫營半路中何處去尋找烙鐵，即使找得到，在汗衫上用烙鐵刺個洞有何作用？皆非情理中事。又如《維摩詰經講經文》：“風前月下掇新詩，水畔花間翻惡令。”（頁541）“掇”與“翻”互文見義，當作“綴”字無疑。又如同篇："持五掇而此土化緣，杖六環（原從金旁）而他方遊曆。"（頁530）"能持五掇入王城，解執六環（原從金旁）他界外。"（頁531）此二例"掇"字並當作"綴"，"五綴"即"五綴鉢"，與"六環"當解作"六環杖"同，皆省略中心詞。蓋"五綴鉢"爲補裰（同綴）五處缺損之鐵鉢。《四分律》卷九："若比丘鉢破減五綴不漏，更求新鉢，尼薩耆波逸提。若滿五綴不漏，更求新鉢者，突吉羅。"此乃確證。

掇　綴　墜　掇頭　鷨頭

"掇"即"綴"，説詳上；"綴"通"墜"。變文中"綴"、"墜"通假例，如《秋吟一本》："秋天寫一色之清（青）屏，□□墜數般之碧砌。""墜"即通"綴"。缺文雖難坐實，但據文義可推知爲"朱蘭"、"芳草"之類，句謂花草之類附着、點綴於碧砌也。"墜"、"綴"通假例甚廣，蔣禮鴻先生《〈敦煌曲子詞集〉校議》（附見《敦煌變文字義通釋》）"又被美人和枝折，墜金釵"條已臚列。然而，"掇頭"之"掇"（即"綴"字）當通"墜"，是罕有知者。《敦煌歌辭總編》[⑥]頁1029《失調名》："可中五逆甘采□，死了掇頭入地獄。"任半塘先生校記："'掇頭'待校。"又《王梵志詩校輯》[⑦]頁11《富者辦棺木》："智者入西方，愚人墮地獄。掇頭入苦海，冥冥不省覺。擎頭鄉里行，事當逞靴襖。"張錫厚先生校記："掇，原作'鷨'，據甲四本改。"又頁42《從頭捉將去》："雖然畜兩眼，終是一雙盲。向前黑如漆，直掇入深坑。"劉士濤先生謂"掇入深坑"即"扎入深坑"；項楚先生謂"掇頭"似應作"綴頭"，"綴頭"爲俗語詞，猶言一連串。[⑧]今按"掇頭"即"墜頭"，"鷨"即"掇"增旁字。"頭"即"擎頭"之"頭"，指身體（項楚説）。因此，"掇頭入苦海"即墜身入苦海，"直掇入深坑"即直墜入深坑。此外，凡從"叕"之字，無論左邊從"扌"從"糹"還是從"忄"等，還是右邊從"鳥"，在敦煌俗字中皆可寫作"掇"。

榳

通“遲”。《漢將王陵變》：“‘……大夫大須審記，莫落他楚家奸。’便榳紫離門探聽更號。玉漏相傳，二更四點，臨入三更，看看則是斫營時節。”江藍生先生校：“‘奸’與‘便’間脱一‘便’字，兩句相連誤脱其重文號。‘榳’，周本作‘遲’，是。‘榳’‘遲’形近而誤。《廣韻》去聲至韻：‘遲，直利切，待也。’”⑨今按江釋甚是，而校字未確。“便”，蔣禮鴻先生謂屬上讀，故未必脱重文號。“榳紫離門”下可有停頓，與下皆成四言句式。至於“榳”字字形，甲卷實作“擪”，乙卷實作“挥”，皆即“墀”之俗字，故所引周紹良先生《敦煌變文匯録》本不確，《龍龕手鏡》：“挥、墀：俗，直尼反。正從土。”可見“挥”即“墀”之俗字（有平、去二讀）。因此可證“挥（《龍龕手鏡》又有“女皆反”一音，與此無關）與“遲”完全同音，是同音假借，不是形誤。又王鍈先生謂“榳”通“揳”，音“户禮切”，“揭”的意思，恐未確。“揳”字在變文中有用例（音“胡計反”，義爲“换”，見《龍龕手鏡》）。《韓擒虎話本》：“與探（换）腦蓋骨去來。”（頁196）“探”即“揳”之手書，《變文集》校作“换”，誤。

模　摸

動詞，義似爲“搭”。“模”爲“摸”之偏旁替代字。《漢將王陵變》：“二將辭王已訖，走出軍門，模（秣）馬攀鞍，人如電掣，馬似流星。”（頁37）“模”字乙卷如此，甲卷實作“摸”。又：“盧綰辭王已了，模（秣）馬攀鞍，不紀（經）旬日，便到楚家界首。”（頁44）又：“辭王已了，走出軍門，模馬攀鞍，人如掣電，馬似流星。”（同上）此二例甲卷皆殘，乙卷並作“摸”，《變文集》乃據37頁例之甲卷改，但是未作説明。又《韓擒虎話本》：“道由言訖，便奔床臥，才着錦被蓋却,摸馬舉鞍,便昇雲霧。”(頁 206)“摸”字原卷如此,“舉”字爲“攀”之形誤。以上衆例,僅一例作“模”,其他皆作“摸”,《變文集》校改未當。此字江藍生、劉凱鳴、蔣紹愚等皆引《説文》“驀,上馬也”條校作“驀”,認爲“驀馬”與“攀鞍”爲同時發生之動作,爲並列結構。今按此説可商榷。蓋諸例中無一例寫作“驀馬攀鞍”者,而“驀”字變文中頻見,如同是《王陵變》即有“二將驀營行數里”之例,“驀”又省作“莫”、“百”(趏之省,同“驀”),“驀”、“摸”分用不混。“摸”似即“搭”義,謂以手搭馬。

損動　恐動　驚動　驚恐　驚慌

皆動詞,義爲“使……受驚嚇、騷擾”。如《漢將王陵變》:“何期王陵生無賴,暗聽點漏至三更,損動霸王諸將士,枉煞平人數百千。”(頁 41)《降魔變文》:“驚惶四衆,恐動平人,舉國見之,怪其靈異。”(頁 386)又:“口中出火,鼻裏生煙,行如奔電,驟似飛旋。揚眉瞬目,恐動四邊。”(頁 387)“頭腦異種醜屍骸,驚恐四邊令怖畏。”(同上)如果對這類詞語缺乏認識,有時便會産生誤解。如黄雲眉先生就曾疑《捉季布傳文》“問看(原卷實作“着”)不言驚動僕”(頁 55)句中“動”字爲“僮”字之誤。[10]

初來花下

佛典,指婦女分娩。《孔子項託相問書》:“夫子曰:‘……汝知屋上生松,户前生葦,床上生蒲,犬吠其主,婦坐使姑,鷄化爲雉,狗化爲狐,是何也?’小兒答曰:‘屋上生松者是其椽,户前生葦者是其箔,床上生蒲者是其席。犬吠其主,爲旁有客;婦坐使姑,初來花下也;……’”此處“婦”即新婦、媳婦;“姑”即“舅姑”之姑,亦即“公婆”之婆。在什麽情況下媳婦坐着使唤婆婆?這是夫子對小兒的一難。由於人們不知俗文學作品多有暗用佛典者，故對“初來花下”之確切含義一直搞不清。如張鴻勳先生《敦煌講唱文學作品選注》[11]一書於“花下”注曰：“指結婚。”且不説古代婦女結婚時無使唤婆婆之例，即使有，此句文字亦不可通。又潘重規先生校：“‘初來花下’，丙卷作‘是物來化下’。”今核丙卷，“物”字實亦作“初”，“化”字乃“花”之省旁字。蓋潘氏亦未詳“初來花下”之義也。考《太子成道經》：“不經旬日之間，便即夫人有孕。雖然懷孕十月，却乃愁憂。遂奏大王，如何計教，得免其憂。大王便語夫人，後園之内，有一靈樹，號曰無憂。遂遣夫人令往觀看，得免其憂。……喜樂之次，腹中不安，欲似臨産。乃遣姨母波闍波提抱腰，夫人手攀樹枝，綵女將金盤承接太子。”其下吟詞曰：“無憂花樹葉敷榮，夫人彼中緩步行。舉手或攀枝餘葉，釋迦聖主袖中生。”(頁 289)類似的佛本生故事到處可見，當時乃人人皆知，故可用作典故而進入俗文學作品。

擬

行爲動詞，有“指”、“撥”、“割”等義。如《伍子胥變文》：“臣懼子胥手中劍，子胥怕臣俱總休。彼此相擬不相近，遥語聲聲説事由。”(頁 3)細味文義，此“擬”字當是對準、指向的意思。蓋使者與子胥兩兩對峙，各不敢近，兩柄劍皆對準對方，并不相觸。又《降魔變文》：“舍利弗……手執寶杵，杵上火焰衝天，一擬邪山，登時粉碎。山花萎悴飄零，竹木莫知所在。”(頁 383)又：“手執金杵火衝天，一擬邪山便粉碎。”(頁 383)此處寫舍利弗“金剛智杵破邪山”，“其金剛乃頭圓像天，天圓祇堪爲蓋；足方萬里，大地纔足爲鈷”，具有無上法力。因此，勞度叉所化之邪山，根本不用錘打，金剛寶杵對準目標一指，便登時粉碎。“擬”的動作，可能碰到物體，也可能没碰到。“擬”的這種特别含義，在更早的時代如晋代就已有了。東晉沙門法顯所口述的《法顯傳》[12]“沙河”條:“沙河中多有惡鬼、熱風,遇則皆死,無一全者,上無飛鳥,下無走獸。遍望極目,欲求度處,則莫知所擬,唯以死人枯骨爲標識耳。”“莫知所擬”之“擬”字,日本學者足立喜六的《法顯傳考》[13]及章巽先生的《法顯傳校注》等皆不注。今以變文中二例相比照,仔細體味文義,可以確知此例“擬”字亦爲“指”義。還有一條旁證可以順便提出來,即同一内容《大唐西域記》[14]的描繪:“從此東行,入大流沙。沙則流漫,聚散隨風,人行無迹,遂多迷路。四遠茫茫,莫知所指,是以往來者聚遺骸以記之。”法顯之書爲口述記録而成,因而當時口語材料甚多;玄奘則力求典雅以“超越”前人,因而俗語詞極少。正因“擬”是俗語詞,不合“典雅”的標準,所以玄奘便將“莫知所擬”雅化爲“莫知所指”,“指”即“擬”之同義詞。又《廬山遠公話》:“遠公忽因一日,獨坐房中,夜久更深,一再擬殘燈,見天河間(閑)静,月朗長空。”此處“擬”是“撥”的意思。[15]又晉干寶《搜神記·三王墓》:“王即臨之。客以劍擬王,王頭隨墮湯中。客亦自擬己頭,頭復墮湯中。三首俱爛,不可識别。”這裏兩個“擬”也都是行爲動詞,但似乎除“指”之意外,還有“抽割”的動作意義。

一笙　一生　七笙　七勝

數量詞。“生”爲初文,“笙”爲後起字,“勝”爲同音借字,義猶“根”、“莖”。《伍子胥變文》:“一寸小草,豈合量天,一笙毫毛,擬拒爐炭。”(頁3)“一笙”即“一根”,“笙”作名量詞,即爲“根”、“莖”之意。再如《燕子賦》(頁253):“賴值鳳凰恩澤,放你一生草命。”“生”同“笙”,“一生草命”,極言其微細。如將“一生”解作“一輩子”等顯然不可。又《前漢劉家太子傳》(頁162):“至七月七夕,西王母頭戴七盆花,駕雲母之車,來在殿上。”“七盆花”,原卷如此,丙卷作“七笙花”,“七笙花”即“七莖花”,喻其繁富。蔣禮鴻

《敦煌變文字義通釋》“附録二”（頁 410）：“宋陳元靚《歲時廣記》卷二十八引《漢武帝故事》：‘王母乘雲車而至，玉女馭母，戴七勝。’‘七笙’即‘七勝’。”蔣説極是，今按《大藏經》小乘部《治禪病秘要法卷上》[16]：“吉祥之瓶，金花覆上，使十方水流入瓶中。此吉祥瓶，涌出七花，七莖間有七泉水；一一泉中，有七金花；二花上，有一佛坐説七覺支（是名治水大法）。”又《不知名變文》（頁 820）：“有一個小下女子逐水而來，瓶（原校瓶，當作瓹）中有七支蓮花。”可見“七莖花（“七金花”即七莖金花）”、“七支花”爲佛經中常語，西王母頭上所戴“七笙花”即“七莖花”也。又“七笙花”何以有異文“七盆花”，亦甚費解。疑“盆”因“笙”、“勝”可通“升”而誤，蓋“升”、“盆”皆可表容積。用“勝”代“升”之例甚廣，如日本所藏吐魯番出土文書“大谷文書”[17]（龍谷大學收藏）3054 號：“乾葡萄壹勝，上值錢拾柒文，次拾陸文，下拾伍文。大棗壹勝，上直錢陸文，次伍文，下肆文。”“壹勝”即“一升”，上、次、下爲貨物等級。又如 3063 號：“麴末壹勝、豆黄壹勝。”3065 號：“麥酢壹勝、糖酢壹勝。”3085 號：“蔓菁子壹勝、蘿卜壹勝、葱子壹勝。”3436 號：“散米壹勝。”3441 號：“韮子壹勝。”等等。這些“勝”字皆在不可數名詞之後，只能作“升”講。與“勝”相關的“斗”、“合”也表明其爲容量單位。那麽“笙”何以有“根”、“莖”之義？項楚先生引《方言》卷二“自關而西，秦晋之間，凡細貌謂之笙”，甚是。然此條言“細”貌，爲形容詞，與變文例猶有未合。檢《方言》該條全文：“嫢、笙、揫、摻，細也。自關而西，秦晋之間，凡細而有容謂之嫢，或曰徥。凡細貌謂之笙，斂物而細謂之揫，或曰摻。”錢繹《方言箋疏》：“《廣雅》：‘笙，小也。’《大射儀》：‘笙磬西面。’鄭注：‘笙猶生也，東爲陽中，萬物以生；物初生必細小，是其義也。’《吕氏春秋·仲夏紀》：‘調竽笙。’高注：‘竽，笙之大者；古皆以匏爲之。竽三十六簧，笙十七簧。’是笙亦以小爲名也。……笙之言星星也。”可知“笙”之小義本得於“生”，故變文有“一生草命”。“生”由動詞轉爲形容詞、名詞，再由名詞轉爲量詞，因而凡細小之物皆可以“筀”、“生”來表示。

咨　咨説　咨陳　咨聞　咨白　咨啓　咨量　咨屈　次説

“咨”字各種詞典字書皆只收“詢問”一義，而在敦煌俗文學作品等中却是個反訓詞，如與“問”相連（咨問）即是詢問義，與“説”等相連則是陳説義。由於語境、文義不同，二義并不相亂。如《維摩詰經講經文》（頁 610）：“光嚴合掌，啓白維摩，唯願慈悲，聽我咨問。……唯摩見問，微笑點頭，解能如此問我，大是聰明童子。”此例“咨問”即是詢問義。但通觀全部變文，“咨”作“問”用者不多，絶大多數“咨”皆與“説”、“陳”、“啓”等連用，義爲“陳説”。如《捉季布傳文》（頁 56）：“不問未能咨説得，既蒙垂問即申陳。”“咨説”庚卷作“言啓”（《變文集》失校），同樣意思在下句又言“申陳”，其爲“陳説”義甚明。又頁 61：“周氏馬前來唱喏，一依前計具咨聞。”“咨聞”丁、庚二卷作“咨陳”，亦爲“陳説”義。《韓朋賦》（頁 139）：“貞夫咨宋王曰：‘既築清陵臺訖，乞願暫往觀看。’”“咨”即“咨陳”，甲卷作“語”，形誤。《八相變》（頁 330）：“唯迦毗衛國似膺（應）堪居，却往天中具由咨説云云。”“具由咨説”甲卷作“且由宫院”，形誤。變文中散文轉爲韻文時通常作“……處，若爲陳説，”而此處作“咨説”，則“咨説”即“陳説”也。頁 336：“老人被問，具已咨聞。”“咨聞”亦“陳説”義。頁 337：“謹咨大王，何必怪責。”“咨”單用，義同上。《破魔變文》（頁 350）：“於是三女遂即進步向前，咨白父王云云。”同篇上文又云：“遂即向前啓白大王。”《降魔變文》（頁 380）：“咨啓之處若爲：……”《難陀出家緣起》（頁 396）：“有事咨聞娘子。”以上粗列了“咨、咨説、咨陳、咨聞、咨白、咨啓”等與“咨”有關的詞語，皆爲“陳說”義。又《伍子胥變文》：“進退不敢輒咨量，踟躕即欲低頭去。”（頁 5）“咨量”亦即咨陳、談說之意。又同篇：“子胥報妻曰：‘吾昔遭楚難，愧君出應逢迎；……自茲隔別，每念君恩，愧賀不輕，故未咨屈。’”（頁 24）其中“未”原録作“來”（手書二字形近），《變文集》蓋以未詳“咨屈”之義而誤録也。“咨屈”即“咨陳屈請”，此處蓋謂感愧其妻，特來陳請邀屈也。由於人們對“咨”及與“咨”相連的一系列俗語詞缺乏認識，便往往有誤録、誤校、誤解者。如《祇園因由記》：“太子具上被誑之由，次補（鋪）金之事。”“次”字原卷、甲卷實皆作“次説”，即“咨説”，“次”爲“咨”之省。敦煌寫本中“咨”字左邊多從“言”旁，亦有省旁者，此例則“言”、“口”皆省。又如《伍子胥變文》：“敕召曰：‘伍相父兄，枉被平王誅戮，今欲徵發天兵討楚，召募效力之人。如有判命相隨，火急即須投募。先賜重賞勳禄，不輕有此。驍列之夫，速來所咨陳牒。’”此段“不輕”當屬上讀，“有此”屬下讀。“咨”字潘重規先生校：“丙卷‘次’，《變文集》作‘咨’，非。”今按潘校不確，“咨”字原卷（即丙卷，此段别卷皆殘）較模糊，似即“咨”字；即使爲“次”，亦可爲“咨”之省，不應謂之“非”。細審原卷，此“咨”字乃旁注字，當是改字之例，蓋書手誤抄“所”字，發現後旁注“咨”字以改正，“所”字不當録出。“有此驍列（烈）之夫，速來咨陳”，“速來咨陳”即趕緊來陳説或報告。其下“牒”字乃牒文（一種公文）的固定格式，此種牒文規定在最後要寫一“牒”字，敦煌卷子中有大量例證，不煩枚舉。以往人們總是“陳牒”連讀，恐皆誤。又“咨”字“啓”義，文人作品中亦有。如《太平廣記》卷六十三《崔書生》：“某去便當咨啓，至期，則皆至此矣。”例多不備舉。又王鍈先生《敦煌變文詞義補箋》[18]有“咨　咨説　咨白”條，釋爲“告語”，與此相近。

賞緋　借緑

皇帝對臣下的特别嘉獎。《伍子胥變文》:"榜示七日,募得九十萬精兵,賞排借緑,各賜千段。"(頁 19)"排"爲"緋"之偏旁替换字。敦煌寫本中"扌"旁"糹"旁多混,如"綴"即可寫作"掇"。"借"或疑爲誤字,未確。《唐會要》卷三一《内外官章服》注:"天授二年八月二十日,左羽林大將軍建昌王攸寧,賜紫金帶。九月二十六日,除納言,依舊着紫帶金龜。借紫自此始也。"同上引書又有"借緋"一詞,亦唐宋職官制度。按規定,官階三品以上着紫服,但建昌王官階未至三品,本不可着紫服,皇帝爲了表示對他施恩,便採取特許着紫的辦法。變文"賞緋借緑"(三品以上服紫,四、五品服緋,六、七品服緑,八、九品服青)即表示特别嘉獎。

拍搦

動詞,義爲"撫摸"。《伍子胥變文》:"子胥控馬籠鞭,就水抱得小兒,拍搦悲啼吊問。"(頁 22)又《大目乾連冥間救母變文并圖一卷并序》:"嗚呼怕搦淚交横。"(頁 734)"怕"爲"拍"之借字,"拍搦"即"撫摸"之意。又如唐代張文成的《遊仙窟》[19]亦有"拍搦"一詞,并且與"摩挲"對用,其爲"撫摸"之意灼然無疑。

①《變文集》校録者將《父母恩重經講經文》中"懷躭"一詞多校改爲"懷胎",蓋爲不知"懷躭"即"懷擔"(爲同義連文,表示承受)也。任半塘先生《敦煌歌辭總編》則又將"懷躭"校作"懷躬"(如該書 1029 頁 0541 首"十月懷躬受苦辛"句,"躬"原卷實作"躭"),又於頁 754 引《燕子賦》中"脊上躭個服子"條,曰:"'躭'一寫'縫',或寫'擔',若依聲得義,應寫'躬',拱曲隆起而成胎(堆塊)也。"其他誤校"躭"字尚有多處。

②見《關隴文學論叢》第一集,1982 年甘肅人民出版社出版。江文校釋甚精細,解

决了許多問題。

③潘重規《敦煌變文集新書》，臺灣"中國文化大學"中文研究所 1984 年出版。該書在保留王重民等《敦煌變文集》原校記的基礎上又增加不少新的校記。下引潘説皆出此。

④《敦煌變文點校獻疑》，載《杭州大學學報》1988 年第 1 期。下引王説皆出此。

⑤見《中國語文通訊》1984 年第 5 期。

⑥上海古籍出版社 1987 年出版。

⑦中華書局 1983 年出版。

⑧見《〈王梵志詩校輯〉匡補》，此文正、續篇分載《中華文史論叢》1985 年第 4 輯和《敦煌研究》1985 年第 2 期。

⑨見《〈敦煌變文集〉校記補議》，載《敦煌學輯刊》1984 年第 1 期。

⑩黄雲眉、馮沅君、鄭静遠《〈季布駡陣詞文補校〉的討論》，載《文史哲》1951 年第 4 期（又收入《敦煌變文論文録》）。

⑪甘肅人民出版社 1987 年出版。

⑫見章巽《法顯傳校注》，上海古籍出版社 1985 年出版。

⑬1937 年商務印書館有翻譯本。

⑭中華書局 1985 年出有季羡林等校注的《大唐西域記校注》。

⑮"一再"二字原卷實作"再"之俗字，《變文集》誤析爲二字。又"擬"與"擰"可通。但"擬"字本身義即可通，故不必校改。

⑯用頻伽精舍本，千字文編號爲"宿五"。

⑰見《敦煌學譯文集》（甘肅人民出版社 1985 年出版）仁井田陞《吐魯番出土的唐代交易法文書》一文引例。

⑱王鍈《敦煌變文詞義補箋》，載《貴州民族學院學報》1988 年第 1 期。

⑲汪辟疆《唐人小説》據忠州李氏平等閣鈔本校録。

（本文爲提交第三届近代漢語討論會論文，與黄征、張涌泉合寫，收入《郭在貽語言文學論稿》）

變文校勘與俗字研究

所謂俗字,是指在民間流行的通俗字體。敦煌變文是以寫本的形式流傳下來的俗文學,其間保存的俗字資料至爲繁富。我們隨便取一個變文的寫本卷子來看,就可以發現俗字的使用不是個別的偶然的現象,而是連篇累牘,觸目皆是。它們或繁或簡,變化無端;點畫偏旁,隨意增損:確實令人眼花繚亂。這種情況,不但對變文的閱讀和研究造成了特殊的困難,也對變文的整理校勘提出了特殊的要求:即精通俗字。不通俗字,便無法做好變文的整理校勘工作。以前的一些學者,雖然也意識到變文寫本"俗寫别字不一而足"(《敦煌變文集·引言》語),但他們對這種俗寫别字似乎并没有下過認真的鑽研功夫,因而造成了不少的缺憾。最近一段時間以來,我們在進行《敦煌變文匯校》工作的過程中,對這種"缺憾"進行了認真的分析研究,并歸納爲十五個方面的條例,期望能爲變文的整理校勘乃至其他敦煌遺書的校理提供一些參考和借鑒。限於水平,不當之處勢所難免,懇祈方家指正。凡引自《敦煌變文集》[①]者,均標明頁碼,不贅書名。與本文内容無關的俗别字一般徑予校改,以利排版。

一、不明俗字傳録失真例

俗字是人們在長期的書寫過程中約定俗成的産物,它的形體結構大體是固定的,不可隨意變動。《敦煌變文集》中傳録失真的現象相當嚴重,除了手民誤植的因素外,其中一部分可能與校録者不明俗字有關。例如:

《无常經講經文》："人生百歲尋常道，阿那個得七十身不娭(妖)。"(頁 667)按："娭"寫本原卷本作"娱"，"娱"爲"妖"的俗字。"夭"字或"夭"旁敦煌寫本中多書作"夭"。如同篇下文"影響於身先自夭"(頁 668)，寫本原卷"夭"作"夭"；又伯 2305 號《妙法蓮華經講經文》"普將法雨，沃潤三根"，"沃"即"沃"字。例多不備舉。《干禄字書》："夭夭：上通下正。"《變文集》録"娱"爲"娭"，當與校録者缺乏俗字概念有關。②

同上篇："若能改攙(换)由堪處，依舊身心總不中。"(頁 664)按："攙"寫本原卷本作"換"，"換"爲"换"的俗字。《干禄字書》："奐奐：上俗下正。"伯 3697 號《捉季布傳文》"改條換格轉精勤"，"換"亦"换"字，可資比勘。校者録"換"爲"攙"，恐亦與不明俗字有關。

《父母恩重經講經文》："慈母自從懷妊，憂惝(惱)千般。"(頁 678)按："惝""惱"形音並遠，《變文集》校"惝"爲"惱"，未詳其審。今考寫本原卷"惝"本作"惱"，即"惱"字俗書。《干禄字書》："惚惱：上俗下正。"《集韻》謂"惱"同"惱"。敦煌寫本中"惱"字多作"惱"，或變作"惱"。同篇"苦惝(惱)千般難可述"(頁 678)，寫本原卷"惝"本亦作"惱"。校録者一皆録"惱"爲"惝"，抑亦不明俗字之故歟？

二、不明俗字誤録例

不明俗字傳録失真，雖然所録的字與原字有出入，但八九不離十，原字的基本框架還是保留着的。不明俗字誤録，則所録變成了與原字無關的另一個字。例如：

《維摩詰經講經文》："佛光取勝，掩耀群霞。聖力獨超，遮闌宇宙。"(頁 549)按："佛光取勝"與下聯"聖力獨超"失偶。考寫本原卷"取"字實作"冣"。"冣"見《説文》，音義同"聚"，文中當校作"冣"。"冣"爲"最"的俗字，見於《干禄字書》，敦煌寫本中亦屢見，其形與"㝡"至近,每易互誤。《太子成道經》"無憂花色最宜觀"(頁 289),戊卷伯 2299 號"最"作"㝡",亦爲"㝡"字誤書,是其證。"佛光最勝""聖力獨超"文偶意顯,可成定讞。校録者不辨"㝡"爲"㝡"字俗誤,"㝡"又爲"最"的俗字,乃臆録爲"取"字,以致文意扞格難通了。

《父母恩重經講經文》:"若是九夏洗浣,稍似不難,窮是三冬,異常辛苦。"(頁 682)"窮是三冬"費解,考寫本原卷"窮"字本作"㝡",實即"㝡"字俗書之小變("取"字或"取"旁俗或作"耴",如同篇頁 683"回乾就濕最艱難",寫本原卷"最"作"㝡"。"㝡"稍帶草體即爲"㝡")。"㝡"即"最"的俗字,説已見上。《變文集》録"㝡"爲"窮",蓋亦爲昧於俗字。

《維摩詰經講經文》:"業(葉)凋枝落並皆枯,况植萬般争改易。"(頁 580)按:原校作"葉"是對的,問題在於寫本原卷其字本不作"業",而作"茮","茮"即"葉"的俗字。唐人避太宗李世民諱,從世之字改爲從云,如"牒"改爲"牸","緤"改爲"紜"等等,故"茮"即"葉"避"世"字諱而産生的俗字。同篇上文:"天子金枝永茂,玉菜(葉)長榮。"(頁 574)下句第二字寫本原卷實亦作"茮",即"葉"字不誤。同一"茮"字,校者或誤爲"業",或録作"菜",其根源皆在於疏於俗字。

三、不明俗字誤校例

不明俗字誤録,所録者非原字;不明俗字誤校,則所録固不誤,而其誤在校。例如:

《父母恩重經講經文》:"不會懷躭煞苦辛,豈知乳哺多疲倦。"(頁 674)"躭"字辭書未載,《變文集》校作"胎";而"胎""躭"訛變之由,未聞其審。實則"躭"乃爲"躭"字俗書。敦煌寫本中"躭"字大抵皆書作"躭"。"躭"又是"耽"的俗字(見《玉篇·身部》),在文中"耽"又通作"擔"。"懷擔"指懷身孕,是個近義複詞(拙作《關於敦煌變文整理校勘中的幾個問題》於此詳有考論，此不贅述）。校者不知“懷躭”即“懷躭”，亦即“懷擔”，而臆加校改，自難得其本真。

《佛報恩經講經文》(《敦煌變文論文録》附)：“或有小小個勤筞(擒縱)，威即降龍；也是老老大沙門，力能伏虎。”按：“筞”即“策”字俗書。《顔氏家訓·書證篇》所謂“簡策字，竹下施朿，末代隸書，似杞、宋之宋”，即指“筞”而言。敦煌寫本中簡策字多書作“筞”，此不贅舉。“勤策”即沙彌，爲梵語室羅摩拏洛伽的意譯(參閲《俱舍光記》卷十四)。“小小個勤策”與下聯“老老大沙門”文偶意明，詞無疑義。校者不考俗字，乃竟校爲“擒縱”，可謂是風馬牛不相及了。

四、不明俗字誤録復誤校例

不明俗字誤録，所録既非原字，文意自然扞格難通。這時校讀者倘能得寫本原卷對而校之，自能破迷霧而睹青天，求得原本的真相。惜以往的一些學者爲條件所限，多未及核檢寫本原卷，因而所作校訂，有如猜謎射覆，十不九中；憑臆誤説，勢所不免。試看以下二例，可以窺其一斑：

《佛説阿彌陀經講經文》：“常受法樂，無有苦障(辛)，故稱常樂。”(頁 476)《變文集》校“障”爲“辛”，蔣禮鴻先生《〈敦煌變文集〉校記録略》[③] 則謂“障”字可疑。今覆按寫本原卷，其字本作“隡”，實爲“隔”字俗書。同篇上文：“經説十地菩薩，如隔輕羅而觀日月。”(頁 473)寫本原卷“隔”亦作“隡”。又《葉净能詩》：“蜀中路遠，阻隔山河。”(頁 224)寫本原卷斯 6836 號“隔”書作“隡”，亦其比類。“無有苦隔”，“隔”謂相隔。下文云：“不同此土，早朝唱歌，日午苦來，發聲便哭。”此則有苦相隔之謂，與上文所説“常受法樂，無有苦隔”的情況不同。校者不辨俗書，録“隡”爲“障”，又憑此失真的録文來校訂，難免造成失誤。

《季布詩詠》:"楚卒聞言淚雙垂,器械槍旗總拋却,三三五五總波逃,各自思歸營幕内。"(頁 845)王重民先生於末句校云:"原作'各自思歸□營幕',甲卷作'各自惡□榮墓内',甲卷'惡□''榮墓'皆形誤字,但可證原卷缺字應在句末,即'内'字。"蔣禮鴻先生則云:"楚卒既已逃走,又説思歸營幕,理不可通。甲卷'墓'字不誤,'榮'應作'塋'。'思歸塋墓',意思是要回到家鄉,死也葬到祖墓裏去。"[④] 按:楚卒既已"三三五五總波逃",而又云"思歸營幕",前後乖違,自非其當;蔣校校作"思歸塋墓",喻出理外,恐亦欠安。今謂王校"榮墓"爲"營幕"甚是,校"惡"爲"思"則殊誤。甲卷"惡"字不誤,原卷"思"寫本本作"悪",正亦"惡"字("悪"爲"惡"的俗字,敦煌寫本中常見。《顔氏家訓・書證篇》謂俗書"惡"上安"西",即指"悪"而言)。甲卷"惡"後可據原卷補一"歸"字,原卷"歸"後可酌補一"楚"字,分别校作:"各自惡[歸]營幕内"(甲卷)、"各自惡歸[楚]營幕"(原卷)。這樣一校,文從字順,句意暢達。校者既誤録原卷"悪"爲"思",又據此誤字校改甲卷不誤之正文,宜乎其文義扞格難通了。

五、以後起俗字校改古代本字例

陳垣先生校勘沈刻《元典章》,有"用後起字易元代字例",其言略云:"翻刻古籍,與翻譯古籍不同,非不得已,不以後起字易前代字,所以存其真也。"[⑤] 今檢敦煌變文,校刻者亦每每喜用後起俗字校改古代本字,與沈刻《元典章》若合符節。今試爲拈出如次:

其一爲"陡"字。"陡"(陡峭、陡然義)字後起,其本字爲"斗"。《史記・封禪書》:"成山斗入海。"《索隱》:"斗入海,謂斗絶曲入海也。"因斗絶多與崖阜有關,故俗或增"阜"旁作"阧"。《玉篇・阜部》:"阧,當口切,阧峻也。"而"陡"本爲地名(見《玉篇》),其用爲峻峭義應該是較爲後起的事。《廣韻》上聲厚韻:"阧,阧陖。陡,同上。”《集韻·厚韻》亦云：“阧，峻立也。或從走。”可見當時“陡”也還是作爲“阧”的異體字的身份出現的。《説文》“斗”字下段注：“此篆叚借（引者按：指引申）爲斗陗之斗，因斗形方直也，俗乃製陡字。”從斗絶、陡峭義引申，“斗”又有陡然之義。韓愈《答張十一功曹》詩：“吟君詩罷看雙鬢，斗覺霜毛一半加。”宋趙長卿《醉落魄·秋夜感懷》詞：“傷離恨别，愁腸又似丁香結，不應斗頓音書絶。”“斗”皆爲陡然義。至於“陡”有陡然之義，比它有陡峭義時間上要更晚一些。敦煌文中陡然義類皆作“斗”。校者以爲誤，輒校改爲“陡”。例如：

《伍子胥變文》：“遥望松羅，山崖斗暗。”（頁 16）《變文集》校“斗”爲“陡”。

《廬山遠公話》：“長叩三聲，雲霧㐄闇。”（頁 169）王慶菽先生校記：“原‘㐄’字，即‘斗’字，與‘陡’通，謂陡然而闇也。”

《降魔變文》：“頰漲嘶（腮）高，雙眉斗竪。”（頁 374）《變文集》校“斗”爲“陡”。

同上篇：“翠葉芳花，周數里而斗闇。”（頁 387）《變文集》校“斗”爲“陡”。

其二爲“穩”字。“穩”字後起，其本字爲“隱”或“㥯”。《説文·妥部》：“㥯，有所依也。讀與隱同。”段注：“此與𨸏部隱音同義近，隱行而㥯廢矣。凡諸書言安隱者當作此。今俗作安穩。”“穩”字見於《説文新附》，即“隱”的後起俗字。徐鉉云：“穩，安也。古通用安隱。”凡“安穩”、“穩審”、“平穩”之義古書多作“隱”。如《詩·大雅·綿》“迺慰迺止”鄭箋：“民心定，乃安隱其居。”《莊子·應帝王篇》“其卧徐徐”，司馬彪注：“徐徐，安隱貌。”《書·盤庚》“皆尚隱哉”，孔疏：“隱謂隱審也。”敦煌寫本“隱”“穩”並用，如伯3592 號《醜女緣起》“朝暮切須看隱審”，伯 3048 號“隱審”作“穩審”。可見當時由“隱”向“穩”的轉變尚未完成。然校者知有“穩”而不知有“隱”，凡作“隱”者輒校改爲“穩”。例如：

《齖䶗書》:"已後與兒色(索)婦,大須穩審趁逐,莫取媒人之配。"(頁 858)王慶菽先生校記:"'穩'原作'隱',據乙卷改。"

《頻婆娑羅王后宫綵女功德意供養塔生天因緣變》:"即朝[6]大臣眷屬,隱便商宜。"(頁 766)《變文集》校"隱"爲"穩"。

《維摩詰經講經文》:"凡有行藏平隱作,低[7]防禍患使心神。"(頁 575)袁賓先生校:"'隱'係'穩'字形誤。"[8]

同上又一篇:"須隱審,莫教猜,詐作虔誠禮法臺。"(頁 623)袁賓先生校:"'隱'也是'穩'字誤書。"

其三爲"燃"字。"燃"字後起,其本字爲"然"。"然"本是從火、肰聲的形聲字,俗作"燃"則變成了從二火。《干禄字書》:"燃然:然燒字上通下正。"徐鉉校正《説文解字》"然"字下云:"今俗别作燃,蓋後人增加。"段玉裁注則徑云:"俗作燃,非是。"這一類的説法在古書中尚不少見。當然從今天的角度來看,"然""燃"分化自有它的道理在,無可厚非。但"然"正"燃"俗,我們自然也不應該以今例古,把古人筆下的"然"校改作"燃"。敦煌變文中燃燒字類多作"然",校録者或改而爲"燃"。如:

《佛説阿彌陀經講經文》:"諸僧統大師,伏願琉璃殿内,高然般若諸燈,阿耨池邊,永讚無生之偈。"(頁 471)《變文集》校"然"爲"燃"。

其四爲"第"字。"第"字後起,其本字爲"弟"。《説文》:"弟,韋束之次弟也。"段注:"引伸之爲凡次弟之弟。"《墨子·迎敵祠》:"置厨給事,弟之。"畢沅注:"言次第居之,古次第字只作弟。"在敦煌變文中,次第字多作"弟"(亦有少數作"第"的),校者以爲誤,輒改爲"第",其數無慮數百千個,此不贅舉焉。

此外有"搬"字,"搬"字後起,其本字爲"般"(《廣韻》平聲桓韻:"般,般運。");有"睬"字,"睬"字後起,其本字爲"采"或"採"("採"是"采"的分化字)。校者以今例古,或改"般"爲"搬"(頁 370)、改"採"爲"睬"(頁 827)焉。

六、以後來用字校改前代用字例

《校勘學釋例》卷三“元代用字與今不同例”云：“有字非後起，而用法與古不同，翻刻古籍，不應以後來用法之字用之古籍也。”今檢敦煌變文，校者於古今用字不同之處輒加竄易，改從今字。今試爲舉例如下：

父孃之“孃”，古皆作“孃”。《説文》“孃”字段注：“按《廣韻》，孃女良切，母稱；娘亦女良切，少女之號。唐人此二字分用畫然，故耶孃字斷無有作娘者，今人乃罕知之矣。”今考敦煌寫本，父孃字多作“孃”，亦或作“娘”。如伯 2319 號《大目乾連冥間救母變文》“總不見阿孃”，斯 2614 號書“孃”作“娘”，可見當時“孃”“娘”已開始混用。今兹校録，既不必改“娘”爲“孃”，也不應改“孃”爲“娘”，而宜各存其舊。[⑨]然校録者習於新而忘其舊，乃有從今改“孃”爲“娘”者焉：

《秋胡變文》：“新婦啓言阿婆：‘兒若於（此字疑衍，引者按）慈孝，天恩賜金，交將歸舍，報娘乳哺之恩。……”（頁 159）按：寫本原卷“娘”本作“孃”。

《故圓鑒大師二十四孝押座文》：“男女病來聲喘喘，父娘啼得淚汪汪。”（頁 836）按：寫本原卷斯 7 號“娘”本作“孃”，乙卷斯 3728 號亦作“孃”。

“原”字古已有之，但原來之“原”古只作“元”。顧炎武《日知録》卷三十二云：“元者，本也。本官曰元官，本籍曰元籍，本來曰元來，唐宋人多此語。後人以‘原’字代之，不知何解。原者再也……與本來之義全不相同。或以爲洪武中有稱元任官者，嫌於元朝之官，故改此字。”顧氏的話雖説得不十分明白，但自明朝以來始以“原”代“元”却是可以肯定的。敦煌變文的校録者不達此理，每每校“元”爲“原”甚或徑改爲“原”，不睹寫本原卷，幾疑當時已有此用法也。例如：

《廬山遠公話》:“雨元平等,自然莫殺。”又云:“雨元一味,受性自殊。”(頁 186)《變文集》並校“元”爲“原”。

《大目乾連冥間救母變文》:“目連念佛若恒沙,地獄元來是我家。”(頁 730)《變文集》校“元”爲“原”。

《季布詩詠》:“夢時有時槍下卧,覺來原在鼙鼓邊。”(頁 845)按:本篇凡見於兩卷,原卷伯 3645 號“原”本作“元”,甲卷斯 1156 號亦作“元”。作“原”爲校録者臆改。

辜負之“辜”,古亦作“孤”。如《三國志·蜀志·先主傳》:“常恐殞没,孤負國家。”《後漢書·明德馬皇后紀》:“臣叔援孤恩不報。”李賢注:“孤,負也。”元李治《敬齋古今黈》卷一云:“世俗有孤負之説,孤謂無以酬對,負謂有所虧欠。而俚俗變孤爲辜,辜自訓罪,乃以同孤負之孤,大無義理。”宋人王觀國的看法比較圓融一些,他在《學林》卷三中説:“凡言辜者,罪之異名也。故字書曰:辜,罪也。而辜負者,是可罪可責之義也。古人或以孤子之孤爲辜,……蓋孤者不報之義,其義亦與辜通,故古人用孤字爲孤負字,不爲失也。”“孤”是也罷,“孤”非也罷,古人“辜負”亦作“孤負”是個客觀事實。我們今天從事校勘工作,正宜各存其舊,而不可以今例古,濫施斧鉞。但校録者多聞“辜負”,少聞“孤負”,輒校改“孤”字爲“辜”。例如:

《伍子胥變文》:“我有冤仇,至當相滅,因他得活,豈得孤恩?”(頁 22)《變文集》校“孤”爲“辜”。

《父母恩重經講經文》:“咽苦吐甘擡舉得,莫交孤負阿孃恩。”(頁 697)楊雄先生校“孤”爲“辜”。[10]

又“娉”“聘”二字並見於《説文》,凡“娉問”及“娉娶”字古本作“娉”,經傳概以“聘”代之,“聘”行而“娉”遂廢。敦煌文書中“娉”又有嫁義。如敦煌曲子詞《鳳歸雲》:“娉得良人,爲國遠長征。”(見斯 1441 號)又《傾杯樂》:“一旦娉得狂夫,攻書業抛妾求名宦。”(見伯 2838 號)同上又一篇:“堪娉與公子王孫,五陵年少風流婿。""娉"皆爲嫁義。此義古書多作"娉"，少作"聘"。但因後世娉問、娉娶之義類皆作"聘"，校録者知有"聘"而不知有"娉"，乃以"娉"字爲誤，輒臆改爲"聘"，顛倒甚矣。例如：

《父母恩重經講經文》："長大了擇時聘與人，六親九族皆歡美。"（頁686）寫本原卷"聘"實作"娉"。

同上篇："聘與他門榮九族，一場喜慶卒難論。"（頁687）寫本原卷"聘"本作"娉"。

此外有"這"字，其較早的書寫形式可能是"者"字，[11]亦或作"遮"；有"怎"字，宋元以後纔流行，唐五代詩文中則往往用"争"。校者以今例古，則往往改"者"爲"這"（如《變文集》843頁）、改"遮"爲"這"（如《敦煌變文論文録》815頁、817頁）、改"争"爲"怎"（如《變文集》695頁"争般於家不孝"，或謂"争"通"怎"）。

七、改正字爲俗字例

校勘古籍，理當校改俗字爲正字。但《敦煌變文集》中却有改寫本原卷的正字爲俗字的情況，并且數量還很不少。試舉伯2292號《維摩詰經講經文》爲例：

此井位超十地，果滿三祇。（頁592）

同篇又云：

是以諸仏與記，衆聖保持。（頁592）

又云：

須菩求富捨貧，解空之聲名虚忝（添）。[12]（頁592）

按：例中的"井""仏""菩"分别爲"菩薩""佛""菩提"的俗字。查核寫本原卷，其字本作"菩薩""佛""菩提"，而不作俗書。又該篇中"井""仏""菩"還分别出現了幾十次之多，原卷實皆作正字。類似的情況在其他各篇中也時有發生。推究造成這種不正常現象的原因，蓋爲敦煌寫本中"菩薩""佛""菩提"多作俗書，當初王重民、王慶菽等先生在海外抄録變文時，爲了節省時間，遂亦從俗書作

“卄”“仏”“蓵”,後來他們編校《敦煌變文集》,許多卷子就是根據當初的抄録本校録的,遂乃俗以傳俗,抄録時形成的一些俗字便保存下來了,因而出現了上述改正爲俗的反常現象。但也有一些改正爲俗的情況是由於編校者處理失當造成的。例如:

《齖𣈆書》:“只是耽眠夜睡,莫與飰喫,餓急自起。”(頁 858)王慶菽先生校記:“‘飰’原作‘飯’,據甲卷改。敦煌卷子多寫‘飯’爲‘飰’。”按:“飰”應作“飰”,敦煌卷子“飯”常寫作“飰”是事實,但“飰”是“飯”的俗字(見《玉篇·食部》),既然原卷(本篇據伯 2564 號爲原卷校録,以甲卷伯 2633 號、乙卷斯 4129 號參校)作正字“飯”,理應據録;校者乃反從甲卷改作俗字“飰”,其所取所捨不是本末倒置了嗎?

八、以爲簡體俗字回改而誤例

敦煌寫本多俗字,俗字而又多簡體,乃有非簡體俗字而誤爲簡體俗字加以回改者。例如:

《佛説阿彌陀經講經文》:“親牛頭山,巡於闐國。”(頁 460)《變文集》於“牛頭山”“闐國”下加專名號。徐震堮先生謂“於”當作“于”,後一專名號當加於“于闐國”三字,[13]極是。寫本原卷“於”實本作“于”。校録者誤會文意,以“于”爲“於”之簡體加以回改,遂爾致誤。

同上篇:“鐵人聞談邊心愎,善男善女豈不怕。”(頁 462)上句末三字蔣禮鴻先生校作“也心酸”,[14]確。“邊”寫本原卷本作“也”,實爲“也”字俗書(該卷“也”字多作此形)。校録者誤以爲是“邊”字簡體加以回改,文義遂不可通矣。

《妙法蓮華經講經文》:“至心啓告十萬尊,誰解宣揚微妙法。”(頁 498)按:“萬”寫本原卷實作“方”。佛經稱東、南、西、北、東南、西南、東北、西北、上、下爲十方。十方尊即十方佛,敦煌變文中經見(如頁 463、709)。校者誤“方”爲“万”而加以回改,因致其誤。

九、俗書形近混用而誤録誤校例

甲與乙本是兩個互不相關的字，但因爲俗書形體相近，以至往往混用不分，我們把這類字稱爲俗書形近混用字。俗書形近混用字在敦煌寫本中頗爲繁夥，校録時宜尋繹其前後文理，細心辨察；稍有不慎，便會造成校録錯誤。例如：

《佛説觀彌勒菩薩上生兜率天經講經文》："幢幡寶蓋滿靈空，玉鐸金鈴振寰宇。"（頁650）"靈空"費解。考寫本原卷"靈"本作"霊"。"霊"字辭書未載，從字形及敦煌寫本的用字特點來看，這應該是"靈"的俗字。敦煌寫本中"靈"字大抵書作此形。如伯2418號《父母恩重經講經文》"只管於家弄性霊"，"性霊"即"性靈"，是也。但俗書"虚"字亦或作"霊"。蓋爲"虚"俗或作"虗"（見《干禄字書》），亦或作"虛"（見《隋白仵貴墓誌》），其形小變即爲"霊"。敦煌寫本伯3595號《蘇武李陵執别詞》："不免自從旗隊，陣號越華，□右射右霊。"《變文集》849頁録"霊"爲"虚"。又伯2292號《維摩詰經講經文》："愛慕幡花霊急急，攀緣香火大攸攸。"前句末三字應是"虚急急"。類似的例子尚多，無煩廣舉。可見"虚""靈"俗書形近混用。那末"霊空"既可能是"靈空"，也有可能是"虚空"。在這種情況下，我們便應根據文意加以推斷。從文意看，自然以"虚空"爲是。《廬山遠公話》："又乃夢中見十方諸佛，悉現霊空。"（頁177）《變文集》校末二字爲"虚空"，誠爲卓見。但於前例的"霊空"却仍録作"靈空"，殆校録者於"虚""靈"俗書形近混用的特點尚不甚了了也。

《佛説阿彌陀經講經文》："矩髮天然宜剃度，空披荷葉作袈裟。"（頁486）《變文集》校"矩"爲"短"。按："短"字俗書與"矩"同形，此可據文意徑録爲"短"字。蓋"短"字草體作"矩"，楷化後即爲"矩"，其例在敦煌寫本中至爲繁多。校録者不知"短"字俗書與

“矩”混用，每致誤録。又如《大目乾連冥間救母變文》：“貧道生年有父母，日夜持齋常矩午。”(頁 721)《敦煌變文字義通釋》193 頁校“矩午”爲“短午”。《歡喜國王緣》：“人間矩燭，弟子當知。”[15](頁 776)啓功先生校記：“‘矩燭’甲卷作‘短促’。”按：甲卷作“短促”是。原卷“矩”即“短”的俗書混用字，可據文意徑録作“短”字；“燭”則爲“促”的音近借字。

此外如“兩”之與“雨”、“容”之與“客”、“瓜”之與“爪”、“聲”之與“齊”等等，其俗書亦每每混用不分。對於這類俗書形近混用字，校録者在明其流變的基礎上，根據上下文理，以意斷之可也；倘若墨守而不知變通，則難免膠柱鼓瑟之失。

十、俗書省旁而失校誤校例

偏旁省略是俗書常見的特點之一。在敦煌寫本中，省旁現象是相當普遍的。以走之旁爲例，“遭”可以寫作“曹”(頁 631)，“遜”可以寫作“孫”(頁 692)，“遂”可以寫作“豢”(頁 170)，“運”可以寫作“軍”(頁 453)，等等，這就給敦煌遺書的校理造成了特殊的困難，并導致了校録上的一些失誤。例如：

《大目乾連冥間救母變文》：“屈指先論四諦去，後聞應當没七遮。”(頁 715)項楚先生校“去”爲“法”，極是。乙卷(伯 3485 號)、丙卷(伯 3107 號)正作“法”。原卷(斯 2614 號)“去”爲“法”之省旁字。《變文集》失校。

同上篇：“東西鐵鑽讒凶觔，左右銅鋑石(項楚先生校作“射”)眼精。”(頁 731)上句末三字徐震堮先生疑當作“劖胸肋”。[16]按：徐校“觔”作“肋”字似未確。其字當校作“筋”。“筋”字俗書作“觔”(見《干禄字書》)，省其竹旁則爲“觔”。同篇上文“食旨不甘傷觔骨”(頁 714)，原校“觔”爲“筋”，是也。上文又有“骨肉爛，筋皮折”(頁 731)之語，可證“劖胸筋”合於文義。

《齖齣書》：“新婦乃索離書，廢我别嫁，可會夫婿。”(頁 858)

“可會夫婿”費解。袁賓先生校“會”作“曾”，謂“可曾”即“可憎”，[17]甚是。寫本原卷“會”實本作“曾”，“曾”即“憎”之省旁字。《醜女緣起》：“王郎見妻端正，指手喜歡，道數聲可曾……”（頁799）“可曾”亦即“可憎”。“可憎”是反語，意謂可愛（説詳《敦煌變文字義通釋》[18]）。“廢我别嫁可曾（憎）夫婿”八字應加引號，作一句讀。此語出自鬭亂新婦之口，體現了她那潑辣的性格特點。校者不知“曾”爲“憎”字之省，又不明白“可憎”之義，因臆改“曾”爲“會”，而不知“可會”義之不可通也。

《維摩詰經講經文》：“我以超於生死，不住愛河，向出塵勞，抛居障海。”（頁631）文中的“向”字費解。《敦煌變文字義通釋》“詞乖　詞向”條引述上例，釋“向”爲違離。然其説别無顯證，似尚難爲定論。今謂“向”當爲“逈”的省旁字。“逈”即“迥”的俗字。敦煌寫本中“迥”字大抵皆書作“逈”。如《廬山遠公話》“一體逈超三界”（頁183），《佛説觀彌勒菩薩上生兜率天經講經文》“龍王逈出鬼神前”（頁650），“逈”並爲“迥”字。《干禄字書》：“逈迥：上俗下正。”敦煌寫本唐太宗《大唐三藏聖教序》有“超六塵而逈出”之語。[19]彼云“向出塵勞”，此云“超六塵而逈出”，“向”之當作“逈”（亦即“迥”），殆無疑義焉。

十一、俗書增旁而失校誤校例

如前所説，俗書有省旁的特點，反之又有增旁的特點。在敦煌寫本中，增加偏旁的現象也是相當普遍的。還是以走之旁爲例，“尊”可以寫作“遵”（頁855）、“垂”可以寫作“逶”（頁798），“敖”可以寫作“遨”（頁93），等等，其例不在少數。由於人們對增旁的現象注意不够或者説缺乏足够的研究，因而造成了一些校録上的缺失。例如：

《秋胡變文》：“辭妻了道，服得十袟文書……便即登程。”（頁155）“了道”不辭。《敦煌變文字義通釋》“了手　了首”條謂“道”

是“首”的誤字,“首”又是“手”的同音假借字,“了手”就是罷手、完畢。按:《通釋》所校是,“道”即“首”的增旁字。《變文集》失校。

《敦煌變文論文録》所附《佛報恩經講經文》:“吠舍釐君聞遮(這)事,當時不敢舉干戈。”又云:“是以世尊憐遮(這)事,長於此處説真經。”按:“遮”應即“者”的增旁字。據吕叔湘先生考證,“這”這個語詞的本字大概就是“者”字,後來爲了避免跟文言通用的“者”字相混,或是因爲這個語詞的聲調已變,纔有“這”和“遮”的寫法,[20]那麽“遮”或許是爲了避免指示代詞“者”跟文言通用的“者”字相混通過增旁的方式造成的俗字。原校“遮”爲“這”,欠妥。

《捉季布傳文》:“今受困厄天地窄,更向何邊投莽人?”(頁57)王重民先生校記:“庚卷‘莽’作‘甚’。馮(沅君)疑‘莽’乃‘奔’之誤,恐非。”《敦煌變文字義通釋》“莽”條云:“莽字的確不是‘奔’的誤字,而是‘莽’的俗字。……‘莽’和‘没’同義,就是什麽,‘投莽人’就是投什麽人。庚卷作‘甚’,‘甚’和‘莽’字不同而意義相同。”按:“莽”字誠然可以作“莽”的俗字(《干禄字書》:“莽莽:上俗下正。”),敦煌寫本中也有這樣的用例,但在上例則仍以看作“奔”的增旁字爲是。首先從文意看,校“莽”爲“莽”,讀作“没”,同一問句既問何邊,又問“莽(没)”人,句子重沓累贅,不如只作“更向何邊投奔人”簡捷明快得多(“何邊投奔人”即已包括投奔什麽人的含義在内)。其次從該篇的用詞習慣來看,相關的問句通常用“甚”或“誰”來表示,如上文“駡詈高聲是甚人”(頁53),下文“只今天使是誰人”(頁59),而没有用“莽”或“没”來表示的。再從該篇用字的習慣看,書“莽”作“莽”,别無他證;相反却可以找到“奔”寫作“莽”的實例,上文:“若是生人須早語,忽然是鬼奔丘墳”(頁55),“奔”字乙、己、辛三卷(即伯2648號、2056號、斯5441號)皆作“莽”,“莽”即“奔”的增旁字。所以我們認爲“投莽人”的“莽”字仍宜看作“奔”的增旁字爲切。

十二、俗書换旁而失校誤校例

除了省旁、增旁的情况外，俗書還有一個很重要的特點就是變换偏旁。偏旁變换的原因是多方面的，其中有形旁形近换用，有形旁意近换用，有聲旁聲近换用，等等。這種繁雜的情况自然也造成了古籍校勘的困難。在敦煌變文的校理中，因而也造成了一些缺憾。例如：

《王昭君變文》："虞舜妻賢，渧(涕)能變竹。"(頁 102)又云："單于受吊復含渧(涕)，漢使聞言悉以悲。"(頁 106)又："莫怪帳前無掃土，直爲渧(涕)多旋作泥。"(同頁)以上數例中的"渧"字，《變文集》並校爲"涕"，其實是不對的。按《集韻》上平聲十二齊韻云："嗁，《説文》：號也。或作啼、渧。"又去聲十二霽韻："渧，泣貌。"據此，則"啼"爲"嗁"的後起俗字，"渧"則是"啼"的换旁字。伯 3697 號《捉季布傳文》"季布聞言而渧泣"，斯 2056 號"渧"作"啼"，可證渧、啼一也。蓋從口從水並可會哭泣之意，故俗書得以互换焉。

《維摩詰經講經文》："不揮停而難以行舟，不舉掉而如何進步。"(頁 518)"揮停""舉掉"並費解。徐震堮先生謂"停"恐是"篙"之誤，劉凱鳴先生謂"掉"當作"棹"。今考原卷"停"字本作"僞"，當是"僑"字，"僑"蓋即"篙"的换旁字。同篇下文："能將機櫓兩邊揉，[23]能把槗撑來往撼。"(頁 520)"槗"即"槁"，當亦是"篙"的换旁字。《文選・左思〈吴都賦〉》"槁工楫師"，李善注引劉逵曰："《方言》云：刺船曰槁。"六臣注本《文選》"槁"作"篙"。蓋"篙""槁"從竹從木，就其質言；"僑"字從人，則因撑篙由人也。至於"舉掉"之"掉"，蓋亦"棹"的换旁字("棹"從木就其質地言，"掉"從手就舉棹的動作言)。人們觀察事物的角度不一，用以會"意"的形旁隨之而異。不得其例，則不得與言是正文字矣。

《伍子胥變文》："(子胥兵馬)行至鄭國，四城門罕閉。"(頁

22)劉堅先生校謂"罕"疑應爲"咸"字音訛,項楚先生則謂應爲"關"字形訛("關"俗作"関",草書寫作"关",又從而訛爲"罕"字)。按:"罕"字寫本原卷實作"窂","窂"當爲"牢"之變,"牢"則即"牢"的换旁俗字。《干禄字書》:"牢牢:上俗下正。"從宀從穴,皆可會牢獄之意。至於變"牢"爲"窂",筆畫稍有增減,亦正是俗書的特點。《漢史晨奏銘》已見書"牢"作"窂"之例,《隋尔朱端墓誌》則又書作"窂",並可資比證。"四城門牢閉",正與文意密合。校録者不知俗書有换旁之例,乃臆録"窂"爲"罕";劉氏、項氏從而校之,自難得其本真。

十三、俗書偏旁類化而失校誤校例

所謂偏旁類化,是指因受上下文的影響,給本没有偏旁的字加上偏旁,或者變成與上下文一致的偏旁。偏旁類化的現象在敦煌寫本中是相當普遍的,因而也造成了一些校録方面的錯誤。例如:

《維摩詰經講經文》:"心淨本源佛土淨,身子懷擬(疑)問世尊。"(頁589)按:"擬"寫本原卷實作"懝","懝"即"疑"的偏旁類化字("疑"字因受上文從心旁的"懷"字的影響類化增旁作"懝")。《變文集》録作"擬",蓋校録者不達俗書偏旁類化之例,以"懝"不成字,因臆改作"擬"耳。類似的例子有"排比"一詞,敦煌寫本中往往類化作"排批",而校録者每每録作"排枇",殆亦爲昧於俗書偏旁類化之例也。

同上又一篇:"枝垂嬈婀朝盛露,花坼輕風晚帶香。"(頁580)按:"婀"字於義無取,當校作"柯"。"柯"字受"嬈"字的影響而改從女旁。《變文集》失校。

《齖䶗書》:"夫齖䶗新婦者,本自天生,鬪唇閤舌,務在喧争。"(頁858)"鬪"即"鬭"的俗字(見《干禄字書》)。"閤"字於義無取,或校爲"嗑",[24]疑未確。"閤"當作"合","合"涉上"鬪"字而類化作“閤”。“鬬唇合舌”，“合”“鬬”義同。《後漢書・吕布傳》：“布性不喜合鬬，但喜解鬬耳。”王梵志《家中漸漸貧》詩：“東家能捏舌，西家好合鬬。”又《夫婦擬百年》：“合鬬遣啾唧，阿孃嗔兒子。”“合鬬”同義連文，“合”亦猶“鬬”也。

十四、俗書筆畫增損而失校誤校例

出於簡化或字形整體協調等等原因，俗書常常有增加或減少字體筆畫的情形，以至烏鳥不分，寂冣莫辨，因而也增加了校勘的困難。校録者只有在精於俗書的基礎上，不爲一些表面的、偶然的因素所迷惑，纔能燭照幽微，破除迷障，否則便易造成校録錯誤。例如：

《佛説阿彌陀經講經文》：“劍樹刃山霜雪白，有人見者總心寒。”（頁482）按：“刃”當作“刀”。又《大目乾連冥間救母變文》：“鐵城煙焰火騰騰，劍刃森林數萬層。”（頁737）“刃”亦當作“刀”。俗書“刀”往往加一點，與“刃”字混用。“劍樹刀山”、“劍樹刀林”之類的話敦煌變文中經見。

《大目乾連冥間救母變文》：“目連那邊伋來唤，獄卒擎叉便出來。”（頁732）項楚先生謂“伋來”爲“仍未”之形訛，[25]確。寫本原卷“來”本作“未”字不誤。“伋”應爲“仍”的增筆字。同篇上文“天堂地獄乃非虚”（頁722），“乃”字乙卷作“及”；又“乃見地藏菩薩”（頁721），“乃”字乙卷始作“及”，復改爲“乃”。“及”並爲“乃”的增筆字，可資比勘。

十五、不明俗字視作脱文例

校録古書（尤其是寫本古籍），也許會碰到不能辨識的字。這時應把原字照録下來，加以説明，讓讀者自己去鑒别。世界之大，一個人的學問畢竟有限；校録者不認識的字，讀者能够辨識亦未可知。不知蓋闕，古有成訓；如果把自己不能辨識的字徑行删去，或者視作脱文，有失實事求是之旨。敦煌寫本字多俗訛，辨認是難，校録者不識，或徑視作脱文。下面試舉二例：

《孝子傳》“王裒”（原誤作“褒”，此據原卷訂正。下同）條：“裒葬□父廬前有柏樹，裒涕泣所著之樹，樹色慘悴。”（頁 907）按：闕文處甲卷（斯 5776 號，本條僅見於該卷）本有一“开”字，應是“亓”字俗書。“亓”與“其”同。《説文》：“丌，下基也。”段注：“字亦作亓，古多用爲今渠之切之‘其’。墨子書‘其’字多作‘亓’。亓與丌同也。”《集韻》平聲之韻：“其，古作丌、亓。”《孝子傳》甲卷“其”字多書作“开”。如“王祥”條“其子繁多”、“誤斫其被”（頁 907），“吴猛”條“親問其故”（頁 903），“其”字寫本皆作“开”。校録者於此三例皆知校“开”爲“其”，而於“王裒”條乃視爲脱文，蓋於其字尚不甚了了也。上文當校讀作：“裒葬其父，廬前有柏樹……”“廬”指王裒於父墓旁所築之小屋。《晋書》卷八十九《王裒傳》謂王裒“廬於墓側，旦夕常至墓所拜跪”，可供比勘。

《妙法蓮華經講經文》：“因何國主苦求哀，爲□長劫免輪回。”（頁 497）按：寫本原卷闕文處本有一“⿰亻走”字，實即“徒”字俗書，“徒”又是“圖”的借字。“徒”“圖”音同通用，變文中屢見。如同頁：“意徒會下聽經人，知道蓮花難得遇。”徐震堮先生校“徒”爲“圖”，[26]是也。校録者不知“⿰亻走”即“徒”字，更不知“徒”又通作“圖”，遂以脱文視之，所失多矣。

①人民文學出版社 1957 年版。

②例中的“妖”又當校作“夭”，詳拙作《〈妙法蓮華經講經文〉補校》。

③載《杭州大學學報》1962 年第 1 期。

④⑭見《〈敦煌變文集〉校記録略》。

⑤見《校勘學釋例》，中華書局 1959 年版。

⑥“朝”當讀作“詔”。

⑦“低”字袁賓先生校作“隄”，近是。

⑧見《〈敦煌變文集〉校補（二）》，載《華東師大學報》1985 年第 2 期。下同。

⑨“孃”今之簡化字作“娘”。《敦煌變文集》係用繁體字排印，故不涉及簡化字的問題。

⑩見《講經文四篇補校》，載《敦煌研究》1988 年第 1 期。

⑪《説文·白部》：“者，别事詞也。”段注：“凡俗語云者箇、者般、者回皆取别事之意。不知何時以迎這之這代之。這，魚戰切。”另請參看吕叔湘先生《近代漢語指代詞》頁 184—185，學林出版社 1985 年版。

⑫“解”《變文集》作“鮮”，誤。此據寫本原卷訂。

⑬見《〈敦煌變文集〉校記補正》，載《華東師大學報》1958 年第 1 期。

⑮“弟子”後原有“常”字，衍。甲卷用朱筆删去，此據校删。

⑯㉑㉖見《〈敦煌變文集〉校記再補》，載《華東師大學報》1958 年第 2 期。

⑰見《〈敦煌變文集〉校補(一)》，載《敦煌學研究》(《西北師院學報》1984 年增刊)。

⑱上海古籍出版社 1981 年版。下同。

⑲轉引自伍德煦先生《敦煌寫本〈二聖序文〉校記》，載《敦煌學研究》。

⑳見《近代漢語指代詞》。

㉒見《敦煌變文校勘補遺》，載《敦煌研究》1985 年第 3 期。

㉓“兩”《變文集》原作“身”，誤。此據原卷訂。

㉔見周紹良先生《讀變文札記》，載《敦煌語言文學研究》，北京大學出版社 1988 年版。

㉕見《〈大目乾連冥間救母變文〉補校》，載《古籍整理研究》(《四川大學學報叢刊》第 27 輯)。

（本篇與張涌泉合寫，收入《郭在貽敦煌學論集》）

讀新版《敦煌變文字義通釋》

蔣禮鴻先生著《敦煌變文字義通釋》(以下簡稱《通釋》),初版於一九五九年三月,至一九六二年六月,即出了三版。近年來蔣先生又對這部書不斷地修訂補充,於一九八一年四月由上海古籍出版社再版,是爲第四版。四版比三版增加詞目百餘條,篇幅擴充一倍(三版凡十五萬九千字,四版三十一萬五千字)。肄習之餘,有一些不成熟的想法,謹向蔣先生和讀者請教。

我國傳統的訓詁之學,因其主要目的是爲經學服務的,對於方俗語詞的研究,向來不甚重視。清人雖也寫過一些這方面的專書,如翟灝的《通俗編》、錢大昕的《恒言録》、毛奇齡的《越語肯綮録》、梁同書的《直語補證》等等,但基本上還是資料匯編的性質,作爲語言史的研究是談不上的。從語言史的角度對方俗語詞進行較爲系統的研究,蓋始於近人張相的《詩詞曲語辭匯釋》(以下簡稱《匯釋》)。《匯釋》裒集唐宋金元明人詩詞曲中的特殊語詞,詳引例證,詮釋其義,剖析用法,凡"字面生澀而義晦"及"字面普通而義别"者,均在探討之列。無論研究漢語詞彙史還是閱讀和注釋古典文學作品,《匯釋》都是必不可少的工具書,它的學術價值絕不容低估;但《匯釋》的研究,畢竟還處在篳路藍縷的階段,其方法未盡縝密,材料也難免有所局限。[①] 而蔣先生的《通釋》一書,正可補益張書之不足,且多有創見,獨具特色。

筆者以爲《通釋》的特色,可從以下四個方面來看:

一、從材料來看,《匯釋》所使用的材料,基本上局限於古代文學作品中的詩詞曲,涉及其他範圍者爲量極少;而《通釋》則不然,它有意識地使用了各種各樣的語言材料，這就爲解决變文中的疑難詞語提供了較大的可能性。正如作者在該書序目中所説："由於變文裏頭假借字和本字雜出，簡體俗體字和正字並列，聲音的轉變，以及和現代詞義的差異，單獨看一個詞就不容易知道它的意義，得花一些歸納整理的工夫，纔能把這些口語的詞義弄清楚。……但單就變文來歸納整理是會發生困難的。如《鷰子賦》中的'亦不加諸'，要是没有張文成的《遊仙窟》和段成式的《酉陽雜俎》等資料來作助證，就會疑心'諸'是錯字。《難陀出家緣起》的'道兩三聲家常'，没有王梵志的詩，也很難肯定它是布施的意思。'將爲'當作'認爲'講，因有韋應物、司空曙等人的詩而它的構詞情况更加明白，'繼絆'就是'繫絆'，也因有《國史補》的材料而更加明確。這些都説明，研治語言，材料不能局限於狹窄的範圍以内。"《通釋》的特色之一，正在於它的材料的廣泛性。就時間斷限而言，《通釋》的材料上起先秦，下至現代（書中曾引及今人柳青、浩然的小説以及現代方言）；就材料的内容而言，舉凡詩、詞、曲、賦、筆記、小説、語録、隨筆、民謡、佛經、詔令、奏狀、碑文、字書、韻書、音義、史書、文集等等，無不在採摭之列。有些書，對於俗語詞研究本來很有利用價值，但向來無人問津，蔣先生却注意到了，比如宋代初年編纂的大型類書《太平廣記》，裏面收集了自漢代至宋初的大量的野史小説，全書凡五百卷，引書四百七十餘種，可以説是古代方俗語詞的淵藪。《通釋》從這部書中徵引了很多有用的語言材料，這是前人不曾做到的。再如宋代編纂的《集韻》，過去只把它看做一部韻書，其實這部書在訓詁學上也極有價值，張相先生所説"字面生澀而義晦"的一類語詞，就有許多可從這部書中找到解釋，《通釋》徵引《集韻》的地方正不少。凡此種種，都説明《通釋》在材料的採摭和使用上，實有突過前人之處。

二、從方法來看，《通釋》採納了《匯釋》的長處，而又彌補了它的不足。《匯釋》所使用的方法，據該書敍言所稱：一曰體會聲韻，二曰辨認字形,三曰玩繹章法,四曰揣摩情節,五曰比照意義。這五點,《通釋》均曾加以採用。更爲重要的是,《通釋》還發揚了清代樸學家的優良傳統,以戴震、段玉裁、王念孫等人的"詁訓音聲,相爲表裏"、"求諸其聲則得,求諸其文則惑"作爲指導思想,有意識地從語言的角度來探索詞義、詞源,而這是以往一些研究俗語詞的作者所欠缺的。舉例來説,《鷰子賦》中"雀兒被嚇,更害氣咽,把得問頭,特地更悶"的"更害"一詞殊爲費解,單是用張相所説的那五種方法是難以解釋的。《通釋》有鑒於此,遂採用"即聲求義"的方法,謂"'更害'二字,'更'和'閒'是見紐雙聲;'害'和'介'古韻同屬泰部,'害'屬喉音匣紐,'介'屬牙音見紐,喉、牙發音部位相近,……"所以"更害"就是"閒介"、"扞格"的聲轉,是阻塞的樣子,變文指氣在喉頭咽住。[②] 又謂"大凡表示間隔的字,發聲常在喉、牙之間,如梗、骾、隔、閡、礙、哽、呃、餲等,不可勝舉。'更悶'的'更',也應該是梗隔的意思,謂梗在心中"。用這個解釋來讀上引那段變文,便有"怡然理順,涣然冰釋"之妙。又如變文中有造次、造此、操次、取此、千次、取次、遷次這樣一些詞,《通釋》從語音方面加以歸類,指出這裏基本上是"造次"、"取次"、"千次"三個詞,實則一聲之轉,只是一個詞。[③] 一經如此歸納,紛繁的語詞現象便具有了條理性和系統性。類似的例子還有不少,諸如作祖(一七二頁)、冒慘(二三一頁)、敬(三〇九頁)、直得(三一一頁)、時故(三三七頁)、況(三五一頁)各條都是。假如作者執着於張相所用之法而不加以推闡變更,《通釋》便難取得今天這樣的成就。

三、《通釋》運用歷史發展的觀點研究語言現象,它并不滿足於對變文中的疑難詞語作孤立的、静態的詮解,還力求找出它們的來龍去脉,進而把語詞的斷代研究納入詞彙史和語言學史的範疇。例如一〇六頁"垂"字條,釋義爲伸展,又引《莊子·田子方》篇,謂"變文垂作伸展義,《莊子》已經先有了"。一三三頁"和"字條,釋義爲哄騙,又引《南史·梁本紀上》,謂"和當欺騙講,六朝已經這樣了”。一四五頁“過”字條，釋義爲“給，送給，交給”，又引《漢書》，證漢代過字已有給義。一五三頁“報賽”條，釋義爲“報答，填償”，又以《漢書·谷永傳》、《三國志·魏書·武帝紀》裴注引魚豢《魏略》爲證，謂“漢魏以來就有‘報塞’一詞，而‘塞’音同‘賽’”。一九六頁“於”字條，釋義爲“厚待別人”，博引《左傳·成公二年》文，以及焦延壽《易林》、孔融《與韋端書》、繁欽《定情詩》等，證明“於”的相厚義起源甚早。二一二頁“私”字條，釋義爲“恩惠、恩德、恩恤”，又引《禮記》鄭注，證明私字的“恩”、“愛”、“恤”等義古已有之。凡此種種，不勝枚舉，爲漢語詞彙史研究提供了豐富的材料。

四、《通釋》的第四個特色，是它在考釋變文詞義的同時，還能聯繫其他許多古代典籍，連帶解決了這些書中不少的訓詁和校勘問題，因而《通釋》不僅是一部研究敦煌變文的工具書，也是閱讀和注釋其他一些古書，特別是古代詩文必不可少的工具書。舉例來看，韓愈《贈張籍詩》：“吾老著讀書，餘事不挂眼。”著字一本作嗜。是著字對？還是嗜字對？照一般的想法，似乎嗜字對；《通釋》則指出：“吾老著讀書”的著字是貪戀或迷戀的意思，有的本子作嗜，顯然是不懂著字意義的人所改。[④] 同理，白居易《還李十一馬》詩：“傳語李君勞寄馬，病來唯著杖扶身。”《全唐詩》在著字下校道：“一作拄。”[⑤] 我們也可以斷定原文應是“著”字，一本作“拄”則是不懂著字意義的人所改。“病來唯著杖扶身”，就是説病中貪戀用拐杖扶着自己孱弱的身體；若作拄，則與下文扶字犯複，白詩當不會如是拙劣。再如杜甫《彭衙行》詩：“癡女飢咬我，啼畏虎狼聞。”其中咬字不可解，有的唐詩選本釋爲癡女餓得咬他老子的肉，大不近情。《通釋》釋咬字爲求懇，用這個意思解杜詩，則咬我就是求懇於我，文意甚暢。又如唐釋拾得詩：“世上一種人，出性常多事。終日傍街衢，不離諸酒肆。爲他作保見，替他説道理。一朝有乖張，過咎全歸你。”其中“保見”一詞不可解，是屬於張相所説“字面普通而義别”的一類詞。查《通釋》，保見就是保人和證人，[6]執此以解拾得詩，了無凝滯。又如《敦煌曲子詞集》别仙子詞："曉樓鐘動，執纖手，看看别。移銀燭，猥身泣，聲哽咽。"其中猥字，或校作偎，意爲依偎。《通釋》則釋猥爲背後，謂"猥身就是背過身子去，這首詞寫男女分别，女子不願意叫行者看見自己哭泣以增加他的難過。上句'移銀燭'，也是爲了掩蓋自己的悲哀；如果只是偎着身子哭泣，那就用不到移燭了"。[7]所説十分有理。又如《夢溪筆談》卷二四，雜志一："嘉祐中，蘇州崑山縣海上，有一船桅折，風飄抵岸。……時贊善大夫韓正彦知崑山縣事，召其人，犒以酒食。食罷，以手捧首而驟，意若懽感。"或校驟爲礷，《通釋》則謂"驟"就是打滚，假若本是"驟然而笑"的"驟"，沈括就不用贅上"意若懽感"，更不會下一"若"字了。[8]這是精闢的見解。

以上所談四個方面，既是《通釋》的特色，也是其優點。下面再就《通釋》的不足之處談兩點看法。末學膚受，所見未必確當，聊供蔣先生參考。

一、《通釋》中有個别條目的釋義，尚有未盡確當之處。如五二頁"醜差"條，引《目連緣起》："遍體悉皆瘡癬甚，形體苦老改容儀。"謂"《變文集》校'苦'作'枯'，是對的。'老'是'差'字之誤。……'形容枯差'就是頁七〇四的'差惡身體乾枯'"。按："'老'是'差'字之誤"這句話自是不錯，其餘則均可商榷。考苦字古有惡義，字亦作盬，《漢書》卷四五《息夫躬傳》"器用盬惡"，鄧展曰："盬，不堅牢也。"不堅牢即粗惡之意，盬從古得聲，故又與苦、沽等字通用，崔寔《政論》"器械行沽"，行沽即粗惡。行和沽都有惡義。[9]宋人張耒《明道雜志》："其市物，擇其良苦，雖毫釐不可欺。"良苦是反義對舉詞，苦就是惡，也就是《國語・齊語》"辨其功苦"的"苦"。由此可見，"形體苦差"的"苦差"，也就是差惡之意，苦差乃同義複詞，《變文集》校苦作枯，是由於不懂得苦有惡義而誤校，《通釋》以《變文集》所校爲是，并謂"形容枯差就是差惡身體乾枯"，是值得商榷的。又如三〇九頁"却"字條下，引杜甫《羌村三首之二》："嬌兒不離膝，畏我復却去。"謂"'却'就是復，'復却'同義連文"。按：杜詩中的這個"却"字并不是復的意思，這句詩應以"却去"連讀，亦即讀成"畏我—復—却去"。何以見得？這得從却字的義訓談起。却字本有退却義，引申之而有"還返"、"回歸"、"離去"等義，并能與還、歸、回、去等組成同義複詞"却還"、"却歸"、"却回(迴)"、"却去"等等。舉例來看，劉長卿《送張栩扶侍之睦州》："遥憶新安舊，扁舟復却還。"[10]此以"却還"同義連文。杜甫《喜達行在所三首》："西憶岐陽信，無人遂却回。"[11]此以"却回"同義連文。《太平廣記》册二，卷九六"迴向寺狂僧"條："今限已滿，即却歸矣。"此以"却歸"同義連文。其以"却去"同義連文者，如岑參《送王著作赴淮西幕府》："發家見春草，却去聞秋風。"[12]又《陪使君早春西亭送王賛府赴選》："到來逢歲酒，却去换春衣。"[13]以上二例，前一例的"却去"與"發家"相對成文，發指出發，則"却去"意爲返回，後一例以"却去"與"到來"相對，"却去"即是回去。這兩例中的却字顯然都不能解釋爲復。同樣，杜甫的"畏我復却去"，也應以"却去"連讀，"却去"在這裏是離開的意思，"却"不能訓爲復，殆可斷言。[14]

二、《通釋》中有些條目的追本溯源還可以加强。蔣先生在《通釋・序目》中説過："研究古代語言，我以爲應該從縱横兩方面做起。所謂横的方面是研究一代的語言，……所謂縱的方面，就是聯繫各個時代的語言來看它們的繼承、發展和異同。"但由於載籍浩如烟海，而個人所見畢竟有限，因此在縱的聯繫方面，便難免有不周之處。如五頁"下官"條，釋爲"自稱的詞兒"，但引例僅及於唐宋人文字。今按："下官"作爲自稱的詞兒，六朝已見用例，如《全上古三代秦漢三國六朝文・全晋文》卷二四王羲之雜帖："想比安和，遲復承問，下官劣劣，日前可。"又卷二五王羲之雜帖："想善平和，下官至匆匆。"徐渭《南詞敍録》云："六朝以來仕者見上皆稱下官，或曰小官，最古。"所説不够全面，平輩之間亦可稱下官。

三〇頁"所由"條下,釋義云:"吏人的名稱,所做的事情不止一種,名稱也有分别,也用來稱某些官員。"并謂"'所由'一名,較上的見於陳時"。按:據筆者所見,梁元帝《金樓子》卷六《雜記篇十三上》即已見"所由"一名。文云:"巢尚之求官,執事就其求狀,尚之乃狀云:'尚之始祖父,堯讓天下不受,仍次魯郡。巢尚之年若干。'所由以其無三代,疑於序用,聞之於孝武帝,武帝拊床賞嘆曰:'此必不凡,彌宜用之。'"文中"所由"一詞的意思,跟《通釋》所釋是符合的。又一二三頁釋"慚"字爲感謝,徵引唐宋人用例多條。今按:慚作感謝講,六朝時已見用例,如《搜神記》卷二〇"董昭之"條:"僕是蟻中之王,不慎墜江,慚君濟活。若有急難,當見告語。"文中慚字,正是感謝之意。這段話又見於魯迅輯《古小説鈎沉》引《齊諧記》;《齊諧記》爲南朝宋人東陽無疑撰。又一六四頁"委"字條,釋義爲"知道",引例多爲唐宋時資料。今按:委作知講,六朝時已然,如《全上古三代秦漢三國六朝文·全晋文》卷二四王羲之雜帖:"賢姊體中勝常,想不憂也。白屋之人,復得還轉,極佳。未委幾人?……"文中委字,正作知解。又一六七頁"教、交"條下,謂"覺"有差、減、病瘉之意,六朝時已有用例,《世説新語·捷悟》:"魏武嘗過曹娥碑下,楊修從。碑背上見題作'黄絹幼婦外孫䪥臼'八字。魏武謂修曰:'解不?'答曰:'解。'魏武曰:'卿未可言,待我思之!'行三十里,魏武乃曰:'吾已得。'令修别記所知,修曰:'黄絹,色絲也,於字爲絶。幼婦,少女也,於字爲妙。外孫,女子也,於字爲好。䪥臼,受辛也,於字爲辤。所謂絶妙好辤也。'魏武亦記之,與修同。乃嘆曰:'我才不及卿,乃覺三十里。'"文中覺字乃差義。又《全上古三代秦漢三國六朝文·全晋文》卷一九王導書:"改朔情增傷感,濕蒸事何如? 頗小覺損不?"又卷二四王羲之雜帖:"再昔來熱,如小有覺,然晝故難堪。"以上覺字均有減損之意。又《金樓子》卷一《興王篇》:"……帝素有熱疾,并患金瘡,末年尤劇,坐卧常須冷物,而未能得。後人獻石床,帝見善之,寢其上即覺,極以爲佳。”文中覺字乃病愈之意。又一八〇頁“交關”條,釋義爲“交易”,引例僅爲唐宋人文字,文中雖提到東漢王褒《僮約》和《三國志・魏書・曹爽傳》,但這兩處的“交關”都不作交易講。今按:“交關”作交易講,六朝已有用例,如《三國志》卷八《魏書・二公孫陶四張傳》,裴注引《魏略》:“比年以來,復遠遣船,越渡大海,多持貨物,誑誘邊民。邊民無知,與之交關。長吏以下,莫肯禁止。”又《淳化閣帖》卷八《宋給事中丹陽薄紹之書》:“知弟定欲迴换住止,周旋江參軍,甚須一宅,今旨遣問之,若必未得居宇,多當成交關也。”其中的“交關”,正是交易之意。

①參看張永言先生《古典詩歌“語辭”研究的幾個問題——評張相〈詩詞曲語辭匯釋〉》一文,《中國語文》1960 年第 4 期。

②見《通釋》頁 256—257。

③見《通釋》頁 262。

④見《通釋》頁 204。

⑤見《全唐詩》册 7,卷 437,頁 4855,中華書局 1960 年版。

⑥《通釋》頁 42。

⑦見《通釋》頁 282。

⑧見《通釋》頁 97。

⑨行有惡意,參看拙作《太平廣記詞語考釋》“行濫”條。

⑩《全唐詩》册 3,卷 147,頁 1499;又見册 8,卷 503,頁 5725,作者題爲周賀。

⑪《全唐詩》册 4,卷 225,頁 2405。

⑫《全唐詩》册 3,卷 198,頁 2035。

⑬《全唐詩》册 3,卷 200,頁 2067。

⑭參看拙作《也談“嬌兒不離膝,畏我復却去”——兼與蕭滌非先生商榷“却”字的義訓問題》及《文史知識》1981 年第 6 期蔣紹愚同志《關於“畏我復却去”》一文。

(原載《天津師大學報》1982 年第 5 期)

俗字研究與敦煌俗文學作品的校讀

敦煌石窟中發見的變文、曲子詞、王梵志詩等俗文學作品，是民間文學的瑰寶，也是敦煌遺書中價值最高的部分。但由於這些俗文學作品成長於民間的土壤，其作者、傳抄者大抵是文化水平不高的貧民百姓，其間採用了大量的俗語詞、俗字，這也就給這些作品的校讀帶來了特殊的要求：即精通俗語詞、俗字。關於這些作品中俗語詞的研究，學術界已經作出了可貴的努力，并出現了蔣禮鴻先生的《敦煌變文字義通釋》這樣輝煌的巨著。但對敦煌俗文學寫本中俗字的研究，則至今仍很少有人問津，從而給這些作品的正確校理帶來了不利的影響。這裏我們想以敦煌變文及王梵志詩爲例，看一看研究者因不明俗字而造成的種種失誤，借以闡明俗字研究對於校讀敦煌俗文學作品的重要意義。

例一　《敦煌變文集・无常經講經文》①："或經營、或工巧，聞樣尖新呈妙好。"（頁 657）關於其中的"聞樣"，蔣禮鴻先生曾在多種場合説"聞樣"就是"模樣"。② 其實蔣先生是上了鉛印本的當。考寫本原卷伯 2305"聞"原作"閗"，即"鬭"的俗字。《干禄字書》："閗闘鬭：上俗中通下正。"《集韻》去聲候韻："鬭，俗作闘，非是。"敦煌寫本中"鬭"字亦多作"闘""閗"等形。如伯 2564《齖齣書》"閗唇合舌"，斯 2056《捉季布傳文》"更若執迷夸闘敵"，是其例。"鬭"是競、比之義。《龍龕手鏡》雜部："鬭，競也。"上揭《无常經講經文》下文："只趁事持③誇窈窕，闘艷争輝呈面峭（俏）。"（頁 667）又《父母恩重經講經文》："呈線呈針鬪意長，對鷄對鳳誇心智。"（頁 686）"闘""鬪"亦競比之義。"鬭樣尖新"就是比樣子的尖新，"鬬"和下半句的"呈"並爲動詞，其意亦近。"様"指色様。《維摩詰經講經文》："維摩陪從禮金僊，寶蓋裝持色様鮮。"（頁554）"様"即"色様"之"様"也。《變文集》録"鬪様"爲"聞様"，殆不識俗字而誤。

例二 《敦煌變文集·維摩詰經講經文》："只候覔皇傾法雨，專希大聖振春雷。"（頁542）徐震堮校："'覔'當作'覺'。"[④]劉凱鳴提出駁議，云："變文下文有'梵王天衆下天階'，頁549有'梵王威德故(固)難論'，頁568又有'螺髻梵王請指引'、'梵王既見生疑誤'多處'梵王'用例，據此'覔'當是'梵'字之訛，'皇'是'王'字之誤。"[⑤]按：劉校據文例以"覔"爲"梵"之訛，然梵、覔形音俱不近，變文中亦未見互訛用例，劉説鑿。其實，徐校"覔"爲"覺"極確。同篇下文有云："顒顒翹仰心專切，萬萬千層禮覺皇。"（頁547）正有"覺皇"一詞，是其確證。"覺皇"爲佛之别稱。《釋門正統》卷八："覺皇盛心，其欲躋天下於仁者。"又本篇頁544、548、552、553又有"大覺"之名，義與"覺皇"同，亦可資比勘。劉校知"梵王"屢見，何不察本篇"覺皇"、"大覺"亦屢見耶？是非既可肯定，那麽"覺皇"怎麽又會誤爲"覔皇"呢？考原卷斯4571"覔皇"本作"覔皇"，實即"覺皇"二字。"覔"是"覺"的俗書。凡"𦥯"形構件，敦煌寫本中多作"文"。如同篇"大覺世尊纔説法"（頁553）、"萬萬千層禮覺皇"（頁547），"覺"原卷並作"覔"。又斯6551《佛説阿彌陀經講經文》"全無孛解之能"，"孛"則係"學"字，並其例。而"覔"字敦煌寫本中則多作"覔"，如斯2073《廬山遠公話》"覔一居止之處"，是也。校者不察"覔""覔"之别，因以"覔皇"爲"覔皇"，誤矣。劉校未能檢核原卷，遂爲臆必之説，自難得其本真。

又同篇："死未到頭何處覔，病未侵體恐誰争。"（頁555）察原卷"覔"字作"覔"，亦"覺"之俗字。"死未到頭何處覺"，乃死不臨頭不知覺悟之謂，"何處"猶云"何時"。[⑥]原校亦誤"覔"爲"覔"。又《无常經講經文》："百歲何殊石火光，一生大似風中燭。既竟知，須打撲，休更頭頭起貪欲。”（頁 663）“竟知”費解。檢原卷伯 2305“竟”本作“斍”，正亦“覺”字。“覺知”連文同義。《維摩詰經講經文》：“好向情田自覺知，休將心行成慳僻。”（頁 520）亦“覺知”連用，可資比勘。是則又誤“斍”爲“竟”矣。校書者不明俗字，以致一誤而再誤，讀者據此失真之印本索解，不亦難乎！

例三 《敦煌變文集・不知名變文》：“有一個小下女之（子）族（逐）水如（而）來，㼾（瓶）中有七支蓮花。”（頁 820）按：“之”字原卷斯 3050 作“𠆢”，即“人”字俗書，王慶菽録作“之”，誤。又“㼾”字，王慶菽既校作“瓶”，又在校記中說：“原‘㼾’字，疑是‘瓶’字。”按：王說非。“㼾”原卷作“㳋”，即“瓨（㼦）”字俗書。“瓨”即“瓨”，瓶也。詳下。“瓦”字（或“瓦”旁）俗作“⺆”（見《干禄字書》、《五經文字》），敦煌寫本中則多作“瓦”（如伯 2292《維摩詰經講經文》“令瓦礫以[7]生光”），或作“几”形（如伯 3211 王梵志詩“貧家如破瓮”，“瓮”即“瓮”字），並與“㳋”下半的形狀相近，可資參校。又《太子成道經》：“撥掉（按：當爲棹）乘船過大江，神前傾酒三五㼦。”（頁 228）“㼦”字原卷伯 2999 作“㳋”。又《茶酒論》：“三文一㳋，何年得富。”（頁 268）“㳋”“㳋”亦即“㼦”字。“㼦”又係“瓨”的俗字（從江從工，古音相同）。《集韻》上平聲江韻：“瓨，《說文》：似罌長頸，受十升。”又下平聲十一唐韻：“瓨，《博雅》：瓶也。”《王梵志詩校輯》[8]卷五：“墓内不須食，美酒三五瓶。時時獨飲樂，□盡更須傾。”張錫厚校記：“□盡，原本模糊難辨。戊二本作‘沉盡’。”趙和平、鄧文寬校作“㳋”，注云：“似爲飲字之誤。”[9]今檢原卷伯 3418，闕字原作“㳋”，正即“㼦”字俗書之小變。梵志詩前說“美酒三五瓶”，後說“㼦盡更須傾”，“㼦”“瓶”互文同義。至於戊二本的“沉”，寫卷伯 3724 作“㳋”，亦正“㼦”字手書之小變，張校作“沉”，大誤。

例四 《敦煌變文集・董永變文》：“從前且織一束錦，梭齊動地樂花香。”（頁 111）按：“梭齊動地”費解，“齊”當作“聲”。《難陁出家緣起》："牛頭喊叫連天，獄子發聲動地。"（頁 402）則云"發聲動地"，是其比類。考原卷斯 2204"齊"字實作"沯"，乃"聲"字俗書，原校不明俗字而誤。又《維摩詰經講經文》："磬螺齊響亮，珂珮韻玎璫。"（頁 545）這兩句是對偶句，"齊"亦當作"聲"，"聲響亮""韻玎璫"對文爲義。下文："魚梵奏時聲了繞，金幢搖處韻釘鐺。"（頁 547）《維摩詰經講經文》又一篇："鐘聲豈滅輪回苦，磬韻難消生死憂。"（頁 613）又《无常經講經文》："韻清玲，聲琦珉，"（頁 670）並"聲""韻"對偶，可以參證。檢原卷斯 4571"齊"本作"斉"，實亦"聲"字俗書。同篇頁 555"蟬聲返覆穿疏牖"，頁 557"滿枕之蟬聲聒聒"，頁 558"浩浩而齊聲讚嘆"，"聲"字原卷分别作"齐"、"斉"，並與"斉"形近，足資校證。

又敦煌曲子詞《太子五更轉》："三更滿，太子騰空無人見。宫裹傳聞悉達無，耶孃肝腸寸寸斷。"任二北校："'聞'原作'聲'，另卷作'斊'，乃'聞'之省，劉氏改'齊'，意未合。"[10]按：另卷作"斊"，正亦"聲"字俗訛，作"聞"作"齊"，均所不當。

例五 《敦煌變文集·无常經講經文》："閑向八德池中弄水，悶來七重樹下遊春。或登門殿，或禮經文。……或即晨登門殿，或時夜禮慈尊。"（頁 656）按："門殿"不辭。察原卷伯 2305"門"字本並作"宀"，實爲"寶"字俗書。《妙法蓮華經講經文》"同亡（寶）積之所陳"（頁 505），又"或添纓絡身中，或綴亡冠（寶冠）[11]頭上"（頁 506），"亡"原卷伯 2133 並作"宀"，是其比類。又："空稱名號以難偕，決定將身座门芝（寶臺）。"（頁 505）原校"门芝"爲"寶臺"是對的，但原卷本作"宀莹"，即"寶臺"俗書，亦可資比勘。"宀""宀"顯然都是"寶"字俗省；而"寶殿""寶臺"其義亦近。又"門"字該篇凡十數見，或作"门"，或作"冂"，而絶無作"宀"者，敦煌寫本中亦未見書"門"作"宀"者。《變文集》録"宀殿"爲"門殿"，正亦不明俗字而誤。

例六 《敦煌變文集·維摩詰經講經文》："面上五條光彩彩，

眉邊萬道色皚皚。”(頁 552)按:“萬”字當作“兩”。原卷斯 4571 作“[illegible]”,即“兩”字俗書。下文:“回身往往合雙眼,喘息頻頻皺多眉。”(頁 555)徐震堮校“多”爲“兩”,極是。原卷“多”作“[illegible]”,亦本是“兩”字。“雙眼”“兩眉”對文爲義。下文“玉珮玎瑺滿路歧”(頁 559),“滿”字原卷作“[illegible]”,可資參校。

例七 《王梵志詩校輯》卷五《父母生兒身》詩:“暫託寄出來,欲以便相貸。”(頁 149)張錫厚校記:“便相貸,原作‘相便藏’,據文義改。”按:原卷伯 3418“藏”實作“僫”,正是“貸”字俗書。同書卷二《村頭語户主》詩:“在縣用錢多,從吾相便貸。”(頁 28)“貸”字原卷伯 3211 亦作“僫”,是其比。又《受報人中坐》詩“癡愚膿血袋”(頁 29)、《身如破皮袋》詩(頁 49)的“袋”,原卷並作“僫”,亦可資比勘。又“便”字不當乙。“便貸”同義連文。《資治通鑑》卷二七三後周同光二年“豆盧革嘗以手書便省庫錢數十萬”,胡三省注:“今俗謂借錢爲便錢,言借貸以便用也。”是“便”亦有借貸之義。上引《村頭語户主》詩“從吾相便貸”,亦“便貸”連文,是其確證。原校不識俗字,因誤“僫”爲“藏”;復因不明俗語,遂妄加乙轉,以致一誤而再誤。

例八 《王梵志詩校輯》卷五《身是五陰城》詩:“總在糞尿中,不解相蛆蛄。”(頁 151)按:此詩見於兩個敦煌卷子,伯 3418“蛄”作“姡”,伯 3724 作“婟”,實皆爲“妒”的俗字。《周强獨樂造象》“妒”即作“姡”,是其證。蛆妒即嫉妒義。[12]原校不明俗字,臆改作“蛄”,又不加説明,殊乖著述體例。又同書卷二《家中漸漸貧》詩:“兩家既不和,角眼相蛆蛄。”(頁 35)又《兄弟義居活》詩:“外姓能蛆蛄,啾唧由女婦。”(頁 58)原卷伯 3211“蛄”並作“婟”,原校也都徑改作“蛄”,而未加任何説明。又同書卷三《讒臣亂人國》詩:“讒臣亂人國,妒婦破人家。”(頁 82)原校曰:“妒婦,原作‘婟婦’,據文義改。”字雖然改對了,但却是歪打正着,不足取法。

例九 《王梵志詩校輯》卷五《吾死不須哭》詩:“急手涂埋却,

臭穢不中停。”（頁157）張錫厚校記：“涂埋：埋在泥裏。”袁賓則云：“涂埋，語可疑，原注也嫌勉强，皆係‘深’字形誤。”⑬按：袁校謂“涂”當作“深”，極是。考原卷伯3418“涂”實作“涂”，即係“深”的俗别字。同卷《天下浮逃人》詩：“聞苦即深藏，尋常擬於（相，從項楚校）算。”（頁174）“深”字原卷作“㴱”，是其比。同書卷二《借貸不交通》詩：“借貸不交通，有酒深藏窖（原作“善”，項楚校作“着”）。”趙和平、鄧文寬《敦煌寫本王梵志詩校注》“深”字録作“湞”，云“疑爲‘須’字之俗寫”。實亦不明“湞”即“深”的俗别字而誤。

例十 《王梵志詩校輯》卷五《天下浮逃人》詩：“天下浮逃人，不啻多一半。”（頁174）張錫厚校記：“不啻多一半，原作‘帝鄉賈一半’，據戊二本改。”按：原卷伯3418“鄉”字作“乡”，實爲“多”字俗書。敦煌寫本中“多”字每作“乡”，如同卷《富饒田舍兒》詩：“廣設好飲食，多酒勸且醉。”（頁163）又《出家多種果》詩：“努力勤心種，多留與後人。”（頁172）原卷“多”並作“乡”。又《敦煌變文集·維摩詰經講經文》：“亦非多巧説，不是謾分張。”（頁584）原卷斯3872“多”亦作“乡”，並其證。原校不識“乡”爲“多”字俗書，卻以今例古，以爲即今“鄉”的簡體字，於是悍然改爲繁體“鄉”，以致原卷的真面目被湮没無存了。

①《敦煌變文集》，人民文學出版社1957年版，王重民、王慶菽、向達、周一良、啓功、曾毅公等校。

②見《敦煌變文字義通釋》頁46，上海古籍出版社1981年新一版，又《義府續貂》頁100，中華書局1981年版。

③“事持”，疑當作“是時”。

④見《〈敦煌變文集〉校記補正》，載《華東師大學報》1958年第1期。

⑤見《敦煌變文校勘復議》，載《中國語文》1985年第6期。

⑥“處”有“時”義，詳王鍈《詩詞曲語辭例釋》“處”條，中華書局1986年版。

⑦“以”通作“而”。《變文集》録作“似”，失真。

⑧《王梵志詩校輯》,張錫厚校輯,中華書局 1983 年版。

⑨見《敦煌寫本王梵志詩校注》,載《北京大學學報》1980 年 5、6 期。

⑩見《敦煌曲校録》,上海文藝聯合出版社 1955 年版。

⑪"㝠"原卷伯 2133 作"𡧍"。"𡧍"乃"冠"之俗字,《變文集》録作"㝠",失真。

⑫"蛆妒"之"蛆"是"怚"的借字。《集韻》平聲魚韻:"怚,妒也。"

⑬見《〈王梵志詩校輯〉校釋補正》,載甘肅《社會科學》1985 年第 6 期。

(本篇與張涌泉合作,載《近代漢語研究》,商務印書館 1992 年版。後收入《郭在貽語言文學論稿》)

俗字研究與古籍整理

一

所謂俗字，是相對於正字而言的。正字是指得到官方認可的字體，俗字則是指在民間流行的通俗字體。關於正字和俗字，唐朝的顔元孫曾作過如下表述：

> 所謂俗者，例皆淺近，唯籍帳、文案、券契、藥方非涉雅言，用亦無爽。儻能改革，善不可加。所謂通者，相承久遠，可以施表奏、箋啓、尺牘、判狀，固免詆訶。所謂正者，並有憑據，可以施著述、文章、對策、碑碣，將爲允當。[1]

在這段話中，顔元孫闡明了正字、俗字以及通用字的特點及其使用範圍。他認爲俗字是不登大雅之堂的一種淺近字體。他所謂的"通者"，其實也是俗字，只不過它的施用範圍更大一些，流沿的時間也更長一些。换句話説，顔元孫所謂的"通者"，就是承用已久的俗字。

俗字是伴隨着文字的産生而産生的。但在漢朝以前，統治者嚴格限制俗字的流行和使用，"書或不正，輒舉劾之"，[2]再加上書寫工具的限制，俗字的數量以及流行的程度都十分有限。但在東漢以後，漢字由篆而隸，由隸而真，而草，其用趨於簡便；再加上紙的發明，書寫的便利，於是以淺近易寫而爲下層人民所喜愛的俗字便迅速擴張和蔓延開來，一時間雜亂紛陳，蔚爲大觀：點畫偏旁，隨意增損；怪誕紕謬，觸目而然！以至竟使封建士大夫有"略

(引者按:此“略”意爲“全”)是不得下筆”[3]之嘆!儘管歷代封建統治者頒行過形形色色的正字法規,一些封建文人也鋭意釐正,編寫過各種各樣的正字字典,然而俗字并没有因之而銷聲匿迹,相反倒在更大的程度上流延開來,以致一些正統文人的筆下,也不能完全屏絶俗字。北齊學者顔之推曾説過這樣一番話:

> 吾昔初看《説文》,蚩薄世字,從正則懼人不識,隨俗則意嫌其非……所見漸廣,更知通變,救前之執,將欲半焉。若文章著述,猶擇微相影響者行之,官曹文書,世間尺牘,幸不違俗也。[4]

“從正則懼人不識”,當時俗字使用之廣,數量之多,竟使寫正字有使人看不懂的危險。所以即便像顔之推這樣“蚩薄世字”的正統文人也不得不對俗字採取了妥協的態度。俗字影響之大,使用範圍之廣,即此可見一斑。

二

既然俗字在當時是如此流行,爲什麽我們今天在一般的書籍中却很少看到呢?這是因爲古書屢經傳抄,尤其是有刻版以後,字體漸趨於一尊,許多俗字已被刊落了。如宋岳珂之刻《九經三傳》,便改掉了很多俗字。岳珂在《九經三傳沿革例》中説:

> 字學不講久矣。今文非古,訛以傳訛。魏晋以來,則又厭樸拙,耆姿媚,隨意遷改,義訓混淆,漫不可考。重以避就名諱,如操之爲摻,昭之爲佋,此類不可勝舉。唐人統承西魏,尤爲謬亂。至開元所書《五經》,往往以俗字易舊文,如以頗爲陂,以便爲平之類更多。五季而後,鏤版傳印,經籍之傳雖廣,而點畫義訓,訛舛自若。今所校,本之以許慎《説文》、張參《五經文字》、唐玄度《九經字樣》、顔魯公《干禄字書》、郭忠恕《佩觿集》、吕忱《字林》、秦昌朝《韻略分毫補注字譜》,參

以毛晃《增韻》及其子居正所著《六經正誤》。其有甚駭俗者，則通之以可識者(謂如宜之爲宜、晉之爲晋之類，皆取之於石經遺文)。非若近世眉山李肩吾從周所書《古韻》及文公《孝經刊誤》等書純用古體也。凡此者，皆與同志之精於字學者逐一探討折衷，不使分毫差誤，雖注字偏旁，點畫必校，庶幾聖經賢傳，不墮於俗學之陋，當爲世所善矣。

誠如岳氏所說，六朝、唐人抄寫古書，往往以俗字改易舊文；至宋以後刊版流行，則又往往以正字改易俗字。像岳珂據《說文》等字書刊正俗字誤字，不失慎重之意。但如果不明俗字，專輒妄改，便會給古書帶來災難。宋以後的刻書家，專輒妄改古書者大有人在，給古書帶來的損害也至爲嚴重。清代著名校勘學家盧文弨在《重雕經典釋文緣起》⑤中說：

今之所貴於宋本者，謂經屢寫則必不逮前時也。然書之失真，亦每由於宋人。宋人每好逞臆見而妄改舊文。

"書之失真，亦每由於宋人"，這確是校勘學家們在校書中所得出的經驗之談！另一方面，版本發明以後，以牟利爲目的的書賈也就應運而生。清代學者齊召南在《進呈前漢書考證後序》⑥中說：

自唐以前，書皆鈔寫，而校對極精。訛脱相承，不過數處。其有板本，自宋淳化中命官分校《三史》始也。版本染印，日傳萬紙，於人甚便，人間摹刻以市易者滋多，彼此沿襲，校讎稍疏，輾轉失真，"烏""焉"成"馬"。故書有版本，而讀者甚易；亦自有版本，而校者轉難，固其勢然也。

書有版本，得書較易，給讀書人帶來了許多方便，這是事實；但另一方面，刻書者或憑臆妄改，或踵訛襲謬，給古書本身造成的災難也不容忽視。於是在古籍整理工作中，考辨俗字的工作便具有了極爲重要的意義。下面我們便從校勘和注釋兩方面談談俗字研究對於古籍整理的重要性。

(一)俗字與校勘

俗字與校勘的關係最爲密切。清代著名學者孫詒讓在談到秦漢古籍的校勘時曾説：

> 秦漢文籍，誼旨奥博，字例文例，多與後世殊異。……復以竹帛梨棗鈔刻屢易，則有三代文字之通假，有秦漢篆隸之變遷，有魏晋正草之輥淆，有六朝唐人俗書之流失，有宋元明校槧之羼改，逵徑百出，多歧亡羊。非覃思精勘，深究本原，未易得正也。[⑦]

孫氏這段話的主旨是説校書者要知道字形的變遷，而知道字形變遷的關鍵則在於通曉俗字。通曉俗字對古籍的校勘至爲重要，或者可以説，通曉俗字是進行正確校勘的基礎和條件，不明俗字，便不能進行正確的校勘。如：

例一，《晏子春秋·問篇下》："讒鼎之銘曰：'昧旦丕顯，後世猶怠。'况日不悛，其竜久乎！"孫星衍校："'竜'，此不成字，序云'章爲長'，疑即爲此，則作長久也。《左傳》作'能'。"[⑧]近人劉師培《晏子春秋校補》則云："黄本'竜'誤'龍'。"(見吴則虞《晏子春秋集釋》上册頁372)其實黄本作"龍"并没有大錯，"竜"即"龍"的俗字，[⑨]在文中則係"能"字形訛(用吴則虞説)。《左傳》昭三年引作"其能久乎"，是矣。博洽如孫、劉，雖知或作"龍"，或作"能"，但終因昧於俗字，而不能探本窮源，得其本真。明俗字之切要，於此可以概見矣。

例二，楊守敬《水經注疏》引《仁王護國陀羅尼經音義》："此葉粗厚，鞕而難用。""鞕"字不可解。鍾鳳年《水經注疏勘誤》認爲"鞕"應作"硬"，但缺乏校勘上的根據。謝承仁《鍾鳳年〈水經注疏勘誤〉讀後》一文，經檢驗原文，指出"原本作'鞕'，不作'硬'，并未引誤"，但又謂"鞕字在此固難講"。[⑩]其實"鞕"乃"鞕"之訛字，"鞕"則爲"硬"的俗字。《玉篇》石部："硬，五更切，堅硬。亦作鞕。”《龍龕手鏡》革部亦云：“鞕，堅牢也，與硬同。”鍾、謝兩位如果知道“硬”字俗或作“鞕”，那就不至於在“鞭”“硬”之間束手無策了。

例三，《水經·湍水注》：“鋼鐵不入，凡器不藏。”戴震校聚珍版本、趙一清校注釋本均用何焯説，以“凡”爲古“丹”字。然酈注《水經》，有何必要在這裏忽然用上一個古字？且“丹器”義亦難通。其實“凡”即“瓦”的俗字（見《干禄字書》、《五經文字》），戴、趙承用何説，均因不明俗字而誤。[11]

例四，《王梵志詩校輯》卷二《當鄉何物貴》詩：“縣扃南衙點，食並衆厨飡。”（頁 27）張錫厚校記：“扃，原作‘肙’，據文義改。”按：原卷“肙”實作“扃”（伯 3211），即“局”的俗别字。《干禄字書》：“局局局：上俗中通下正。”“扃”即“局”字手書之小變。“局”爲宴席之義。“縣局”與“衆厨”對文見義。[12]原校不識俗别字，因改作“扃”，然“縣扃”實不可通。又同書卷三《官職亦須求》詩：“妄想逢便宜，參差著房席。”（頁 74）張錫厚校記：“房，原作‘扂’，據文義改。”實則“扂”亦“局”之俗字，“局席”指宴席。敦煌寫本伯 3716《新集書儀》“扂席散罷”，亦“扂（局）席”連用，可資參證。張錫厚擅改爲“房”，并注云：“著房席：俗語，指因生活困迫，無食而卧。”實屬臆測之詞。

例五，《敦煌變文論文録》[13]所附《佛報恩經講經文》：“特故朝參辭父母，願王令去無憂惚。”又下文：“只願父王深體察，莫將憂惣作遮闌（攔）。”白化文、趙匡華校“惚”、“惣”並作“愁”，誤。“惚”即“惱”的俗字（見《干禄字書》及《龍龕手鏡》卷一心部，通常作“惚”），“惣”則“惚”字俗書之小變。《敦煌變文集·韓朋賦》：“韓朋出遊，仕於宋國，期去三年，六年不皈（歸）。朋母憶之，心煩惣。”（頁 137）“惣”亦“惚”字俗訛，可資比勘。

以上五例，是因爲不明俗字而造成校勘的錯誤。相反，如果我們具備了俗字方面的一些知識，碰到一些相關的校勘問題，便

能得心應手,作出正確的判斷。具體説來,通曉俗字對校勘有如下作用:

甲、訂訛。訂訛就是訂正古書文字上的錯誤,訂訛是校勘的基本内容之一。造成古書文字上錯誤的原因當然是多方面的,但因俗字而誤則是其中很重要的一個方面。在碰到因俗字而誤的時候,通曉俗字便能幫助我們發現這種錯誤,并加以匡正。如:

例六,《敦煌變文集·百鳥名》:“花没鴿,色能姜,一生愛踏伽藍地。”(頁 853)文中的“能”相當於“恁”,表“如此”的意思。⑭如同篇下文:“青雀兒,色能青。”⑮“能”字義同。但“色能青”好懂,而“色能姜”則費解,顯然文字上有錯誤。蔣禮鴻先生在《敦煌變文字義通釋》“能”條下引了這句話,校“姜”爲“美”,但没有説明理由。考“美”字俗書或作“羑”(慧琳《一切經音義》卷十:“美,《説文》從羊從大,經從父作羑,非也。”),如《敦煌變文集·父母恩重經講經文》:“長大了擇時聘與人,六親九族皆歡美。”(頁 686)原卷伯 2418“美”作“羑”,是其例。“羑”“姜”形至近,“色能姜”之“姜”顯然就是“羑”字形近之誤,⑯“羑”則又是“美”的俗書。

例七,《敦煌變文集·前漢劉家太子傳》:“會漢哀既崩,皇后遣安漢公王莽,禁賢獄中,賢共婦俱時自倒而死也。”(頁 163)“自倒而死”不可解。考《漢書·佞幸傳》謂“賢與妻皆自殺”,可見“自倒”當與自殺有關。我們認爲“倒”當作“到”,“到”又爲“剄”字之誤。爲什麼“剄”會誤作“到”? 因爲“巠”旁俗或書作“圣”,因易訛而爲“至”,故“痙”訛作“痓”(如《傷寒論》卷二“辨痓濕暍脉證”,宋成無已注謂“痓”當作“痙”),“經”訛作“経”(如斯 778 王梵志詩:“錢財奴婢用,任將別経紀。”“経紀”即“經紀”。張錫厚校記則云:“經,原作‘経’,據文義改。”而不知原字即‘經’的俗字)。⑰故“到”當即“剄”俗書之誤。“自剄”既誤作“自到”,後人見“自到”不辭,復加人旁作“倒”,一誤再誤,所謂大道以多歧而亡羊也。⑱

例八,《韓詩外傳》卷十第十五章:“齊桓公出遊,遇一丈夫褒衣應步，帶著桃殳，桓公怪而問之曰：‘是何名？何經所在？何篇所居？何以斥逐？何以避余？’丈夫曰：‘是名戒桃。’”“戒”舊本作“二”。孫詒讓云：“‘是名二桃’義不可通，疑‘二’當作‘戒’。戒俗書或作‘戎’（見顔元孫《干禄字書》），與‘貳’草書相似，傳寫訛省，又以‘貳’爲‘二’，遂莫能校覈。下援戒社爲比況，又云‘庶人之戒在於桃殳’，即釋‘戒桃’之義。”（《札迻》卷二）由於孫氏具有俗字方面的堅實基礎，所以即使在没有異文可供對勘的情況下，也能探本溯源，推尋古書訛誤的真相。

乙、考異。在校勘古書時，我們經常會遇到字形歧異的情況。通曉俗别字，則可幫助我們在字形歧異時作出正確的抉擇，并弄清致歧的原因。如：

例九，《顔氏家訓·書證篇》：“凡《爾雅》、《三蒼》、《説文》，豈能悉得蒼頡本指哉？亦是隨代損益，㸦有同異。”王利器校：“㸦，宋本如此作，《續家訓》及羅本以下諸本作‘各’，《少儀外傳》上、《示兒編》二二引亦作‘各’。”[19]“㸦”字北宋淳熙間台州公庫本如此作，而其他各本則俱作“各”，哪個本子對？我們認爲北宋本對。《廣韻》去聲十一暮韻：“互，差互，俗作㸦。”慧琳《一切經音義》卷十一：“遞互，下胡固反。《韻詮》云：互，差也。經作㸦，俗字誤也，非正體字也。”又唐玄度《九經字樣》云：“互，俗作㸦者訛。”我們不管它是俗是訛，而只承認這樣一個基本事實，就是唐宋間“互”字俗或書作“㸦”。《顔氏家訓》的北宋本書“互”作“㸦”，顯然是保存了唐時寫本的原貌，而其他各本作“各”，却是不明俗字而妄改。

又隋巢元方《諸病源候論》卷十二：“互跪，兩手向後，手掌合地出氣向下。”南京中醫學院校釋：“互，原作‘牙’，從本書卷三虚勞膝冷候養生方導引法改。”[20]“牙”顯然就是“㸦”字之訛。刻書者不明俗字，因致訛誤。宋劉攽《中山詩話》引劉道原云：“（牙郎）本稱互郎，主互市。唐人書互爲㸦，因訛爲牙。”[21]誤“互郎”爲“牙郎”，可供比勘。南京中醫學院的校釋本從他卷校“牙”爲“互”，結論自然是對的。但爲什麽“互”會誤作“牙”？如果不知道“互”俗作“㸦”，就難以窺測個中奧秘了。

又《舊唐書·安禄山傳》有云：“及長，解六蕃語，爲互市牙郎。”而同書《史思明傳》則云“（史思明）與禄山同爲互市郎”。“互市牙郎”對還是“互市郎”對？我們認爲“互市郎”對。古時稱買賣貿易爲“互市”（如《後漢書·烏桓傳》：“賞賜，質子，歲時互市焉。”），而説合買賣雙方的經紀人則稱互市郎（或稱“互郎”）。正如劉道原所説，後來所謂的“牙郎”、“牙人”之“牙”，乃“互”字俗書之訛。《安禄山傳》的“互市牙郎”，殆本作“㸦市郎”，後人旁注一“互”字，傳抄翻刻時遂舛入正文，“㸦”又誤作“牙”，“牙互市郎”不可通，又妄加乙倒，因訛而爲“互市牙郎”，一誤再誤，如果不明俗字，其間訛誤的緣由便無從推尋了。[22]

例十，《世説新語·言語篇》劉孝標注：“臨書扼腕，涕泗横流。”徐震堮校：“扼，原誤作‘振’，據影宋本及沈校本改。”[23]或作“扼”，或作“振”，從文意看，“振”顯然是個誤字。但何以“扼”會誤作“振”？其實也是俗書在作祟。考“辰”字（或“辰”旁）俗書或作“厎”（見《干禄字書》。又如敦煌寫本斯2204《董永變文》“辰”作“厎”），與“厄”形近，因而“扼”誤作“振”。《抱朴子·道意篇》“令人振腕發憤者也”，“振”亦爲“扼”字之誤（從孫星衍校），可資比勘。

例十一，《爾雅·釋言》：“祈，𠮞也。”郭注：“祈祭者𠮞呼而請事。”周祖謨校箋：“‘𠮞’當作‘叫’。宋刻十行本不誤。注‘𠮞呼’亦當作‘叫呼’。”[24]或作“叫”，或作“𠮞”，哪個對？我們認爲都對。“𠮞”即“叫”的俗字，不煩改。《龍龕手鏡》口部：“訆叫呌三俗，噭正，古吊反，鳴也，遠聲也，亦唤也，與𠮞同。”又云：“𠮞，同上，𠮞唤也。”《左傳》襄三十年“或呌於宋大廟”，阮元校勘記：“朱本、明翻岳本‘呌’作‘叫’，《釋文》同，石經作‘𠮞’。”可見“𠮞”即“叫”的俗字，兩者之間只有正俗之别，而無正誤之分。

丙、明妄。古書中既多俗字，博學的人自然能够明了，而淺陋的人不知其爲俗字，或强作解釋，或憑臆妄改，結果往往是既害自己，又害别人。如：

例十二，顧炎武《日知録》卷十八云："近日盛行《詩歸》一書，尤爲荒誕。魏文帝《短歌行》：'長咏永嘆，思我聖考。'聖考，謂其父武帝也。改爲'聖老'，評之曰：'聖老字奇。'"《詩歸》爲明鍾惺和譚元春合編。鍾、譚喜評點古書，而多鄙俚可笑。《四庫全書總目提要》稱其書："大旨以纖詭幽渺爲宗，點逗一二新雋字句，矜爲元妙。又力排選詩惜群之説，於連篇之詩隨意割裂，古來詩法於是盡亡，至於古詩字句，多隨意竄改。"這個批評實在不能説冤屈了他們。但所選魏文帝詩誤"聖考"爲"聖老"則未必爲有意竄改。"考"字俗或作"考"，見於《干禄字書》及敦煌寫本王仁昫《刊謬補缺切韻》。唐寫本中"考"字亦多作"考"（如伯 3418 王梵志詩"一得清白狀，二得三上考"，伯 2193《目連緣起》"形骸苦考改容儀"，"考"並即"考"字。後例"苦考"讀作"枯槁"，[25]而《變文集》頁 706 却誤"考"爲"老"），所以很可能《詩歸》所據魏文帝詩的底本作"聖考"，鍾、譚不識俗字，因亦誤爲"老"字，却自以爲獨得，而不知人們正在竊笑他們的不學呢！

例十三，《王梵志詩校輯》卷二《奴人賜酒食》詩："奴人賜酒食，恩言出義氣。"（頁 46）張錫厚校記："義，原作'羑'，據文義改。"按："羑"即"美"的俗字（詳上文），"美氣"指詞氣温和（蔣紹愚説），原校者不識俗字，擅改爲"義"，致令詩意扞格難通。又按：所謂"據文義改"，用校勘學的術語來説，殆即所謂的"理校法"。但運用理校法并不是一件容易的事情，必須具備文字、音韻、訓詁、史學等各方面的知識。即便像陳垣這樣的校勘大家，也不敢濫用理校，而"只敢用之於最顯然易見之錯誤而已，非有確證，不敢借口理校而憑臆見也"。[26]但張錫厚先生的《王梵志詩校輯》一書，却好用"據文義改"的方法，以致造成了一些本可避免的錯誤。如頁 6 之改"綷"爲"經"，頁 9 之改"拋"爲"抛"，頁 12 之改"俣"爲

“但”，頁13之改“脊”爲“脊”，頁66之改“邑”爲“色”，頁76之改“捋”爲“將”，頁98之改“姡”爲“妒”，等等，原校並云“據文義改”，殊不知被改之字即所改字的俗别字，本來就無須改的。又如頁13之改“挩”爲“税”，頁27之改“肙”爲“扃”，原校亦云“據文義改”，而不知“挩”即“挽”的俗字，“肙”即“局”的俗字，改作“税”、“扃”則原詩詩意難通。又如頁26之改“書長”爲“曹長”，頁36之改“永”爲“承”，頁47之改“心”爲“已”，頁183之改“性弱”爲“强弱”，原校亦云“據文義改”，而其實“書”原卷伯3211作“曺”，而“曺”即“曹”的俗字（見《干禄字書》）；“永”原卷伯3211作“氶”，“氶”即“承”的俗别字；“心”原卷伯3211作“辶”，實即“止”字草書，不必改作“已”；“性”原卷伯3418作“㢸”，實即“强”字俗書。諸如此類的錯誤，在《校輯》中還很不少。我們也只有在通曉俗字的基礎上，纔能明其謬妄，正其闕失。

（二）俗字與注釋

不明俗字，就不能進行正確的校勘；同樣，不明俗字也很難做好古書的注釋工作。下面試舉三例：

例十四，《王梵志詩校輯》卷三《古來服丹石》詩：“人人總巴活，注著上頭天。”（頁67）張錫厚校注：“巴活，原作‘邑活’，據文義改。巴活：即巴望着活下去。”其實原卷作“邑”并没有錯，“邑”乃“色”的俗字（凡“⺈”形構件俗或書作“丷”，如魚作“奐”，免作“兑”之類，並見伯3697《捉季布傳文》），此處又通作“索”，索者求也。原校者不識俗字，擅改爲“巴”，這樣作出的訓釋自然是荒謬不經的。

例十五，《戰國策·齊策》：“有而（與“能”同）案兵而後起，寄怨而誅不直，微用兵而寄於義，則亡天下可蹻足而須也。”宋鮑彪注：“蹻，不伸也。”按：鮑訓“蹻”爲不伸，則和“而須”（“須”是等待之義）二字義不相屬。其實這裏的“蹻”是“蹻”字之誤。“喬”俗書作“髙”(見《干禄字書》),與“局”字形近。《史記·河渠書》“山行即橋”,《漢書·溝洫志》“橋”誤作“梮”,亦其比類。“蹻足”謂舉足,正與上下文義密合。[27]鮑氏不知“踻”爲“蹻”字俗書之誤,因而所作的解釋自然也是靠不住的。

例十六,《漢書·司馬相如傳》:“夷嵕築堂,累臺增成,巖突洞房。”顔師古注:“於巖穴底爲室,若竈突然,潛通臺上。”[28]按:“突”字《史記·司馬相如傳》作“穾”,司馬貞《索隱》引《釋名》以爲穾,幽也。[29]《文選》卷八則作“窔”,李善引郭璞注曰:“言於巖窔底爲室,潛通臺上也。”[30]王念孫以爲“窔”與“穾”同,而《漢書》“突”乃“穾”字之誤。[31]按:王説極確。如果從俗書的角度來考察,“突”“穾”訛溷之迹便更清楚了:“犬”俗字作“犮”,“夭”俗字作“叐”(並見《干禄字書》),其形至近;而且在實際運用中,“犬”“夭”俗書並可作“叐”。如敦煌寫本伯3883《孔子項託相問書》“叐吠其主”,“犬”字作“叐”;斯2073《廬山遠公話》“中路便遭身叐”,“夭”寫作“叐”。又如《魏乞伏寶墓誌》“妖”從“夭”而作“妖”;《隋明雲騰墓誌》“淚”從“犬”而作“淚”。又如《齊皇甫琳墓誌》“沃”從“夭”而作“泼”;《唐楊智積墓誌》“淚”從“犬”而作“淚”(以上並見《碑别字新編》),可見俗書從“犬”從“夭”也是没有分别的。又“突”字《魏兖州刺史元弼墓誌》作“穾”,《隋易州易縣固安陵雲鄉民造象》作“宎”,《唐張琮碑》作“穾”(同上)。可見“突”“穾”俗書也是混淆的。《漢書》的“突”顯然就是“穾”俗書之溷,而顔師古不察俗書,望文生訓,妄釋“突”爲“竈突”,斯爲謬矣。

①《干禄字書·自序》。

②《説文解字·叙》。

③《顔氏家訓·書證篇》。

④同上。

⑤載《抱經堂文集》卷二。

⑥載《寶綸堂文鈔》卷三。

⑦《札迻·序》。

⑧見《晏子春秋音義》，上海古籍出版社 1980 年縮印浙江書局匯刻二十二子本。

⑨如《隋董美人墓誌銘》龍字作竜，是其比。詳吴則虞《晏子春秋集釋》，中華書局 1962 年版。

⑩見《古籍整理出版情況簡報》第 163 期。

⑪參孫詒讓《札迻》卷三。

⑫參用項楚説。項説見《〈王梵志詩校輯〉匡補》，載《中華文史論叢》1985 年第 1 期。

⑬上海古籍出版社 1982 年版。

⑭詳《敦煌變文字義通釋》。

⑮《變文集》以"青雀兒色能青"作一句讀，又説"句中應脱一字"，並非。此殆不明"能"爲"如此"之義而誤。

⑯我們曾檢核過寫本斯 3835《百鳥名》原文，原作"姜"，可見這是抄手本身寫的錯字，與《變文集》的校録無關。

⑰參看王念孫《讀書雜志·戰國策第一》"到秦"條、《史記第二》"不如出兵以到之"條。

⑱《吕氏春秋·用民篇》："宋人有取道者，其馬不進，倒而投之谿水。"王念孫校"倒"爲"到"（見《讀書雜志·餘編》上"倒而投之谿水"條），正與此例誤同，可以參看。

⑲見《顔氏家訓集解》頁 463 注①，上海古籍出版社 1983 年版。

⑳見《諸病源候論校釋》頁 1456 校記③，人民衛生出版社 1985 年版。

㉑清何文焕輯《歷代詩話》本。

㉒參顧炎武《唐韻正》卷四"牙"字下注語。

㉓見《世説新語校箋》頁 60 注③，中華書局 1984 年版。

㉔見《爾雅校箋》頁 210，江蘇教育出版社 1984 年版。

㉕詳張涌泉《敦煌變文校勘平議》。

㉖見《校勘學釋例·校法四例》。

㉗王念孫《讀書雜志·戰國策第一》"踼足"條謂"踼""蹻"聲近而通，此所不取。

㉘見《漢書》頁 2558 注⑥，中華書局 1962 年版。

㉙見《史記》頁 3027 注⑤，中華書局 1959 年版。

㉚見《文選》頁 125，中華書局 1977 年版。

㉛見《讀書雜志·漢書第十》"巖突洞房"條。

（本文與張涌泉合寫，載《古籍整理與研究》第 5 期，後收入《郭在貽語言文學論稿》）

唐詩與俗語詞

所謂俗語詞,大體上是指古代的方言口語之類。由於中國的傳統訓詁學主要是解釋儒家經典的,對於不登大雅之堂的俗語詞自然不會予以應有的重視,以致這一領域成爲一塊有待開墾的處女地。自近人張相的《詩詞曲語辭匯釋》和蔣禮鴻先生的《敦煌變文字義通釋》先後問世之後,俗語詞的研究算是有了長足的進步,但遠未到達窮盡之日。以唐詩而論,俗語詞時有出現,而均不甚可解,憑藉張、蔣二書所能解者大抵十之四五,其餘十之五六尚有待於我們去猜謎射覆。本文即試圖在張、蔣二書的基礎上,對唐詩中的俗語詞作一個"抽樣檢查",藉窺全豹於一斑。爲行文方便,特採用張相先生的分類法,將唐詩中的俗語詞分爲"字面普通而義别"和"字面生澀而義晦"兩大類,每類各舉十條,廣引例證,以剔抉其義蘊。文中於前賢及時人所爲之唐詩注,時有商榷之詞,然一孔之見,未敢自必其無失。昔人有言:"笑他人之未工,忘己事之已拙。"可不慎哉!

一　字面普通而義别者

努力

努力一詞,今之義爲勉力、用力或出力,[①] 但在六朝以迄隋唐,努力又有保重、自愛之義,拙作《釋"努力"》一文,曾臚舉五例以證之,[②] 兹復徵引六證,以堅其説。舊題蘇子卿詩:"結髮爲夫妻,恩愛兩不疑。歡娱在今夕,燕婉及良時。征夫懷往路,起視夜何其。參辰皆已没,去去從此辭。行役在戰場,相見未有期。握手一長嘆,淚爲生别滋。努力愛春華,莫忘歡樂時。生當復來歸,死當長相思。”詩中“努力愛春華”一句,意謂愛惜青春,多加保重。“努力”爲保重、自愛之意,灼然無疑。《太平廣記》卷一七引唐李復言《續玄怪録》“裴諶”條:“裴謂敬伯曰:評公使居留此一宿,得無驚郡將乎?宜且就館,未赴闕閒時,訪我可也。塵路遐遠,萬愁攻人,努力自愛!”文中“努力自愛”即保重自愛之意,非謂用力地自愛也。《太平廣記》卷一九六引唐薛用弱《集異記》“賈人妻”條:“凡與立居二載,忽一日夜歸,意態遑遑,謂立曰:妾有冤仇,痛纏肌骨,爲日深矣。伺便復仇,今乃得志,便須離京,公其努力!”“公其努力”即公其保重。《太平廣記》卷一二一引《原化記》“崔尉子”條:“明日,母見此子告去,遂發聲慟哭,謂此子曰:郎君勿驚此哭者,昔年唯有一子,頃因赴官,遂絶消息,已二十年矣。今見郎君狀貌,酷似吾子,不覺悲慟耳。郎君西去,回日必須相過,老身心孤,見郎君如己兒也。亦有奉贈,努力早回。”“努力早回”即多加保重、早日歸來之意。《敦煌變文集》卷八《搜神記》:“郭歡在田營作,此地頭林中鳥鵲遼亂而鳴,郭歡怪之,往看,乃見一死人,心生哀愍,遂即歸家,將鍬钁則爲埋藏。營作休罷中間,每日家人送食飯來祭之。經九十餘日,粟麥收了,欲擬歸家,遂辭死人,呪願曰:‘我乃埋你死屍靈在此,每日祭祀,經三個月,不知汝姓何字誰,從今已後[不]祭汝,汝自努力。’”“汝自努力”猶言汝自保重也。《敦煌變文集》卷六《大目乾連冥間救母變文》:“握手丁寧須努力,回頭拭淚飽相看。”這是寫欲别不忍,相互叮囑對方多加保重。凡此,均足證明“努力”一詞在六朝隋唐時期確有保重自愛之義。執此以觀唐詩,則其中出現“努力”一詞而用常義所不可解者,轉以保重、自愛之義訓釋之,則能涣然冰釋。如杜甫《别贊上人》詩:“異縣逢舊友,初忻寫胸臆。天長關塞寒,歲暮飢凍逼。野風吹征衣，欲别向曛黑。馬嘶思故櫪，歸鳥盡斂翼。古來聚散地，宿昔長荆棘。相看俱衰年，出處各努力。"又《送韓十四江東覲省》："兵戈不見老萊衣，嘆息人間萬事非。我已無家尋弟妹，君今何處訪庭闈。黄牛峽静灘聲轉，白馬江寒樹影稀。此别應須各努力，故鄉猶恐未同歸。"白居易《送敏中歸豳寧幕》："前路加餐須努力，今宵盡醉莫推辭。"以上"努力"，均當訓爲保重。白詩的"前路加餐須努力"一句，殆由古詩《行行重行行》"思君令人老，歲月忽已晚。棄捐勿復道，努力加餐飯"句化出，所謂"努力加餐飯"，意謂保重、自愛，多喫點東西，非謂"用力地多喫飯"也。試比照敦煌《張淮深變文》"歸程保重加餐飯"，則努力之爲保重灼然無疑也。又《敦煌曲子詞・菩薩蠻》："唯念離别苦，努力登長路。"這個努力也只能解作保重，意謂一路之上要多加保重，倘以用力、勉力、出力之義訓釋之，則與原詞旨意相背戾矣。又《敦煌曲子詞・擣練子》："君去前程但努力，不敢放慢向公婆。"這是一個女子叮囑她外出的丈夫在路途之上要多加保重，不要掛念家中，她會好生侍奉公婆的。又寒山子詩："有酒相招飲，有肉相呼喫，黄泉前後人，少壯須努力。玉帶暫時華，金釵非久飾，張翁與鄭婆，一去無消息。"又："浩浩黄河水，東流長不息，悠悠不見清，人人壽有極。苟欲乘白雲，曷由生羽翼，唯當鬒髮時，行住各努力。"以上兩詩，主旨均在説明人壽有限，成仙靡由，并規勸世人當於少壯之日，多加保重，及時行樂，其中"努力"一詞，倘以發憤圖强、致力於事功釋之，則南其轅而北其轍矣。

因循

因循一詞，今之義爲"守舊法而不加變更"，[③]然在唐宋，因循又有作馬虎、輕率解者，蔣禮鴻先生引敦煌變文等材料首發此義，今按唐詩亦不乏其例。白居易《重賦》："厚地植桑麻，所要（一作用）濟生民。生民理布帛，所求活一身。身外充征賦，上以奉君親。國家定兩稅,本意在愛人。厥初防其淫,明敕内外臣:稅外加一物,皆以枉法論。奈何歲月久,貪吏得因循,浚我以求寵,斂索無冬春。"詩中因循一詞,有的選本注道:"這裏指沿循舊制度,仍在兩稅定額之外勒索實物。"[④] 然而單是因循一詞,實無以釋爲"沿循舊制度","舊制度"三字乃是外加的,斯爲增文成義,乃訓詁學之大忌。又有的選本注道:"守舊、不改變。"并譯爲"奈何時間久了,貪吏們逐漸橫行"。[⑤] 這也不妥。守什麽舊?不改變什麽?從詩中看不出來。至於以"橫行"對譯"因循",更是失之千里。今按:此因循即是馬虎之義,詩意是説:國家規定兩稅的辦法,本來是爲了愛護老百姓的,當初爲了防止發生偏向,曾經明令内(朝内)外(地方)的官吏:不許在兩稅之外,再向老百姓勒索別的東西,否則便以犯法論處。怎奈時間久了,貪吏們對這一規定便馬虎起來,不認真去執行,以致橫征暴斂,無惡不作矣。訓因循爲守舊,則詰詘難通;訓因循爲馬虎,則冰釋理順。又白居易《自嘆》:"豈獨年相迫,兼爲病所侵。春來痰氣動,老去嗽聲深。眼暗猶操筆,頭斑未掛簪。因循過日月,真是俗人心。"此言馬馬虎虎混日子。又寒山詩:"因循過時光,渾是痴肉臠。"含意與白詩同。

傷心　腸斷

傷心、腸斷(或曰斷腸),均爲愁苦之詞,白居易《長恨歌》"行宫見月傷心色,夜雨聞鈴斷腸聲"是也。但傷心、腸斷,唐人或又作爲歡快之詞。[⑥] 張文成《遊仙窟》:"一齧一意快,一勒一心傷。……始知難逢難見,可貴可重。"心傷與意快相對爲文,則其爲歡快義可决也。盧仝《小婦吟》:"小婦欲入門,隈門匀紅妝;大婦出門迎,正頓羅衣裳。門邊兩相見,笑樂不可當,夫子於傍聊(一作即)斷腸。小婦哆𠹭上高堂,開玉匣,取琴張,陳金罍,酌滿觴,願言兩相樂,永與同心事我郎,夫子於傍剩欲狂。"觀此詩,通篇洋溢着一種融融樂樂的氣氛,且斷腸一詞,與上文的"笑樂不可當"及下文的“夫子於旁剩欲狂”相呼應，則其爲歡快義固無疑矣。又韓偓《阻風》：“平生情趣羡漁師，此日煙江愜所思。肥鱖香秔小艖艓，斷腸滋味阻風時。”前云“愜所思”，後云“斷腸滋味”，則此斷腸實乃摹寫陶然自樂之趣，倘以憂苦之義視之，則不免膠柱鼓瑟矣。

假如　假使　設使

假如、假使，今作爲假設連詞，然在唐代，可作縱予連詞用，[7]猶今言即使、縱然也。《敦煌變文字義通釋》曾臚舉變文諸例以證之，今按唐詩中亦不乏其例。白居易《病中五絶句》：“方寸成灰鬢作絲，假如强健亦何爲。”又《五年秋病後獨宿香山寺三絶句》：“更過今年年七十，假如無病亦宜休。”盧仝《感古四首》：“假如屈原醒，其奈一國醉。一國醉號呶，一人行清高。便欲激頹波，此事真徒勞。”杜牧《寓題》：“把酒直須判酩酊，逢花莫惜暫淹留。假如三萬六千日，半是悲哀半是愁。”以上“假如”，均當訓爲即使、縱然。白居易《凶宅》：“權重持難久，位高勢易窮。驕者物之盈，老者數之終。四者如寇盜，日夜來相攻。假使居吉土，孰能保其躬。”又《過裴令公宅二絶句》：“梁王舊館雪濛濛，愁殺鄒枚二老翁。假使明朝深一尺，亦無人到兔園中。”又《自悔》：“人生百歲七十稀，假使與汝七十期。汝今年已四十四，却後二十六年能幾時。”以上“假使”，均爲即使、縱然也。又白居易《對鏡吟》：“吟罷回頭索酒杯，醉來屈指數親知。老於我者多窮賤，設使身存寒且飢。”此“設使”亦縱然之意也。

差

差有怪異之義，明胡震亨《唐音癸籤》、清胡文英《吴下方言考》及今人蔣禮鴻先生《敦煌變文字義通釋》均已言之。[8]執此以觀唐詩，則其中偶有差字而非常義所可解者，轉以怪異之義釋之，即有冰釋霧解之妙。如韓偓《兩賢》詩：“賣卜嚴將賣餅孫，兩賢高趣恐難倫。而今若有逃名者,應被品流呼差人。”所謂差人,即怪人也。詩意是説:而今若有哪一個不圖聲名,他就會被一般流俗之輩稱之爲怪人了。《全唐詩》於差字注道“一作俗”,實乃淺人不諳差字之義而妄改,殊乖原詩旨趣。又楊義方《題九頭鳥》詩:“三百禽中爾最靈,就中惡爾九頭名。數年雲外藏凶影,此夜天邊發差聲。”差聲者,怪聲也。又姚合《春日閑居》:“身閑眠自久,眼茬視還遥。”《全唐詩》於茬字下注道:“音咤,事異也。一作暗。”按作茬爲是,茬即差的俗别字。[9]

料理　料

料理一詞,在唐代有作弄、戲侮、撩撥、傷害諸義,[10]唐詩中不乏例證。杜甫《江畔獨步尋花七絶句》之二:“稠花亂蕊畏(一作裹)江濱,行步攲危實(一作獨)怕春。詩酒尚堪驅使在,未須料理白頭人。”此料理當訓爲作弄、戲侮或撩撥,詩意是説:别看我垂垂老矣,可我還能賦詩飲酒,我并不服老,春光呀,你莫要作弄(或曰戲侮、撩撥)我這個老頭兒吧![11]而《杜詩詳注》、《杜詩鏡銓》均引《世説》“韓康伯母聞二吴哭哀,語子曰‘汝若爲選官,當先料理此人’”一段話作注,《錢注杜詩》又引《晋書・王徽之傳》所載“王子猷作桓車騎參軍,桓謂王曰‘卿在府久,比當相料理’”一段話作注,殊不知《世説》和《晋書》中的料理,乃安排、照顧之意,施於杜詩,殊爲刺謬。又白居易《對鏡偶吟贈張道士抱元》:“眼昏久被書料理,肺渴多因酒損傷。”此料理與損傷相儷偶,殆傷害之義也。有時又單作“料”,如孟郊《看花》詩:“三年此村落,春色入心悲。料得一孀婦,經時獨淚垂。”《敦煌曲子詞集・雲謡集雜曲子・鳳歸雲》:“東鄰有女,相料實難過。羅衣掩袂,行步逶迤,逢人問語羞無力,態驕多。錦衣公子見,垂鞭立馬,腸斷知磨(麽)?”以上料字,均爲撩撥、引惹之義也。

暫

暫字《説文》訓爲“不久也”，此義沿用至今。然在漢魏六朝以迄隋唐，暫字除不久之義外，還有倏忽、猝然之義，二義雖有關聯，但差别仍在，當用猝然之義解者，倘訓之以不久之義便扞格難通。《説文》：“突，犬從穴中暫出也。”暫出謂猝然躍出，非謂暫時躍出也。《漢書·李廣傳》：“暫騰而上胡兒馬。”暫騰即猝然躍上之意。《論衡·四諱》：“暫卒見若爲不吉。”暫卒乃同義複詞，暫和卒都是猝然之義（卒即猝之省形存聲）。《論衡·講瑞》：“非卒聞暫見而輒名之爲聖也。”卒、暫互文，暫即卒（猝）也。陶淵明《與子儼等疏》：“嘗言五六月中北窗下卧，遇凉風暫至，自謂是羲皇上人。”凉風暫至，謂凉風猝然而至，倍感快爽，倘訓爲暫時而至，則詩意索然矣。《三國志·蜀志·郤正傳》：“故從横者欻披其胸，狙詐者暫吐其舌。”暫、欻對文，暫即欻也，欻亦猝然之意。（慧琳《一切經音義》卷四八《瑜伽師地論》第四卷“欻然”條下引《蒼頡篇》：“欻，猝起也。”）《北史》卷九〇《徐之才傳》：“帝每發動（按指舊病復發），暫遣騎追之，針藥所加，應時必效。”此暫字當訓爲疾速，疾速之與猝然，乃一義之分化也。《搜神記》卷一五“史姁”條：“後與鄰船至下邳賣鋤，不時售。云：‘欲歸。’人不信之，曰：‘何有千里暫得歸也？’答曰：‘一宿便還。’”“暫得歸”即猝然而歸，一下子而歸，非謂暫時而歸也。返觀唐詩，暫字頗有作猝然解者，注家不察，每以暫時之義理解之，可謂差之毫釐，謬以千里矣。如白居易《琵琶行》：“今夜聞君琵琶語，如聽仙樂耳暫明。”有的選本譯爲：“像聽了仙樂耳朵暫時的清明。”⑫以暫時對譯暫字，不免膠柱鼓瑟之病。此暫字實乃猝然之義，“耳暫明”謂耳朵忽然清明起來，其着重點在“忽然”，而不在“暫時”。同詩：“冰泉冷澀弦凝絶，凝絶不通聲暫歇。”“聲暫歇”謂聲音戛然歇止，有人譯爲“暫時停止”，⑬則詩味寡淺矣。白居易《赴蘇州至常州答賈舍人》：“厭見簿書先眼合，喜逢杯酒暫眉開。”“暫眉開”謂緊皺的眉頭忽然舒展開來,倘訓爲暫時舒展開來,便不免呆滯平板。又有“忽暫”同義連文者,暫即忽,忽即暫也。如李白《東海有勇婦》:“金石忽暫開,都由激深情。”有的選本注道:“暫,偶然的意思。”[14] 未爲正解。蔣禮鴻先生謂:“精誠所至,金石爲開,在作者看來是必然的,不能解作偶然。暫也就是忽,金石忽暫開也就是金石忽開。”[15] 其説精矣。

鄭重　頻繁

鄭重一詞,今用爲嚴肅認真的意思,[16] 但在漢魏六朝以迄隋唐之際,鄭重乃有殷勤之義。其見於唐詩者,如白居易《繼之尚書自余病來寄遺非一又蒙覽醉吟先生傳題詩以美之今以此篇用伸酬謝》詩:“交情鄭重金相似,詩韻清鏘玉不如。”曹唐《長安客舍叙邵陵舊宴寄永州蕭使君五首》:“不知何路却飛翻,虛受賢侯鄭重恩。”(按清黄生《義府》卷下“鄭重”條,謂鄭重古有珍重之義,又有頻繁之義云云,可參。)

頻煩(或作繁)一詞,今義爲繁數,然在漢魏六朝以迄隋唐之際,頻煩有殷勤之義。《漢書・王莽傳》:“匪皇天所以鄭重降符命之意。”顏師古注曰:“鄭重,猶頻煩也。”按此頻煩非謂繁數,實乃殷勤之義也。杜甫《蜀相》:“三顧頻煩天下計,兩朝開濟老臣心。”既云三顧,何必復云繁數?則此頻煩實亦殷勤之意也。[17] 仇兆鰲注此詩云:“頻繁,言頻數繁多也。”[18] 乃不知俗語詞字面雖普通而含意則有别也。

兒

兒有多種義項,其一爲古時婦人之自稱,此義今已不存,然在唐代,則甚普遍,請舉數例以證之:《太平廣記》卷二五二引《唐闕史》“俳優人”條:“唐咸通中,俳優人李可及滑稽諧戲,獨出輩流,雖不能託諷諭,然巧智敏捷,亦不可多得。嘗因延慶節,緇黄講論畢，次及倡優爲戲，可及褒衣博帶，攝齊以昇座，自稱三教論衡。偶坐者問曰：'既言博通三教，釋迦如來是何人？'對曰：'婦人。'問者驚曰：'何也？'曰：'《金剛經》云："敷座而坐。"或非婦人，何煩夫坐然後兒坐也？'上爲之啓齒。"這是藉用諧音開的一個玩笑，兒是而的諧音，而憑藉一個兒字，便可斷定釋迦是婦人，這便絶妙地證明了兒字在當時乃婦人之自稱。又《朝野僉載》卷一："杭州刺史裴有敞疾甚，令錢塘縣主簿夏榮看之。榮曰：'使君百無一慮，夫人早須崇福以禳之。'崔夫人曰：'禳須何物？'榮曰：'使君娶二姬以壓之，出三年則危過矣。'夫人怒曰：'此獠狂語，兒在身無疾。'榮退曰：'夫人不信，榮不敢言。使君命合有三婦，若不更娶，於夫人不祥。'夫人曰：'乍可死，此事不相當也。'"文中兒字，乃裴夫人自稱。敦煌《孟姜女變文》："若是兒夫血入骨，不是杞梁血相離。"此孟姜女自稱爲兒者也。又張文成《遊仙窟》、元稹《鶯鶯傳》等唐人小説，其女主角均自稱爲兒，例多不具舉。其在唐詩，則如崔顥《代閨人答輕薄少年》："兒家夫壻多輕薄，借客探丸重然諾。平明挾彈入新豐，日晚揮鞭出長樂。"劉采春《囉嗊曲》："不喜秦淮水，生憎江上船。載兒夫壻去，經歲又經年。"《敦煌曲子詞集·鵲踏枝》："獨坐深更人寂寂，分離路遠關山隔。寒雁飛來無消息，交兒牽斷心腸憶。"《敦煌曲子詞集·雲謡集雜曲子·鳳歸雲》："兒家本是累代簪纓，父兄皆事(是)佐國良臣。"又同書《失調名》："謂君憔悴損形容，交(教)兒淚落千重。"同書《傾盃樂》："被父母將兒疋配，便認多生宿姻眷。"寒山詩："何須久相弄，兒家夫壻知。""兒家寢宿處，繡被滿銀床。"凡此兒、兒家，均爲婦人自稱也。

身　自身　身己　己身

身字在唐詩中可作第一人稱代詞用，如岑參《喜華陰王少府使到南池宴集》："有客至鈴下，自言身姓梅。"張籍《答劉明府》："身病多時又客居，滿城親舊盡相疏。"白居易《和自勸二首》之二：

"身飲數杯妻一醆,餘酌分張與兒女。"《全唐詩》注云:"身,一作自。"白居易《泛小輪二首》:"醉卧船中欲醒時,忽疑身是江南客。"《春老》:"欲隨年少强遊春,自覺風光不屬身。"《自喜》:"身兼妻子都三口,鶴與琴書共一船。"凡此身字,均當訓爲自己,非爲身體也。又有自身、身己、己身同義連文者,如寒山詩:"人生不滿百,常懷千載憂。自身病始可,又爲子孫愁。"又:"城北仲家翁,渠家多酒肉。仲翁婦死時,吊客滿堂屋。仲翁自身亡,能無一人哭。"又:"直待斬首作兩段,方知自身奴賊物。"拾得詩:"不許雇人替,自作自身當。"以上爲"自身"同義連文者。又貫休《村行遇獵》:"傷嗟箇輩亦是人,一生將此關身己。"此爲"身己"同義連文者。又寒山詩:"世間一等流,誠堪與人笑。出家弊己身,誑俗將爲道。"拾得詩:"但自修己身,不要言他己。"此爲"己身"同義連文者。(附按:"身"字作第一人稱代詞,漢代或更早已有此用法,魏晋時已普遍使用。詳吕叔湘先生《近代漢語指代詞》10 頁。)

二　字面生澀而義晦者

摘索

韓偓《清興》詩:"陰沉天氣連翩醉,摘索花枝料峭寒。擁鼻繞廊吟看雨,不知遺却竹皮冠。"其中摘索一詞,殊爲生澀,義亦晦隱。臺灣編《中文大辭典》釋云:"摘索,索取也。"并引韓偓此詩爲書證,殊誤。首先,從韓偓詩來看,"陰沉天氣連翩醉"與"摘索花枝料峭寒"是對偶句,"陰沉"與"摘索"相對成文,均爲形容詞,作定語用,陰沉修飾天氣,摘索修飾花枝,各爲偏正結構。倘訓摘索爲索取,則摘索是動詞,"摘索花枝"是動賓結構,與上句"陰沉天氣"失對,宜乎其不可通也。今考摘索即是離索、蕭索、疏索,乃蕭條冷落之意,與索取義可謂風馬牛不相及。摘有離義,宋元小説戲曲中屢見之,[19]又詩詞曲中每見"摘離"一詞,摘即是離,[20]摘既有離義,則摘索即是離索,離索者,蕭條冷落之意也。柳宗元《郊居歲暮》:"屏居負山郭,歲暮驚離索。"許渾《題岫上人院》:"離索秋蟲響,登臨夕鳥還。"以離索狀秋蟲之鳴,則清寂冷峭之意可知。又韓偓《舊館》詩:"前歡往恨分明在,酒恨詩情大半亡。還似牆西紫荆樹,殘花摘索映高塘。"摘字一本作蕭,則摘索猶言蕭索,蕭索亦蕭條冷落之意也,如駱賓王《樂大夫挽詞五首》:"蕭索郊埏晚,荒凉井徑寒。"蕭索與荒凉對文,則蕭索爲冷落義灼然無疑。詩詞中又有疏索一詞,與摘索亦義近,如賈島《齋中》:"耽静非謬爲,本性實疏索。"此疏索猶言恬淡也。又駱賓王《疇昔篇》:"當時門客今何在?疇昔交朋已疏索。"疏索在此應是疏遠、冷淡之意。而疏遠、冷淡之與蕭條冷落,在意義上是相通的。

要之,摘索是一個字面生澀而義晦的俗語詞,其義爲蕭條冷落,《中文大辭典》訓爲索取,乃望文生訓,不可從。

波波　　劫劫

波波一詞,在《敦煌變文集》中曾出現過三次,經考證,有奔波、忙迫之義。[21]又見於唐釋慧能《六祖壇經》:"色類自有道,各不相妨惱。離道别覓道,終身不見道。波波度一生,到頭還自懊。欲得見真道,行正即是道。"此波波猶言忙迫也。又宋人楊萬里《二月十三日謁西廟早起》:"起來洗面更焚香,粥罷東窗未肯光。古語舊傳春夜短,漏聲新覺五更長。近來事事都無味,老去波波有底忙?還憶山居桃李曉,酴醿爲枕睡爲鄉。"此波波殆猶忙迫、急切追求之義。其在唐詩,則有岑參《閿鄉送上官秀才歸關西别業》:"風塵奈汝何?終日獨波波。"此波波猶言奔波也。

劫劫一詞,亦有忙迫、急切追求之意,敦煌變文《維摩詰經講經文》以"波波求法"與"劫劫趨名"相儷偶,則劫劫殆猶波波也。其在唐詩,則有盧仝《嘆昨日》:"上帝板板主何物,日車劫劫西向没。”“上帝板板”出《詩・大雅・板》,“日車劫劫”則謂光陰匆遽忙迫也。

格是　隔是

格是(或作隔是)亦爲字面生澀之俗語詞,宋洪邁《容齋隨筆》卷二“隔是”條釋爲“已是”,明田汝成《西湖遊覽志餘》卷二五《委巷叢談》訓爲“已是”、“如此”,明胡震亨《唐音癸籤・詁箋九》、清杭世駿《訂訛類編》卷三、李調元《方言藻》卷上均引容齋之説,今人瞿宣穎的《中國社會史料叢鈔》曾指出唐代幾個不甚可解的俗語詞,其中即有“格是”。今觀唐詩,格是(隔是)屢見,比類綜合,反復尋繹,似以訓爲“既是”、“既然”爲切。如元稹《日高睡》:“隔是身如夢,頻來不爲名。憐君近南住,時得到山行。”此言“既是身如夢,頻來不爲名”也。又元稹《古决絶詞》:“天公隔是妒相憐,何不便教相决絶。”此言天公既然妒相憐也。又白居易《聽夜箏有感》:“江州去日聽箏夜,白髮新生不願聞。如今格是頭成雪,彈到天明亦任君。”此言如今既是頭成雪也。又《全唐詩》於格字下注道:“一作况。”考宋釋曉瑩《羅湖野録》卷一“堯仁况是如天闊,應似孤雲自在飛”,此况是亦猶既是也。《容齋隨筆》乃謂“近來樂天集改作况是,淺俗之甚”,竊意况是猶格是,不得徑指爲淺俗。又韓偓《夜坐》詩:“格是厭厭饒酒病,終須的的學漁歌。”格是與終須相呼應,則格是訓爲既是乃爲貼切。

未省

未省是六朝以迄唐宋時期的俗語詞,意思是未曾、没有,《敦煌變文字義通釋》言之詳矣。有時又作“不醒”,如唐人傳奇《裴航》:“女曰:‘裴郎不相識耶?’航曰:‘昔非姻好,不醒拜侍。’”有時又作“不憶”,如張文成《遊仙窟》:“未曾飲炭,腸熱如燒;不憶吞刃,腹穿似割。”不憶與未曾對舉,不憶即不曾也。有時又作“未記”，如敦煌《佛説阿彌陀經講經文》：“下至寸草不曾偷，未記黄昏偷他物。”未記與不曾對舉，未記猶未曾也。其在唐詩，則如高適《在哥舒大夫幕下請辭退託興奉詩》：“自從嫁與君，不省一日樂。”岑參《函谷關歌送劉評事使關西》：“野花不省見行人，山鳥何曾識關吏。”杜甫《秋雨嘆》：“秋來未曾見白日，泥污后土何時乾。”仇兆鰲《杜詩詳注》於曾字下注云：“陳浩然本作省。”則未曾即未省也。又元稹《代九九》：“每常同坐卧，不省暫參差。”白居易《放言五首》：“北邙未省留閑地，東海何曾有定波。”不省、未省，猶言不曾、未曾也。

摧兀

蔣禮鴻先生《敦煌變文字義通釋》兀字條下云：“兀字本有剪伐的意思，……斷足叫做兀，斷髮也叫做兀，剪伐樹枝叫做杌，被剪伐了的禿山叫做𡾊屼，其實都是一個意思的衍變。杜牧《阿房宫賦》：‘蜀山兀，阿房出。’也是蜀山被剪伐成禿山的意思。有人以爲：‘蜀山多大木，砍伐净盡，只見其蜀山兀突在外。’雖然解釋得富有形象性，却不是杜牧用詞的本意。”又云：“古樂府箜篌謡：‘不見山巔樹，摧杌下爲薪！’韓愈《城南聯句》詩：‘摧杌饒孤撑。’即本古樂府，意指樹木斷折，殘餘部分孤零零地撑着。”按蔣説甚精，執此觀陳子昂《感遇》詩：“蒼蒼丁零塞，今古緬荒途。亭堠何摧兀，暴骨無全軀。”此摧兀殆指亭堠被摧毁掉剩下殘餘部分，與上句的“蒼蒼丁零塞，今古緬荒途”及下句的“暴骨無全軀”構成一幅荒凉衰颯的畫圖。有的注本訓“摧兀”爲險峻貌，[22] 未爲確詁。因爲亭堠險峻與丁零塞之荒凉，暴骨之無全軀極不協調。又寒山詩：“凋梅雪作花，杌木雲爲葉。”杌、凋對文，凋者凋殘，杌者兀禿也。

乍可

乍可,猶言寧可、情願也。清劉淇《助字辨略》、近人張相《詩詞曲語辭匯釋》、蔣禮鴻《敦煌變文字義通釋》、岑仲勉《唐史餘瀋》均有考。[23]其在唐詩,則如高適《封丘作》:"我本漁樵孟諸野,一生自是悠悠者,乍可狂歌草澤中,寧堪作吏風塵下。"此言"寧可狂歌草澤中,豈堪作吏風塵下"也。中國社會科學院文學研究所編《唐詩選》釋"乍可"爲"只可",蓋本張相説,似猶未達一間。張籍《促促詞》:"願教牛蹄團團羊角直,君身常在應不得。"《全唐詩》於願字下注云:"一作乍。"按作"乍"是,乍即寧願也。意思是説寧願見到異樣的事情也要丈夫常在,只是辦不到罷了。元稹《浮塵子》三首之二:"乍可巢蚊睫,胡爲附蟒鱗。"又《任醉》:"本怕酒醒渾不飲,因君相勸覺情來。殷勤滿酌從聽醉,乍可欲醒還一杯。"又《古决絶詞》:"乍可爲天上牽牛織女星,不願爲庭前紅槿枝。"齊己《黄雀行》:"雙雙野田雀,上下同飲啄。暖去栖蓬蒿,寒歸傍籬落。殷勤避羅網,乍可遇鵰鶚。鵰鶚雖不仁,分明在寥廓。"王梵志詩:"梵志翻在襪,人皆道是錯。乍可刺你眼,不可隱我脚。"[24]乍可,惠本、楊本作寧可。乍可有時又單作乍,亦寧願之意,如李白《雉子斑》:"乍向草中耿介死,不求黄金籠下生。"孟郊《上張徐州》:"乍作支泉石,乍作翳松蘿,一不改方圓,破質爲琢磨。"

薄媚　無賴

薄媚有風流放誕、冶媚多情之義,陸龜蒙《奉和襲美行次野梅次韻》:"風憐薄媚留香與,月會深情借艷開。"薄媚與深情相儷偶,則其義居然可知。宋郭茂倩《樂府詩集》卷六六、清仇兆鰲《杜詩詳注》卷十載杜甫《少年行》:"馬上誰家白面郎,臨階下馬據人床。不通姓字粗豪甚,指點銀瓶索酒嘗。"於白面下皆注:"一作薄媚。"而《全唐詩》、《錢注杜詩》,"白面"正作"薄媚"。今按:白面者,猶今言小白臉兒，小白臉兒正是風流放誕、冶媚多情之輩也，其一本“薄媚”者，可證薄媚亦有風流放誕、冶媚多情之意，薄媚、白面，二義實相通。蔣禮鴻先生訓杜詩的薄媚爲放肆、搗蛋之義，并謂“今本作‘白面’，聲誤和不了解薄媚的意義都可能是它的原因”。[25]鄙意這不是聲誤，而是近義詞互相代替所造成的異文。[26]章孝標《贈美人》詩：“諸侯帳下慣新妝，皆怯劉家薄媚娘。”王衍《甘州曲》：“畫羅裙，能結束，稱腰身。柳眉桃臉不勝春，薄媚足精神。”以上薄媚均有冶媚之義。又張文成《遊仙窟》：“誰知可憎病鵲，夜半驚人；薄媚狂鷄，三更唱曉。”蔣先生謂“薄媚和可憎相對，解作搗蛋，語氣恰巧相應”。[27]鄙意這個薄媚可訓爲無賴。考《樂府詩集》卷四八徐陵《烏棲曲》云：“繡帳羅幃隱燈燭，一夜千年猶不足。唯憎無賴汝南鷄，天河未落猶争啼。”此詩意境與《遊仙窟》如出一轍，而一作薄媚狂鷄，一作無賴汝南鷄，然則薄媚殆猶無賴也。而無賴在唐詩中，亦有冶媚多情之義，如杜甫《送路六侍御入朝》：“劍南春色還無賴，觸忤愁人到酒邊。”此言春色冶媚，如有情之物，善撩逗人也。仇兆鰲注云：“無賴，言其狼藉。”未免大殺風景矣。又《奉陪鄭駙馬韋曲二首》：“韋曲花無賴，家家惱殺人。”此亦言花之冶媚多情，故下文接以“惱殺人”也。（惱者，撩撥、挑逗之義，見張相書。）又李義山《二月二日》：“花鬚柳眼各無賴，紫蝶黄蜂俱有情。”此無賴猶言風流多情也。[28]

不調

拙作《〈太平廣記〉裏的俗語詞考釋》一文[29]，指出“不調一詞蓋有二義：一爲不馴順、難調伏；一是遊手好閑，不務正業。第二義實由第一義引申而來”。引例甚夥，兹不贅述。今按不調還有落魄潦倒之義，此義蓋從不調遷（即提陞官職）發展而來，與上二義屬於不同的詞義系統。《北史》卷三〇《盧玄傳》：“齊天保中，《魏史》成，思道多所非毁，由是前後再被笞辱，因而落泊不調。”李匡乂《資暇集》"措大"條："往有士人，貧居新鄭之郊，以驢負醋巡邑而賣，復落魄不調。"其見於唐詩者，如駱賓王《疇昔篇》："十年不調爲貧賤，百日屢遷隨倚伏。"不調與屢遷爲對文，則此不調殆即不陞遷也。《全唐詩》於調字下注云"一作達"，不達即落魄潦倒之意。這條異文，反映了不調一詞由不陞遷到落魄潦倒義的發展軌迹。又岑參《衙郡守還》："所嗟無産業，妻子嫌不調。"孟郊《傷時》："男兒得路即榮名，邂逅失途成不調。"凡此不調，均當訓爲落魄潦倒。

偪側　堛塞　側塞

偪側（變作逼側、偪仄、逼塞）有飽滿、充實、擁擠、狹窄之義。[30]如《酉陽雜俎》前集卷一八木篇"蒲萄"條："成熟之時，子實逼側，星編珠聚，西域多釀以爲酒，每來歲貢。"子實逼側，即子實飽滿、充實。其在唐時，則如杜甫《偪仄（一作側）行贈畢曜》："偪仄何偪仄，我居蒼南子巷北。"仇兆鰲注云："偪側，謂所居密邇。"馮至注云："偪側，即逼近的意思。"[31]馮本殆源於仇注，而仇注實又源於擁擠、狹窄之義也。

又有堛塞、畐塞、側塞，與偪側實爲同義詞。如韓愈《南山》詩："茫如度矯首，堛塞生怐愗。"齊己《贈持法華經僧》："但恐天龍夜叉乾闥衆，畐塞虚空耳皆聳。"杜甫《大雲寺贊公房》四首之四："側塞被徑花，飄颻委墀柳。"

蘭彈　獨漉　羸垂

蘇頲《詠死兔》："兔子死蘭彈，持來挂竹竿。試將明鏡照，何異月中看。"其蘭彈一詞，不見於《辭源》、《辭海》、《辭通》等大型辭書，其實這是一個習見的叠韻聯綿詞，其基本意義爲疲弊不振貌。[32]其變體則甚繁夥：有作闌彈者，如《太平廣記》卷一七五"蘇頲"條（出《開天傳信記》）引此詩即作"兔子死闌彈"。有作闌單者,《藝文類聚》卷六上《宅舍》引晋束皙《近遊賦》:"乘篳輅之偃蹇,駕闌單之疲牛。"聲轉又作藍鬖、拉搭(按即邋遢),如唐蘇鶚《蘇氏演義》卷上:"龍鐘者:不昌熾、不翹舉貌,如藍鬖、拉搭、解縱之類。"又有作儖儳、藍攙者,如《廣韻》下平聲二十三談韻、《龍龕手鏡》人部並云:"儖儳,形貌惡也。"《太平廣記》卷二五二"李任爲賦"條引《玉堂閑話》:"藍攙鼻孔,真同生鐵之椎;腼皡髓髏,宛是熟銅之罐。"聲轉又作郎當,張邦伸《雲棧紀程》卷六:"明皇入蜀,雨中於此聞鈴聲,問黄旛綽:'鈴聲云何?'對曰:'似謂三郎郎當!'"《景德傳燈録》卷一一:"郎當屋舍没人修。"此謂房舍破爛傾廢欲倒之狀。又有作潦倒者,如元稹《再酬復言和前篇》:"潦倒微之從不占,未知公議道何人。"劉禹錫《洛中酬福建陳判官見贈》:"潦倒聲名擁腫材,一生多故苦邅回。"白居易《晏坐閑吟》:"昔爲京洛聲華客,今作江湖潦倒翁。"齊已《酬蜀國歐陽學士》:"深愧故人憐潦倒,每傳仙語下南荆。"聲轉又有作龍鍾者,孟郊《勸善吟》:"瘦郭有志氣,相哀老龍鍾。"盧仝《示添丁》:"氣力龍鍾頭欲白,憑杖添丁莫惱爺。"聲轉又有作鹿獨者,《顔氏家訓·勉學》:"鹿獨戎馬之間,轉死溝壑之際。"有作獨漉者,古詩《獨漉篇》:"獨漉獨漉,水深泥濁。泥濁尚可,水深殺我。"[33]李白《獨漉篇》:"獨漉水中泥,水濁不見月。"獨漉即鹿獨之倒文,意謂跋涉於深水濁泥之中,疲弊不堪也。聲轉又有作路亶、鹿埵者,《荀子·議兵篇》:"仁人之兵,不可詐也,彼可詐者,怠慢者也,路亶者也。"王念孫謂路有羸憊義,亶爲癉之借,[34]其實路亶乃聯綿詞,似不必折駢爲單,鑿求本字。本篇又云:"觸之者角摧,案角鹿埵隴種東籠而退耳。"顧炎武謂"鹿埵隴鍾東籠皆古方俗之言",[35]其説韙矣。楊倞注云"未詳";郝懿行云"蓋皆摧敗披靡之貌"(《證俗文》卷六),得之。劉師培謂"鹿埵讀爲落箠,即棄鞭之謂也"。[36]可謂郢書而燕説。又有作羸垂者,白居易《畫竹歌》:"人畫竹梢死羸垂,蕭畫枝活葉葉動。"胡文英《吴下方言考》卷三云:"按死羸垂,疲塌不振之貌,吴謂人之不振者曰死羸垂。"其説甚確。今謂死羸垂即蘇頲詩之死蘭彈,一聲之轉而已。《吴下方言考》卷五解蘇頲詠死兔詩曰:"案蘭彈,死而柔也,今吴諺狀物之死而柔者曰蘭彈。"其説亦確。死而柔亦即疲弊不振之義也。聲轉亦有作落籜者,《敦煌掇瑣》一〇三《字寶碎金》:"人落籜(音託)。"落籜又寫做落魄、落拓、落泊、落度,今所習見,無煩舉例,又有作瀧涑者,寒山詩"裝車競嵽嵲,翻載各瀧涑"是也。清人王念孫云:"就古音以求古義,引伸觸類,不限形體。"㊲觀乎蘭彈一詞之遷變,王氏之説確乎不可易矣。

①見新、舊《辭源》《辭海》"努力"條下釋文。

②見《中國語文》1982 年第 1 期。

③修訂本《辭源》册一,頁 568。

④見中國社會科學院文學研究所編《唐詩選》下册,頁 159。

⑤見霍松林先生《白居易詩選譯》頁 47、45。

⑥此説由蔣禮鴻先生首發之,見所著《義府續貂》頁 6"傷心、腸斷"條及《語言文字研究專輯》上册《杜詩釋詞》一文。

⑦按假如、假使作縱予連詞用,本不限於唐代,詳觀《敦煌變文字義通釋》一書。本文爲行文方便,只講唐代的。

⑧見《唐音癸籤》卷二四《詁箋九》、《吴下方言考》卷九、《敦煌變文字義通釋》新版 253 頁差字條。

⑨見《增訂碑别字》頁 43,文字改革出版社 1957 年版。

⑩參看錢鍾書先生《管錐編》册二頁 822 及拙作《古漢語詞義札記》(《中國語文》1979 年第 2 期)。

⑪參看拙作《杜詩札記》一文(《文史哲》1981 年第 2 期)。

⑫霍松林先生《白居易詩選譯》頁 241,百花文藝出版社 1957 年版。

⑬同上書頁 239。

⑭馬茂元先生《唐詩選》上册頁 214 注②。

⑮蔣禮鴻先生《咬文嚼字》頁 17,浙江人民出版社 1982 年版。

⑯見《辭海·語詞分册》上册頁 438。

⑰參看蔣禮鴻先生《義府續貂》頁 31"便蕃、頻煩"條,中華書局 1981 年版。

⑱《杜詩詳注》册二,頁 737,中華書局 1979 年版。

⑲參看許政揚《宋元小説戲曲語釋》(《南開學報》1979年第1期)。
⑳參看張相《詩詞曲語辭匯釋》卷五"摘離"條。
㉑參看浙江語言學會《語言學年刊》(1982年)俞忠鑫同志《釋"波波"》一文。
㉒中國社會科學院文學研究所編《唐詩選》上册頁27。
㉓參看《助字辨略》頁224"乍"字條(中華書局版),《詩詞曲語辭匯釋》卷一"乍可"條,《敦煌變文字義通釋》新版頁298"乍可"條,《唐史餘瀋》卷四《雜述》"乍可"條。
㉔《王梵志詩校輯》頁199,中華書局1983年版。
㉕《敦煌變文字義通釋》新版頁218。
㉖參看《文史》十九輯拙作《唐詩異文釋例》。
㉗《敦煌變文字義通釋》新版頁217。
㉘按王鍈《詩詞曲語詞例釋》訓此無賴爲無意、無心,似可商。無賴雖與有情對文,但對文不一定都是反義詞。義山殆謂花鬚柳眼、紫蝶黄蜂均爲有情之物也。
㉙見《中國語文》1980年第1期。
㉚參看《敦煌變文字義通釋》新版258頁。
㉛《杜甫詩選》頁66,人民文學出版社1956年版。
㉜參看朱起鳳《辭通》卷二三"落拓"條,錢鍾書《管錐編》册二頁699"闌彈"條,蔣禮鴻《義府續貂》頁九"獨漉、鹿獨"條。
㉝《古詩源》卷九,頁216,中華書局1963年版。
㉞《讀書雜志·荀子第五》。
㉟《日知録》卷二七。
㊱《劉申叔全書·荀子補釋》。
㊲《廣雅疏證·序》。

(原載《文史》1985年10月第25輯,收入《郭在貽語言文學論稿》)

俗語詞研究概述

這裏所謂俗語詞，指的是古代文獻中所記録下來的古代的口語詞和方音詞之類（二者有時難以截然劃清界限），比如《世説新語》中所保存的六朝口語詞，敦煌變文中的唐五代口語詞，元曲中的大量口語詞和方言詞之類。過去學術界對這些俗語詞的研究，無論從漢語詞彙史的角度看，還是從傳統訓詁學的角度看，都是做得很不够的。不過，近年來的形勢大有好轉，研究的文章和專著多起來了，研究的隊伍也發展壯大了。因此，筆者在此想就俗語詞研究問題，作一個大略的鳥瞰，其内容略有四端：一、俗語詞研究的意義；二、俗語詞研究的歷史與現狀；三、俗語詞研究的材料與方法；四、今後俗語詞研究之展望。本文目的在於從宏觀角度對俗語詞研究進行概略的叙述，而不是對某些專門問題作微觀的深入探討，宜乎其粗枝大葉，而又卑之無甚高論了。

一　俗語詞研究的意義

關於俗語詞研究的意義，可以從以下兩方面來看：

（一）俗語詞研究是漢語詞彙史研究的重要組成部分

我們知道，在整個漢語史的研究中，關於詞彙史的研究是最薄弱的環節，而在詞彙史的研究中，關於俗語詞的研究又幾乎等於零。（試以王力先生的巨著《漢語史稿》爲例，這部書分爲上、中、下三册，上册談語音，中册談語法，下册談詞彙。從份量上説，詞彙部分最少，而在詞彙部分中，并没列專章討論俗語詞問題。）其實，俗語詞研究應該在漢語詞彙史的研究中占據重要的地位，因爲古漢語的全部詞彙絶不僅僅存在於歷代的雅言——即規範化的書面語中，還包括歷代的口頭語詞，即方言、俗語之類。研究漢語詞彙史不能無視這些方俗語詞，否則便不能了解漢語詞彙的全貌。前代學者對於方俗語詞雖也做過一些研究，并撰爲專書，如清人翟灝的《通俗編》、錢大昕的《恒言録》、毛奇齡的《越語肯綮録》、梁同書的《直語補正》、郝懿行的《證俗文》、吴文英的《吴下方言考》、梁章鉅的《稱謂録》、陳鱣的《恒言廣證》，直至近人章太炎的《新方言》等等，但基本上是資料纂集的性質，系統性和科學性都不够，作爲詞彙史的研究是根本談不上的。今天我們要寫一部系統全面的漢語詞彙史，就必須在前人已有的研究基礎上，進一步加强對方俗語詞的研究。這個道理很明顯，似無須乎多加論證了。

（二）俗語詞研究有助於古籍整理

我國浩如煙海的古籍，固然主要是用雅言寫成的，但其中也有不少作品（特别是詩文、筆記、小説、戲曲）使用了一些方俗語詞，這些方俗語詞具有“字面普通而義别”或“字面生澀而義晦”（張相語）的特點，它們往往比雅言難懂得多。不了解這些方俗語詞的特殊含意，則在古籍的校勘、標點和注釋中，必然會遇到難以克服的障礙，以致造成不應有的失誤。筆者在《俗語詞研究與古籍整理》一文中，[①] 曾經從校勘、標點和注釋三個方面，列舉了二十條由於不懂得俗語詞而造成失誤的例子，這就從反面證明了俗語詞研究對於古籍整理工作的重要性。今天我們從事古籍整理工作，單靠傳統的訓詁學、校勘學是不够的，清代乾嘉學派的考據大師們，算得是古籍整理的行家了，但是碰上古書中的俗語詞，往往不能解釋，或勉强作解釋而未得其真，可見俗語詞研究對於古籍整理來説是非常必要的、刻不容緩的。

二　俗語詞研究的歷史與現狀

爲了行文的方便，我們把俗語詞分爲方言詞和口語詞兩類(其實二者常常是一回事)。研究方言詞的最早專書，是西漢末揚雄的《輶軒使者絶代語釋别國方言》一書(簡稱《方言》)，王力先生在《中國語言學史》一書中，[②]對揚雄《方言》有專門介紹，[③]讀者可以參看。此外，清代學者曾寫過一些續《方言》的書，如杭世駿的《續方言》，程際盛的《續方言補正》，徐乃昌的《續方言又補》。又有清末民初四川學者張慎儀的《續方言新校補》、《方言别録》、《蜀方言》等。近人章炳麟的《新方言》，則是這方面的殿後之作。研究口語詞的最早專書，大概要算是東漢服虔的《通俗文》。此書《隋書・經籍志》有著録，惜已亡佚，清人臧鏞堂、馬國翰有輯本。考《文選・琴賦》"嗢噱終日"，李善注引服虔《通俗篇》："樂不勝謂之嗢噱。嗢，烏没切。噱，巨細切。"從這個例子，可以推知《通俗文》的性質，大抵是解釋一些口語詞，并加以注音。[④]《新唐書・藝文志》又著録李虔《續通俗文》二卷，亦已佚，有臧鏞堂、馬國翰輯本。《隋書・經籍志》又著録梁殷仲堪《常用字訓》一卷，亦已佚。這幾部書，都是較早的研究口語詞的專書。繼服虔《通俗文》之後，歷代也都有人注意俗語詞方面的問題，或著爲專書，或在文集筆記中有些散論，舉其要者，如宋王觀國《學林》卷四"方俗聲語"條，王應麟《困學紀聞》卷一九"俗語有所本"條，遼釋行均《龍龕手鏡》(錢大昕謂《龍龕手鏡》多收鄙俗之字)，宋《釋常談》、《肯綮録》，明金檀《詩詞曲語正詮》，楊慎《俗言》，李實《蜀語》，茹敦和《越言釋》，范寅《越諺》，李翊《俗呼小録》，周祈《名義考》，焦竑《俗用雜字》，顧起元《客座贅語》，明人編《墨娥小録》(著者不詳，内載"市語聲嗽"、"行院聲嗽"，多市井口語)，明人編《金陵六院市語》，徐渭《南詞叙録》附俗説七十條，方以智《通雅·諺源》，田汝成《西湖遊覽志餘》卷二一——二五《委巷叢談》，清翟灝《通俗編》，梁同書《直語補證》、《日貫齋塗説》（均見《頻羅盦遺集》），吴文英《吴下方言考》，錢大昕《恒言録》，陳鱣《恒言廣證》，毛奇齡《越語肯綮録》，郝懿行《證俗文》，梁章鉅《稱謂録》，錢坫《異語》，平步青《霞外攟屑》卷一〇《玉雨淙釋諺》，李光庭《鄉言解頤》，王有光《闗下諺解》，王鳴盛《十七史商榷》卷九八“五代俗字俗語”，桂馥《札樸·鄉言正字》，孫錦標《通俗常語疏證》，劉淇《助字辨略》，蒲松齡《日用俗字》（見《蒲松齡集》），錢大昭《邇言》，胡式鈺《語竇》，鄭志鴻《常語尋源》，羅振玉《俗説》（以上四種再加上平步青的《釋諺》，由商務印書館匯印爲《邇言等五種》）等等。以上著述，都可以説已經接觸到俗語詞研究的問題，不過，這種研究畢竟是初步的，粗淺的。上列各書，其内容不外乎兩方面，一是資料匯編性質，即是從古書中抄撮一些俗語詞（包括諺語、常語、成語等），有的略加考證，有的則連考證也没有。二是從古書中尋找某些俗語、俗字的出處，找到了出處，便算是完成了任務。所以，總的來看，中國傳統語言學對俗語詞的研究是很不够的。能够從語言學角度對俗語詞進行較爲系統的研究的，蓋始於近人張相的《詩詞曲語辭匯釋》。《匯釋》一書裒集唐宋金元明人詩詞曲中的特殊詞語，詳引例證，詮釋其意義，剖析其用法，無論研究漢語詞彙史還是閲讀和注釋古典文學作品，《匯釋》都是必不可少的工具書。這部書寫成於 1945 年，1953 年由中華書局出版。作者張相（1877—1946），字獻之，浙江杭州人，前清秀才，服務於中華書局歷三十年。《匯釋》自搜集資料到全稿完成，先後歷時十餘年，陸續增補修改，易稿十餘次。抗戰勝利後，《匯釋》經金兆梓、朱文叔、張潤之三人校訂，排版待印，解放初期，對這部稿件出版後的銷路問題，曾有過争議，認爲太專門，怕讀者不多，賣不出去。孰料書出後立即銷行一空，之後陸續重印十五次，累計印數十五萬部。從初印的五百部到十五萬部,可見這部書是深受讀者歡迎的。[⑤]繼張相《詩詞曲語辭匯釋》之後,對俗語詞研究作出卓越貢獻的,應首推蔣禮鴻先生的《敦煌變文字義通釋》。這部書初版於 1959 年 3 月,至 1962 年 6 月,即出了三版。"四人幫"被粉碎後,作者對該書又進行了修改補充,於 1981 年 4 月由上海古籍出版社加以重版,是爲第四版,又稱新一版。四版比三版增加了一百餘條詞目(三版共二五六條,四版三八二條),篇幅則增加了一倍(三版十五萬九千字,四版三十一萬五千字)。這部書從材料的採摭到方法的運用,比之以往的同類專著都有所創新和發展,拙作《讀新版〈敦煌變文字義通釋〉》對此有詳論,[⑥]兹不贅述。

此外,近人和今人所撰有關俗語詞的專著,值得加以介紹的還有如下一些:

胡樸安:《俗語典》

徐嘉瑞:《金元戲曲方言考》

朱居易:《元劇俗語方言例釋》

陸澹安:《小説詞語匯釋》、《戲曲詞語匯釋》

王　鍈:《詩詞曲語辭例釋》

徐仁甫:《廣釋詞》

顧學頡、王學奇:《元曲釋詞》

以上幾部書,胡樸安的《俗語典》出得最早(1922 年廣益書局出版,近年上海書店有重印本),内容主要是搜羅曾見於文字記載的古今俗語,其中包括:一、一般詞語和當時社會流行的特殊名詞、稱謂詞;二、成語;三、諺語;四、文言俗語;五、口語中有用的俗語。該書的編寫體例是只注明出處而不加解釋,所以它只能算是資料匯編,談不上研究。[⑦]徐、朱兩書都是考釋元曲詞語的專著,但在搜羅之富和考核之精兩方面,遠不逮張、蔣兩書。陸澹安的《小説詞語匯釋》和《戲曲詞語匯釋》,匯集了不少資料,但考核欠精,質量不高。[⑧]王鍈的《詩詞曲語辭例釋》,在張相書的基礎上又考釋了不少詩詞曲中的特殊詞語，有所發明。徐仁甫的《廣釋詞》，雖屬於《經傳釋詞》之作，但書中也接觸到俗語詞問題，對於漢魏六朝時期的俗語詞，搜羅尤多。顧學頡、王學奇的《元曲釋詞》，所收詞語以元代雜劇爲主，元散套、小令爲輔，而以南戲、諸宮調、明清戲劇、話本小説作爲佐證，旁參經史子集、筆記雜著有關資料，共收詞目約三千條，連附目共約五千條。除考釋本詞的意義外，還能上連下串，指出詞義的來龍去脉，不愧爲近年所出的質量較高的一部俗語詞專著。

令人欣慰的是，近年來我國語言學界在俗語詞研究方面有了很大的進展，已經初步形成了一支基本由中年學者組成的研究隊伍。據筆者所知，近年從事俗語詞研究并已取得了可喜的成果的，有中國社會科學院語言研究所近代漢語研究室的劉堅同志、江藍生同志，上海教育學院的胡竹安同志，北京大學的蔣紹愚同志，四川大學的項楚同志，華東師大的袁賓同志，貴州民族學院的王鍈同志，内蒙古農業學校的王貞珉同志，山東濱州師專的劉凱鳴同志。劉堅同志撰有《關於劉知遠諸宫調殘卷詞語的校釋》、《語詞雜説》、《校勘在俗語詞研究中的運用》、《古代白話文獻簡述》、《〈大唐三藏取經詩話〉寫作時代蠡測》、《略談話本的語言年代問題》等文；[⑨]江藍生同志撰有《敦煌寫本燕子賦二種校注》、《概數詞"來"的歷史考察》、《"影響"釋義》、《魏晋南北朝小説詞語札記》；[⑩]胡竹安同志撰有《〈水滸傳〉裏的助詞地》、《宋元白話作品中的語氣助詞》、《概數詞來的出現及其由來》、《敦煌變文中的雙音連詞》、《略談方言、方俗對訓詁的作用》、《〈水滸傳〉中的明代用語》、《中古白話及其訓詁的研究》、《〈永樂大典戲文三種校注〉〈元本琵琶記校注〉斠補》；[⑪]蔣紹愚同志撰有《唐詩詞語札記》、《杜詩詞語札記》、《〈祖堂集〉詞語試探》；[⑫]項楚同志撰有《敦煌寫本王梵志詩校注補正》、《敦煌變文校勘商榷》、《敦煌變文語詞札記》、《維摩碎金補校》、《伍子胥變文補校》、《〈王梵志詩校輯〉匡補》;[13]袁賓同志撰有《敦煌變文校勘零拾》、《敦煌變文校勘零札》、《〈敦煌變文集〉校補》;[14]王鍈同志除撰有《詩詞曲語辭例釋》一書外,還寫了不少論文,如《元曲通假字、俗語詞考辨》、《詩詞曲語詞舉例》、《元明劇曲語釋》、《詩詞曲語辭釋義補》、《唐宋詩詞語零札》;[15]王貞珉同志撰有《元人雜劇詞語考釋》、《明代方言俗語匯編叙録》;[16]劉凱鳴同志撰有《〈戲曲詞語匯釋〉注釋商榷》、《元雜劇選注中一些注釋的問題》、《〈戲曲詞語匯釋〉注釋續議》、《〈敦煌變文集〉變文闕文試補》。[17]筆者近年來在肄習傳統訓詁學之餘,對俗語詞研究亦嘗留心,先後撰有《〈世説新語〉詞語考釋》、《釋"努力"》、《釋"勿勿"、"無賴"》、《讀新版〈敦煌變文字義通釋〉》、《敦煌變文校勘拾遺》、《敦煌變文校勘拾遺續補》、《蘇聯所藏押座文及説唱佛經故事五種校記》、《唐代白話詩釋詞》、《唐詩與俗語詞》、《〈遊仙窟〉釋詞》、《唐詩異文釋例》、《杜詩異文釋例》、《杜詩札記》、《〈太平廣記〉裏的俗語詞考釋》、《〈太平廣記〉詞語考釋》、《俗語詞研究與古籍整理》等。[18]綜觀各家論著,可以看出,在研究的範圍、内容以及所使用的材料和方法等方面,比過去都有新的突破。就範圍來説,上至六朝,下至元明清,詩文、筆記、小説、戲曲,與夫民間文藝、禪宗語録,均在研究之列。就内容來説,已不再局限於詮釋詞義,而能把俗語詞研究跟漢語詞彙史、漢語語法史的研究結合起來,有的論文還嘗試運用俗語詞知識去鑒定某些古代作品的具體寫作年代。就材料來説,有的論文大量使用了佛經中的語言材料,從而對變文詞語的考釋有了突破。就方法來説,有的論文廣泛運用了方言佐證法,從現代漢語的某些方言中去追踪古代俗語詞的影子,收到了良好的效果。

最後,我們認爲必須一提吕叔湘先生在俗語詞研究方面的業績。吕先生早年所寫的一些著名的語法論文,如收在《漢語語法論文集》中的《釋您、俺、咱、喒,附論們字》、《釋〈景德傳燈録〉中在、著二助詞》、《論底、地之辨及底字的由來》、《語法札記》等,實際上已經開了俗語詞研究之先河。吕先生所選注的《筆記文選讀》一書，其中就有不少俗語詞，而其注釋極爲精確，如果不是對俗語詞研究有素，那是根本辦不到的。近年來，吕先生對俗語詞研究頗爲關注，除了親自撰寫這一類的考釋文章外（如發表在《中國語文》上的《釋結果》和《語文研究》上的《釋主腰》），還專門寫了這方面的書評（如發表在《中國語文》上的《新版〈敦煌變文字義通釋〉讀後》），這對於俗語詞研究工作無疑是很大的鼓舞和推動。

三　俗語詞研究的材料與方法

做研究工作，有兩點最要注意：一是材料，二是方法。俗語詞研究也不例外。

（一）俗語詞研究的材料

蔣禮鴻先生在《敦煌變文字義通釋》的序目中説："研治語言，材料不能局限於狹窄的範圍以内。"這話很有見地。俗語詞研究作爲語言研究的一個組成部分，它所使用的材料也應該盡可能廣泛，舉凡歷代的詩詞、曲賦、小説、隨筆、筆記、文集、釋藏、道藏、語録、謡諺、碑刻、詔令、史書、子書、字書、韻書等等，無一不在採摭之列。可以這樣説：俗語詞研究的材料，就縱的方面而言，那是上下數千年；就横的方面而言，那是經、史、子、集無所不包。筆者曾將這些材料加以大體的歸類，覺得可以概括爲以下七個方面：一、文集、筆記、小説、隨筆、雜著之屬；二、詩、詞、曲、白話小説、詩話、詞語之屬；三、史書、碑帖之屬；四、釋藏、道藏、語録之屬；五、字書、韻書、辭書、會話書、類書及俗語詞雜著之屬；六、敦煌文書之屬；七、醫藥、科技書之屬。至於每一類中的綱目，則是更僕難數，筆者另撰《俗語詞研究參考文獻要目》一文，開列了較多的材料，這裏就不贅述了。

(二)俗語詞研究的方法

關於俗語詞研究的方法,可以從兩方面來談。一是從大處着眼,即方法論的問題。二是從小處着眼,即具體的考釋手段。關於方法論,筆者認爲可以概括爲六個字:即歸納、比較、推勘。即是説,俗語詞研究必須建立在歸納語言材料的基礎上,在歸納的基礎上進行比較,在比較的基礎上進行推勘。與此同時,俗語詞研究必須防止背離語言事實的主觀臆測,凡是臆測出來的結論,往往都是不可靠的。關於具體的考釋手段,可以概括爲如下幾點:一曰審辨字形,二曰比類綜合,三曰據對文以求同義或反義詞,四曰據異文以求同義或近義詞,五曰即音求義,六曰探求語源,七曰方言佐證。下面試分别舉例加以説明:

1. 審辨字形

由於俗語詞往往使用一些俗别字和音近替代字作爲書寫符號,單從字面上看會覺得莫名其妙,但是如果能够找出他們所代表的正字和本字,便能涣然冰釋。所以考釋俗語詞,審辨字形是首先要做的一步工作。比如在敦煌寫本王梵志詩中有"蛆姡"這樣一個字,極爲陌生,不見於任何字典辭書。其實,這本是一個平平常常的詞,關鍵在於使用了俗别字和音近替代字。經我們考證,發現蛆是一個音近替代字(即傳統訓詁學所説的假借字),它的本字是怚或嫭,是妒的意思,而姡字則又是妒的俗别字。這樣,蛆姡的意思就是嫉妒。[19]這個詞的考釋,完全是靠了審辨字形、破除文字障礙這一方法。

2. 比類綜合

即是把同一類型的語言材料排比歸納在一起,然後加以比較和推勘。細分之,又有如下二點:

a. 把出現某一詞語的若干句子歸納排比在一起,據上下文玩索推敲,以確定其詞義。比如敦煌變文經常出現"波吒"一詞,它的意思是什麽，單從字面上是無法找到答案的，我們就將出現這個詞的句子全部搜集起來，據上下文推敲其義藴，結果發現，波吒有苦痛、灾難、折磨之義。[20]此外，《敦煌變文字義通釋》考釋慚愧、透，也是用的這個方法。[21]

b. 將同一類型的句子排比在一起，加以比較和推勘，藉以找出同義或近義詞。例如：《敦煌變文集》上册頁233《孔子項託相問書》："天地相却萬萬九千九百九十九里。"同書《晏子賦》作"天地相去萬萬九千九百九十九里"。兩文相對照，可知却猶去也。又如《敦煌變文字義通釋》釋"將爲"一詞，也是採用此法：《維摩詰經講經文》："謂此仏（佛）土，以爲不净。"又云："謂此仏（佛）土，將爲不净。"兩文相照，證明將爲即是以爲。

3. 據對文以求同義或反義詞

a. 據對文求同義詞：

《降魔變文》："到處即被欺陵，終日被他作祖。"作祖和欺陵相對爲文，可知作祖即是欺陵（凌）之義。[22]

《佛説觀彌勒菩薩上生兜率天經講經文》："要飯未曾燒火燭，須衣何省用金錢？"未曾、何省對文，則何省就是未曾，省猶曾也。

b. 據對文求反義詞：

杜荀鶴《途中春》詩："牧童向日眠春草，漁父隈巖避晚風。"隈與向對文，隈猶背也。

《降魔變文》："和尚猥地誇談，千般伎術；人前對驗，一事無能。"猥地與人前對文，就是不在人前（亦即在人背後）的意思。

4. 據異文以求同義或近義詞

杜甫《秋雨嘆》"秋來未省見白日"，省字，陳浩然本作曾，可知省猶曾也。

杜甫《示從孫濟》："平明跨驢出，未知適誰門。"《全唐詩》、《錢注杜詩》、《杜詩詳注》於知字下並出異文"委"，明委有知義。

白居易《傷友》："陋巷孤寒士，出門苦恓恓。"苦一本作甚，明苦有甚義。

但此法不甚可靠,用起來必須審慎,最好再佐以其他證據,方不致造成失誤。

5. 即音求義

這是我國傳統訓詁學考求詞義的重要方法,對俗語詞研究也同樣適用。如:

《敦煌變文集·燕子賦》:"雀兒被嚇,更害氣咽,把得問頭,特地更悶。"《敦煌變文字義通釋》云:"更害二字,更和間是見紐雙聲;害和介古韻同屬泰部,害屬喉音匣紐,介屬牙音見紐,喉、牙音部位相近,割字見紐,而從害得聲,害、介也是古雙聲。"從而證明了更害就是間介,而間介也就是扞格。扞格者,不通也,所以更害氣咽就是氣被咽住而扞格不通之意。該書又説:"大凡表示間隔的字,發聲常在喉、牙之間,如梗、骾、隔、閡、礙、哽、呃、餲等,不可勝舉。更悶的更,也應該是梗隔的意思,謂梗在心中。"[23]這樣,通過即音求義的方法,便解釋了"更害"、"更悶"這兩個"字面生澀而義晦"的俗語詞。

6. 探求語源

即通過探求語源,以確定詞義。比如"能"字在唐宋詩詞以及變文中都有如此、這樣的意思,韓愈《杏花》詩"杏花兩株能白紅",即這樣白、這樣紅。白居易《生别離》詩:"食檗不易食梅難,檗能苦兮梅能酸。"即檗這樣苦、梅這樣酸。"能"爲什麽會有如此、這樣的意思呢? 這是因爲它跟恁、爾、寧是同源詞。元代有"恁地"一詞,如《水滸傳》第三九回寫李逵的話:"不曾見這般鳥男女,恁地嬌嫩!"即這樣嬌嫩。六朝時有寧馨、爾馨,應該是能字的前身,寧馨、爾馨,也是如此、這樣的意思(馨是語助,無義)。[24]這樣,通過探求語源,我們對"能"字有如此、這樣的意思,便不會感到奇怪了。

7. 方言佐證

有些古代的俗語詞，在後來的書面語中雖已消失了，但在某些方言詞彙中可能還活着。於是利用方言詞語，便可以解决一些俗語詞研究中的難題。這裏舉兩個例子來看：在《董西厢》中有"台孩"一詞，其確切含義是什麽，各家解釋很不一樣，有的解作"驕傲"，有的解作"氣概軒昂"，有的解作"扳起面孔"，均覺不甚貼切。而在今河北、山東一帶方言中，台孩有大方、安逸之義，用這個意思來解釋《董西厢》及其它出現於元劇中的台孩，十分妥帖。[25]又如《董西厢》七折："檢秦晋傳，檢不着，翻尋着吴越，把耳朶撧。"這個撧字在今北方好多地區還作爬、搔撓解釋，"把耳朶撧"猶言抓耳撓腮也。陸澹安的《戲曲詞語匯釋》釋作"擰、揪"，距離原義太遠了。[26]

以上七種方法，并非孤立的，不相關涉的，倘能將這些方法加以綜合運用，效果會更好一些。

四　俗語詞研究之展望

根據近年來俗語詞研究日趨興旺的狀況，可以預言，今後俗語詞研究工作必將進入一個新的高潮：俗語詞研究作爲一門新興的學科，必將獲得空前的發展。爲了迎接這一大好形勢，筆者認爲至少有如下幾件事，是今後所應特别致力的：

一，對保存俗語詞較多的古代文獻進行專門性的詞語考釋，比如《二王法帖詞語考釋》、《〈世説新語〉詞語考釋》、《〈太平廣記〉詞語考釋》、《唐人小説詞語考釋》、《唐詩詞語考釋》、《宋詞詞語考釋》、《宋人語録詞語考釋》、《禪宗語録詞語考釋》以及某些佛經的詞語考釋，等等。

二，綜合各個具體領域的研究成果，編纂斷代性的俗語詞辭典，如《六朝俗語詞辭典》、《唐五代俗語詞辭典》、《宋元俗語詞辭典》等等。這項工作不僅有助於古籍整理和一般的辭書編纂，也是漢語詞彙史研究的一個重要環節。

三，對歷代各種俗語詞著作進行介紹和整理（整理工作包括校勘、標點和編製索引）。

四，對以往的研究工作進行全面總結，使之具有條理性、系統性和科學性，進而編著一部《俗語詞研究概論》，使俗語詞研究由感性階段飛躍到理性階段，并進而指導今後的研究工作。

①刊於《社會科學戰綫》1983 年第 4 期

②山西人民出版社，1981 年版。

③見該書第一章第三節。

④參看王利器《顔氏家訓集解》頁 436—437。

⑤參看《學林漫録》四集，吴鐵聲《我所知道的中華人》。

⑥刊於《天津師大學報》1982 年第 5 期。

⑦參看吴小如、吴同賓《中國文史工具資料書舉要》頁 192。

⑧參看《中國語文》1981 年第 6 期，白維國《〈小説詞語匯釋〉誤釋舉例》；《中國語文》1983 年第 6 期，劉凱鳴《〈戲曲詞語匯釋〉注釋商榷》；《中國語文》1983 年第 5 期，李之亮《關於〈戲曲詞語匯釋〉的幾點異議》。

⑨劉文分别刊於《中國語文》1961 年第 3 期、《中國語文》1978 年第 2 期、《中國語文》1981 年第 6 期、《語文研究》1982 年第 1 期、《中國語文》1982 年第 5 期、《運城師專學報》1985 年第 1 期。

⑩江文分别刊於《關隴文學論叢・敦煌文學專集》、《中國語文》1984 年第 2 期、《中國語文》1985 年第 2 期、《字詞天地》第 1 期。

⑪胡文分别刊於《中國語文》1958 年第 1 期、《中國語文》1958 年第 6 期、《中國語文》1959 年第 6 期、《中國語文》1961 年第 10、11 期、《人文雜誌》1982 年第 2 期、《語文園地》1983 年第 4 期、《天津師大學報》1983 年第 5 期、《中國語文》1983 年第 5 期。

⑫蔣文分别刊於《北大學報》1980 年第 3 期、北大《語言學論叢》第 6 輯、《中國語文》1985 年第 2 期。

⑬項文分别刊於《中華文史論叢》1981 年第 4 期、《中國語文》1982 年第 4 期、《四川大學學報》1981 年第 2 期、《南開學報》1983 年第 2 期、《文史》第 17 輯、《中華文史論叢》1985 年第 1 輯。

⑭袁文分别刊於《中國語文》1984 年第 1 期、甘肅《社會科學》1983 年第 6 期、《西北師院學報·敦煌文學研究專輯》(1984 年 10 月)。

⑮王文分别刊於《中國語文》1982 年第 4 期、《中國語文》1978 年第 3 期、《文史》第 16 輯、《中國語文》1983 年第 2 期、《中國語文》1982 年第 1 期。

⑯王文分别刊於《文科教學》1981 年第 4 期、《活頁文史叢刊》第 5 輯。

⑰劉文分别刊於《中國語文》1983 年第 6 期、《重慶師院學報》1985 年第 1 期、《字詞天地》第 5 期、《西北師院學報·敦煌文學研究專輯》(1984 年 10 月)。筆者按:由於聞見有限,本文所録各家著述未能完備,必多遺漏,謹向各家致歉。

⑱拙撰各文分别刊於《字詞天地》第 4 期、《中國語文》1982 年第 1 期、《中國語文》1981 年第 1 期、《天津師大學報》1982 年第 5 期、《中國語文》1983 年第 2 期、《杭大學報》1983 年第 3 期、《文獻》第 21 輯、《中國語文》1983 年第 6 期、《文史》第 25 輯、《杭大學報》1981 年第 4 期、《文史》第 19 輯、《草堂》1982 年第 2 期、《文史哲》1981 年第 2 期、《中國語文》1980 年第 1 期、《杭大學報》1980 年第 2 期、《社會科學戰綫》1983 年第 4 期。

⑲参看《中國語文》1983 年第 6 期拙作《唐代白話詩釋詞》。

⑳参看拙作《唐代白話詩釋詞》。

㉑参看新版《敦煌變文字義通釋》頁 122、頁 93。

㉒参看《敦煌變文字義通釋》頁 172。

㉓見《敦煌變文字義通釋》頁 257。

㉔参看《敦煌變文字義通釋》頁 373。

㉕参看《中國語文》1979 年第 3 期李行健《河北方言中的古詞語》。

㉖参看《中國語文》1983 年第 6 期劉凱鳴《〈戲曲詞語匯釋〉注釋商榷》。

(原載《語文導報》1985 年第 9、10 期,後收入《郭在貽語言文學論稿》)

難忘導師情

——懷念業師郭在貽先生

張涌泉

我是一個幸運的人，在我求學的道路上，我有幸碰到了許許多多的好老師。郭在貽先生便是這些老師中的一位，是他引領我走上了我今天所從事的學術研究之路。

一

我見到郭先生是在 1979 年。1978 年春天，作爲恢復高考制度後的首届大學生，我跨進了杭州大學的校門。中文系第三個學期開設的課程有一門是古代漢語，先生便是任課老師之一。本來我對古漢語并没有特别的愛好，但先生那淵博的學識、生動的講授，却極大地激發了同學們求知的欲望，也激發了我對古漢語的興趣。每次聽先生上課，就像是一種藝術享受，我總是早早地來到教室。從那時起，我就成了先生的信徒，儘管當時先生并不認識我(那時我們上的是大課，全年級一百四十多人擠在一起聽課，像我這樣的無名小卒，任課教師是不可能認識的)。兩個學期結束，古漢語期末考試我竟然拿了全年級最高分。這使先生感到意外，他專門把我找了去，對我取得好成績表示祝賀，并説了一些勉勵的話。此後，我便成了先生家裏的常客。在先生的指導下，我開始閱讀一些古漢語方面的名著，諸如俞樾的《古書疑義舉例》、王念孫的《讀書雜志》等等，都是我涉獵的對象，這爲我今天從事古籍整理和研究打下了一定的基礎。1979年下半年，我開始閱讀杜甫詩及其他一些唐詩的選注本，其中如明王嗣奭的《杜臆》、清仇兆鼇的《杜詩詳注》、楊倫的《杜詩鏡銓》、施鴻保的《讀杜詩説》，我都仔細地讀過，并認真地做了筆記。一次我把閱讀杜詩的一些札記送給先生看，先生極表讚賞，并提了一些修改意見。後來我把它們整理成文，先生專門寫了一個書面意見，推薦給杭州大學首届文科學生論文報告會，後來又推薦給學報發表。那幾年我還寫了另外幾篇讀書札記，每一篇先生都仔細地看過，一字一句也不放過。記得我在一篇文章中把單人旁的"俗"寫成了雙人旁，先生用紅筆在旁邊寫了個大大的正字，并加上方框。他語重心長地對我説："别看錯個字是小事，編輯看了，就會覺得作者的基本功不行，文章自然也不會給你發表了。"先生還把他寫的論文手稿拿給我看，只見毛筆小楷，一筆一畫，極其工整；所有的引文都詳細注明書名、版本、卷次、頁碼，顯示了先生謹嚴樸實的學風，給我留下了深刻的印象。

1981年底，我結束了四年的大學生活。雖然先生極力推薦我留校任教，但由於種種原因，我還是被分到了遠離杭州的一個小縣城工作。對此，先生十分惋惜，但他勸我不要灰心喪氣。先生用毛筆寫下了"長風破浪會有時，直掛雲帆濟滄海"十四個大字送給我。在我悲觀的時刻，是先生的臨别贈言，給了我與命運作鬥争的信心與勇氣。

1983年春天，我出差來杭州，特意去看望了先生。先生詳細地詢問了我的工作情況，他希望我不要沉淪下去，并鼓勵我報考研究生。在先生和母校其他老師的關心、鼓勵下，我參加了杭州大學1984年的研究生考試，并以較好的成績考取了古籍所的研究生，重新回到了先生的身邊學習。

在讀研究生的兩年時間中，先生系統地爲我們講授了訓詁學、文字學等基礎知識；先生還專門抽出時間，爲我們介紹治學的經驗和方法。先生常對我們説：不要急於述作，要緊的是打好基礎，要甘於坐冷板凳。先生告訴我，做學問要注意根柢之學，對幾種小學名著，必須扎扎實實地精讀一、二種。先生説他自己曾把段玉裁的《説文解字注》從頭到尾認認真真地讀過幾遍，這使他受益終身。根據先生的建議，1985 年春夏之際，我開始通讀郝懿行的《爾雅義疏》。正好當時上海古籍出版社擬議出版《清十三經注疏》，約請先生校點《爾雅義疏》，先生便讓我和他合作，校點該書。在先生的直接指導下，我先把《爾雅義疏》通讀一過，又在自己用的本子上校點一遍，然後再迻録到其他本子上。《爾雅義疏》的引例十分豐富，全書引例約有三萬餘條。這麼多的例證，并非都出自第一手資料，其中有相當多一部分是郝懿行據《經籍籑詁》等書轉引來的，存在着不少錯誤。爲了保證校點的品質，我逐字逐句地查核了郝書所引例證的原文。有時爲了查找一條例證，甚至要花上大半天的時間。這項工作從 1985 年下半年開始，到 1987 年底基本完成，幾乎花了我整整兩年的時間。雖然由於出版事業的不景氣，上海古籍出版社在 1998 年取消了整套書的出版計劃，但通過這樣一番艱苦勞動，確實使我學到了一些根柢之學，我仍然覺得是值得的。

1985 年暑假，我因事去上海，隨身攜帶了王重民等先生編校的《敦煌變文集》上下册，抽暇讀了一遍。我發現該書在校勘方面存在着不少問題。其中有些前賢已經指出，有些則没有指出。當時我想，造成這麼多問題的原因何在？其間有没有一些規律性的東西可以總結？回杭州後，我把自己的想法向先生作了匯報。先生大爲贊許，他要我把《敦煌變文集》再認真地看一遍，寫成一篇專文。後來先生因病住院，在病床上，先生仍不時地關心着文章的寫作情況。每寫成一條，就讓我讀給他聽。後來病情稍有好轉，先生就讓我帶上文章的初稿，陪他到醫院外面走走。洪春橋邊的茶室，植物園中的小亭，飛來峰下的石墩，先生抱病爲我審讀論文的情景，今天仍歷歷在目。文章草成以後，先生專門寫了一封推薦信，對我這篇今天看來并不成熟的論文，給予了較高的評價。開始，先生建議我把這篇文章寄給《文史》，但又覺得《文史》出版周期太慢，便把它推薦給《杭州大學學報》。後來這篇長達三萬餘字的論文分別在學報和《敦煌學輯刊》上發表了。爲了我的這篇習作，先生付出了多少辛勤的勞動啊！

1986 年夏天，我完成了兩年的研究生學習。由於先生的力薦，我得以留校任教。這年春天，國務院批準先生爲博士生導師，先生便鼓勵我報考他的博士研究生，并説可以以《爾雅研究》作爲我的博士學位論文。當時有關部門負責人認爲研究生班畢業必須工作兩年以後才可報考博士研究生，不同意我報考。爲此，先生親自找研究生部主任，又專門寫推薦意見。經先生的據理力争，有關部門終於同意我報考。但臨到考試那天，却又突然通知我必須加試政治。對此，我毫無準備，只得以罷考以示抗議。事後先生安慰我説，做學問關鍵是要有真才實學，要出成果，而不在於考不考博士。先生説他自己只有大學文憑，没有讀過碩士研究生，更没有讀過博士研究生。先生的話，使我感到莫大的安慰，也使我明確了努力的方向。

二

1980 年前後，在蔣禮鴻先生的影響和熏陶下，先生的研究方向從傳統的訓詁學領域轉向了六朝以來方俗語詞的研究，并取得了豐碩的成果。但作爲俗語詞淵藪的敦煌變文，却一直未能有一部較爲可靠的校點整理本問世。當時學者所依以爲據的，大抵是 50 年代王重民等先生編校的《敦煌變文集》。如前所説，由於受當時學術發展水平的限制，《敦煌變文集》的校訂工作存在着許多明顯的疏漏，這就不能不對方俗語詞考釋工作的準確性帶來嚴重的影響,同樣也不利於敦煌變文研究工作的深入發展。有鑒於此,著名語言學家吕叔湘、徐震堮等先生都一再呼籲學術界吸收這些年來的校勘成果,編輯出版一個敦煌變文的新本子。在老一輩學者的倡導下,先生在 1987 年前後開始醖釀敦煌變文集的匯校問題,并決定與我和黄征同志合作進行這一工作。1987 年 4 月在杭州富陽舉行的中國訓詁學研究會年會上,先生正式提出了編著《敦煌變文匯校》一書的設想,在學術界引起了廣泛的反響。吕叔湘、項楚、王锳等著名學者都對我們的工作表示積極的支持。後來先生又提出編著《敦煌文書俗字典》及《〈敦煌變文集〉校議》的計劃。這樣,加上《敦煌變文匯校》,這就是先生與我跟黄征合作撰著的"敦煌學三書"。

由於合作撰著"敦煌學三書",我和先生有了更多的交往,也更多地接受了先生的教誨和薰陶。先生經常對我們説:學術商榷文章態度要誠懇,語氣要謙和,用詞要婉轉,儘量少用"非也"、"誤"等等過於生硬的字眼。先生説他早年寫的一些文章有時鋒芒太露,過於咄咄逼人,這是一個教訓,要我們引以爲戒。先生曾和我合作撰寫過一篇《俗字研究與古籍整理》的論文(刊《古籍整理與研究》第 5 期),文章要刊出了,先生重閲此文時,覺得其中對《王梵志詩校輯》一書的幾條批評,用詞過於尖刻,便親自給主編寫信,希望主編代爲斟酌删改。1988 年 8 月,我和黄征赴京參加敦煌吐魯番學國際學術討論會,行前先生特意把我倆叫去,授以"謙虚謹慎"的四字方針。可以説,"謙虚謹慎"四字是先生處世治學的基本準則。

先生强調治學應該謙虚謹慎,但他又反對無原則的遷就,反對人云亦云,無所發明。先生提倡年輕人要有點傲氣,要有點初生牛犢不怕虎的精神。他認爲年輕人如果没有點傲氣,没有自信,是很難在事業上有所作爲的。先生經常對我們説,做學問要貴發明、重創造。他把某一個訓詁問題的解决比作發現一顆新星，并且常常以此自得其樂。先生特别推崇宋代理學家張載的一段話：讀書要善於發疑，於"不疑"處有疑，方是進矣；在可疑而不疑者，不曾學。先生認爲任何人的知識都是有限的，或精於此，或疏於彼，不可能包羅萬象，無所不通。所以他認爲即便一些名家、權威的著作也會有紕漏，年輕人讀書要尊重名家、權威的意見，但又不可爲名家、權威所限，不敢越雷池一步。在學術探討上，先生從不以長輩自居，他常常鼓勵學生挑他的文章中的毛病。先生的《敦煌變文校勘拾遺》是一篇有影響的學術論文（載《中國語文》1983 年第 2 期），我看了這篇論文後，覺得其中有一條似乎未盡切當："遍體悉皆瘡癬甚，形體苦老改容儀。"（《目連緣起》）其中的"苦老"較爲費解。先生認爲"苦"是惡義，"老"乃"差"字形訛，"苦差"就是醜陋、難看的樣子。從文義看，這樣的解釋是可以成立的。但"苦差"連用，别無文獻佐證；"苦"指容貌醜陋，也没有更多的證據，所以我覺得先生的校説不一定可靠。我把我的想法向先生作了匯報，先生覺得有理。他讓我核對一下這兩句話的敦煌寫本原文，一查原文，答案找到了：原來"苦老"寫卷本作"苦考"，"考"乃"考"的俗字（見《干禄字書》），"苦考"就是"枯槁"的假借字。在先生的指導下，我把我的想法整理成文，與先生的意見進行商榷。文章寫成後，先生又專門寫了一個評語，推薦給有關刊物發表。先生這種嚴於解剖自己、不護己短的治學態度，使我很受感動。

在合作撰著"敦煌學三書"的過程中，先生和我們合寫了數十萬字的學術論文。這些論文，通常由黄征和我分頭執筆。黄征執筆的，寫好後先讓我看一遍；我執筆的，寫好後先讓黄征看一遍，然後再送先生審定。先生審閲時，大到謀篇佈局，小到遣字造句，都認真地加以推敲，或肯定，或否定，或增加例證，或删除枝蔓，在我們論文的初稿上，留下了先生數以千計的評語和删改意見。先生在我執筆的一篇論文初稿上寫道："文章應力求精煉，套語少用，多餘之字宜删，反復琢磨，必能臻於妙境。"像這樣的指導性意見,既使我們看到了文章的缺點,又使我們明白了今後進一步努力的方向。

讀書治學,先生對我們的要求非常嚴格,從不馬虎苟且。但對我們的進步,先生却滿腔熱情。先生和我合作校點的《爾雅義疏》完稿以後,先生讓我執筆寫一篇校點前言,分析一下《爾雅義疏》的成就和不足。初稿寫好後,我送給先生審閱。先生當天下午就帶着看好的稿子來到我的住處,他說寫得不錯,他要我署我一個人的名字,謄抄後由他推薦給《辭書研究》發表。他對我說:像這種重點文章,你一個人署名好了,兩個人署名,對你以後升等不利。但這本是先生與我合作的項目成果,我怎麼好意思一個人署名呢?由於我的堅持,先生才讓兩人連署。先生與我們合作撰著"敦煌學三書",先生也堅持要把我和黄征的名字寫在前面。他說,中國人論資排輩的思想非常頑固,這不利於學術發展,他想爲學術界開一種新風。聽了先生的肺腑之言,我們確實很感動。爲了我們年輕人的進步,先生不惜犧牲自己的榮譽和地位,總是千方百計想把我們年輕人推到前臺去。這是一種多麼可貴的人梯精神啊! 1988 年 12 月,先生連續動了兩次大手術,身體極爲虚弱。一次我在醫院護理,先生讓我把李一氓同志在《文史》出版三十輯座談會上的講話念給他聽。李一氓同志談到在"文革"後復刊和創刊的好幾千種雜志中,《文史》在文史方面的學術性是最高的。先生聽後動情地對我說:涌泉,要争取單獨在《文史》上發幾篇文章。在癌細胞吞噬着先生生命的時刻,先生仍關心着我的進步。先生的諄諄囑咐,藴含着他對年輕一代多少殷殷的期望啊!

先生不但關心我事業上的進步,而且也十分關心我生活上的困難。我研究生畢業以後,學校分配給我一間十多平方米的住房。因爲工作關係,先生曾數十次來到我這名副其實的斗室,他每次看到我們上下三代擠在這間小屋子裏,總是感歎青年教師住房太困難了! 一段時間,因一時找不到合適的保姆,只得由我自己擔當起照管出生剛剛六七個月的女兒的重任，我成了一個名符其實的“保姆”。先生看到這種情況，向我介紹當年他和師母托人照管小孩的經驗，并特意跑到浙江省藝術學校傳達室爲我們聯繫當年替他們照管小孩的保姆。那時我愛人還没有調到杭州，爲了照顧小孩，只得放棄原來的工作，到杭州找臨時工做。當時我和我愛人常常爲了找一個臨時工作而大傷腦筋。生活瑣事的紛擾，對我的學習和科研也帶來了嚴重的影響。對此，先生十分關切。他親自給沈善洪校長寫信，希望校領導予以關注，幫助解決我們的困難。看了先生的信，校長第二天就過問了此事。正是在校長的直接關注和校有關部門的幫助下，我愛人才得以調進杭州，從而給我們帶來了較爲安定的生活。

三

1985 年夏天，先生因膽囊炎引發腹膜炎而動了手術。手術不算太大，但術後的恢復却特别慢，先生在醫院裏一住就是四個多月。從那以後，先生的身體似乎一直就没有真正恢復過，不幸的種子那時候大概也就已經種下了。但與此同時，先生在學術界的聲望却如日中天，不斷上升。於是登門拜訪的、委託審稿的、請求看稿的，認識不認識的人都接踵而至。特别是許多年輕人都喜歡把自己的論文請先生審閲，在他們看來，先生儼然是一個超級裁判，先生的意見將會决定他們論文的命運。一些參加自學考試的青年也來“湊熱鬧”，他們或寫信請教問題，或匯款求購先生的著作。而先生恰恰又是“菩薩心腸”（一次先生和我談話時，曾用這四個字來形容他自己），來者不拒，有求必應。先生每天忙於會客、看稿、寫信（先生自己曾有個統計，1987 年全年發信 297 封）、跑郵局，這些繁雜的事務消耗了先生的時間，也消耗着先生的生命。與此同時，先生又要爲未來的博士、碩士、學士們上課，爲他們審閲論文、批改作業。就在先生去世前的那個學期,先生還爲本科生、研究生開設了"訓詁學""楚辭研究"兩門課程。實在太忙了,先生只得放棄許多可以賺錢的機會。像高考閲卷、自學考試閲卷、爲夜大學生上課、函授輔導等等,這些在清貧的大學教師看來都不失其爲"賺錢的買賣",但先生統統都放棄了,儘管先生家裏仍然窮得可以! 先生是一個急性子的人,今天可以做好的事決不會拖到明天,如果有什麽本該做的事拖下了,先生會坐卧不寧的。後來實在力不從心,書桌上待看的稿子漸漸多起來了,先生只得請他的學生幫着看一部分稿子。有一次先生感慨地對我説:人怕出名豬怕壯,我現在算是體會到了這句話的真正含義了! 先生指着他剛編好的論著目録説:從 1978 年到 1985 年,他每年都要發五篇以上的論文,而這兩年每年只發一兩篇小文章,因而大有"江郎才盡"之歎。其實我們這些弟子心裏都清楚,這些年雜七雜八的事就夠先生應付的了,先生哪還有多少時間去搞他自己的科研呢! "春蠶到死絲方盡,蠟炬成灰淚始乾。"先生就是這樣無私地奉獻着、燃燒着,他自己走向了黑暗,却把光和熱留在了人間!

四

先生善於獎掖人才,扶植後進,在他的周圍聚集着一大批門徒弟子。先生對這些弟子的培養,傾盡了自己的心血;弟子們也十分崇敬熱愛自己的老師。1989 年 1 月 11 日是先生的五十歲生日。早在 1988 年初,弟子們就籌劃着爲老師舉行一次熱鬧的慶祝會。但先生却説:不必大家費心了,去年《訓詁叢稿》被評爲省高校文科科研成果特等奬,有 1000 元奬金,到時我請大家到外面吃頓飯吧! 可是誰能想到,癌細胞已在吞噬着先生年輕的生命,可怕的命運正等待着先生……

1988 年 10 月底 11 月初,先生身體異常不適。11 月 5 日上午，再次的B超檢查診斷先生得了肝癌。那天下午我去看望先生，先生平静地對我説：情況不妙，我已作好了思想準備，只可憐他們孤兒寡母的……聽到這個意外的消息，我震驚得一時不知説什麽才好，眼淚不由得奪眶而出。先生這麽好的人怎麽能患上不治之症呢？我不敢相信，也不願相信。我極力控制住自己的情緒，安慰先生説：不會、不會的……接着幾天的CT檢查、彩色B超檢查，似乎出現了某種轉機，診斷結論傾向於血管瘤。對於經歷了一場生死大地震後的人，這無疑是個值得慶幸的消息。然而好景不長，11月7日我和師母去醫院取驗血報告，上面赫然寫着：火箭電泳642ng(正常值爲≤20 ng)。這是一個不祥的數字，我們的心頭又罩上了一層陰影。爲了穩定先生的情緒，我們没有把事實真相告訴他。11月10日晚8時許，先生肝部劇痛，我和一新匆匆忙忙從黄龍飯店門口叫了一輛出租車，和師母一起，把先生送進了浙江醫院。值班醫生診斷後，懷疑是肝癌腫瘤破裂(第二天下午開刀手術證實了這一點)，因爲是晚上，當時只採取了些止痛措施。病房没有空床位，當晚只得把先生安置在走廊盡頭的一個臨時床位上。初冬的夜晚，寒氣襲人，走廊上風呼呼地吹，那天我只穿了一條單褲，簡直冷得發抖，只得胡亂運動幾下來增加些熱量。先生躺在病床上，臉色蒼白，疼痛和寒冷一起襲擊着他。我口袋裏揣着值班醫生開的病危通知單，心裏感到一陣陣的悲哀。第二天下午，先生接受了開刀手術，但因肝癌腫瘤太大，醫生認爲不宜切除，便縫了回去。手術剛結束，先生看到我，第一句問話就是：是不是血管瘤？我强忍着心中的悲痛，告訴先生是血管瘤。我還説：手術很成功，腫瘤已經切除，請先生安心養病。在先生面前，我從不敢撒謊，也從没有撒謊。但在先生在這個世界上的最後六十多天裏，我却一次又一次地欺騙先生，我爲此感到負疚和不安。如果先生九泉之下有知，該是會原諒我的吧？

在學校領導的關心下，11月19日上午，浙二醫院爲先生組織了第二次手術。先生後來對我説,那天他是擔心在手術臺上下不來的。但在進手術室前,先生顯得分外平静。那天早晨,先生的食欲也特别强,他看到傅傑拿了一個包子給我吃,笑着説:給我也吃一個吧!(手術前是禁食的)先生談笑風生,但我們却怎麽也笑不起來。第二次手術是成功的,先生左肝上的大小三個腫瘤全被切除了。然而一切都太晚了。手術後不久,癌細胞便迅速向右肝轉移。雖然醫院、學校想盡了一切辦法,但最終未能把先生從死亡線上搶救過來。

隨着時間的推移,先生的病情不斷惡化,身體也是日漸虚弱。但先生仍念念不忘他的科研工作,不忘他的學生。先生掛帥的"敦煌語言文字研究"被列爲國家社會科學基金資助項目,先生説他出院後要召集有關人員開個會,争取盡早完成;研究生要畢業了,先生關心着他們的分配問題;學校評職稱了,先生記掛着青年教師的晉升;小方的論文遲遲不能發表,先生讓我捎口信給編輯,先發小方的,他自己的論文晚些再發;小金爲完成博士學位論文向學校要求延遲回國,先生讓我回信,説他出院後馬上找校長商量……最使先生難以忘懷的,是他和我們合作撰著的"敦煌學三書"。當B超檢查顯示先生得肝癌的那天下午,先生忍受着精神上的巨大痛苦,給我和黄征寫了一封遺書,希望我們努力完成"敦煌學三書"的撰著工作,争取把三本書出齊。在病床上,先生又多次和我們談起三書的撰著、出版,其情其景,催人淚下。

1989年1月8日,離先生五十歲的生日只有兩天了,我對先生説:再過兩天,就是先生的生日了,先生需要買點什麽?先生回答説:什麽都不需要了!後來他對我説:你給我重新編個論著目録吧。那天先生還對我説:方以智的《通雅》是本好書,如果到了,給我也買上一本。先生生的願望是那樣强烈,老天爺爲什麽不長眼睛,偏偏把死神降臨到先生頭上呢!

1月9日晚,是先生在這個世上的最後一個晚上。那晚我去醫院護理先生。先生雙眼緊閉，呼吸急促，前幾天連續不斷的咳嗽却意外地停止了，因而病房裏顯得格外寧静。這異常的情況，開始并没有引起我的特别注意。晚上10點多，護士對我説：郭老師情況不大好，今晚可能要出事，你要特别留神！護士這一説，可把我的心提了上來。我把靠椅移近病床，守候在先生的身邊。先生偶而睁開眼睛看看我，旋即又閉上了。夜越來越深，我那顆懸着的心也越來越感到緊張。好幾次我想給師母掛電話，但又怕師母太緊張，拿起電話機又放下了。後來我想讓蔣冀騁來醫院，可偏偏學校研究生宿舍的電話好半天也接不通。那幾天，我的左肩膀隱隱作痛，那晚上更是莫明其妙地痛得厲害，我真擔心自己堅持不下去了。實在痛得不行，我便向護士要了顆止痛片，湊着自來水吃了下去。晚上12時許，先生讓我給他翻了個身。過了一會兒，先生要喝水，我便讓先生喝點參湯。先生喝得特别費勁，連張開嘴巴似乎都需要巨大的力量，好半天才喝進去一點點。望着先生那痛苦的神情，我的心底感到無限的悲痛。此後，先生就再也没有吃過什麽，也再也没有説過什麽了！凌晨4點左右，先生的血壓突然降了下來，醫生讓我趕緊通知家屬，并採取了緊急搶救措施。但這時任何靈丹妙藥都已經無濟於事。1989年1月10日13時10分，先生的心臟停止了跳動。先生走得那樣匆忙，他没能過上他五十歲的生日就永遠地離開了這個世界。

先生走了，先生永遠地走了。他静卧在他深深依戀着的西湖旁邊的群山中。他太累了，他是需要好好地歇一歇了。雖然我和我的師兄弟們不能再當面請先生爲我們傳道解惑，但我們能在他留下的著作裏找到我們需要的答案，還有許許多多先生生前認識的不認識的朋友在關心着我們。先生，您放心地走吧，您的學生將會繼承您的遺志，您的事業將會得到延續。先生，您安息吧！

一九八九年二月十日初稿

二〇〇二年二月十日改定